民國歷史與文化研究

十 五 編

第 **4** 冊

民國時期精英階層消費示範問題研究（下）

周 石 峰 著

花木蘭文化事業有限公司

國家圖書館出版品預行編目資料

民國時期精英階層消費示範問題研究（下）／周石峰 著 -- 初
版 -- 新北市：花木蘭文化事業有限公司，2022〔民111〕
目 4+178 面；19×26 公分
（民國歷史與文化研究　十五編；第 4 冊）
ISBN 978-986-518-923-5（精裝）
1.CST：消費社會 2.CST：消費行為 3.CST：民國史
4.CST：中國
628.08   111009771

ISBN-978-986-518-923-5

9 789865 189235

民國歷史與文化研究
十五編　第四冊   ISBN：978-986-518-923-5

民國時期精英階層消費示範問題研究（下）

作　　者　周石峰
總 編 輯　杜潔祥
副總編輯　楊嘉樂
編輯主任　許郁翎
編　　輯　張雅淋、潘玟靜、劉子瑄　美術編輯　陳逸婷
出　　版　花木蘭文化事業有限公司
發 行 人　高小娟
聯絡地址　235　新北市中和區中安街七二號十三樓
　　　　　電話：02-2923-1455 ／傳真：02-2923-1452
網　　址　http://www.huamulan.tw 信箱 service@huamulans.com
印　　刷　普羅文化出版廣告事業
初　　版　2022 年 9 月
定　　價　十五編 14 冊（精裝）新台幣 42,000 元

民國時期精英階層消費示範問題研究(下)

周石峰　著

目次

第五章　領引與跟隨：精英女性的
　　　　時尚消費

　　在現代社會理論中，身份和性別是解讀時尚的兩個核心維度。〔註1〕「貧
學富、富學娼」，中國古代流行的這一觀念，大抵已經觸及現代社會理論的
兩個維度。時尚不僅僅是一種暫時的社會風尚，也是一種經濟現象。〔註2〕
研究時尚，「視線要在生產、銷售與消費之間不斷移動」。〔註3〕作為集體行
為的時尚，總是存在時尚領袖與時尚追隨者，〔註4〕儘管其中的關係非常複
雜。〔註5〕因此，本章以時尚消費為對象，以時尚領袖與時尚跟班的關係為
主線，重點討論示範效應的「滴上」和「滴下」問題，試圖揭示在時尚領袖
轉型的歷史進程中，明星和名媛扮演的示範角色。

　　首先必須說明，本章之所以涉及妓女的時尚角色，並非將妓女看成是精
英女性的類別之一，而是將其看成是社會底層的一部分，從而探討示範效應
的「滴上」類型，進而與明星和名媛構成的「滴下」示範類型進行對比。同

〔註1〕（英）喬安妮·恩特維斯特爾：《時髦的身體：時尚、衣著和現代社會理論》，
　　　　郜元寶等譯，桂林：廣西師範大學出版社，2005年，第141～229頁。
〔註2〕王萌萌：《20世紀二三十年代天津女性的時尚消費》，《城市史研究》，2019年
　　　　第2期。
〔註3〕（英）喬安妮·恩特維斯特爾：《時髦的身體：時尚、衣著和現代社會理論》，
　　　　郜元寶等譯，桂林：廣西師範大學出版社，2005年，引言，第1頁。
〔註4〕張德勝：《社會原理》，臺北：巨流圖書公司，1984年，第489～493頁。
〔註5〕Rosemary Polegato; Marjorie Wall.Information Seeking by Fashion Opinion
　　　　Leaders and Followers. *Home Economics Research Journal*, Vol.8, No.5, 1980,
　　　　pp.327~338.

時，妓女雖然是中國古代的時尚領袖之一，而且直到民國初年，一定程度上仍然扮演著時尚領袖的角色。但是，二十年代中後期以後，妓女終被新的時尚領袖所取代。

第一節　時尚領袖更替及「滴上」效應

　　早期的消費示範理論，大多堅持自上而下的示範模式，而隨著經濟社會的變遷，消費示範現象日趨複雜，相關的理論模型亦隨之發生變化，由單一的示範路徑轉向多元的示範路徑，自下而上的解釋模式亦應運而生。此種解釋強調社會底層人物也可能成為消費領袖，其中妓女的消費示範效應，被學者作為論證「地位上浮」以及自下而上傳播的重要例證之一。菲爾德提示了高跟鞋、胭脂、口紅以及吸煙的例證。高跟鞋被巴黎妓女採用之後，迅速蔓延到中上層階級的女性，妓女也是胭脂、口紅以及吸煙的最初示範者。〔註6〕桑巴特曾將歐洲資本主義誕生的動力追溯至「宮廷情婦」，由其引發了歐洲社會的奢侈習氣，進而引發資本主義，即所謂奢侈「本身是非法愛情的一個嫡出的孩子，是它生出了資本主義。」〔註7〕奢侈與資本主義的關係，究竟何為因、何為果，抑或互為因果，此處不擬涉及，但桑巴特無疑精準洞悉了消費欲望的解放與資本主義生產之間的相關性。

　　從中國消費發展或社會風俗的取向來看，妓女也是學者探討較多的一個群體。中國古代婦女服飾的「領導者」，唐代以前是京師貴婦，宋代以後則是妓女，宋朝始有「四方看京師，京師看妓女」之民謠。由於職業原因，妓女成為「服飾創新的主力軍和奇裝異服、濃妝豔抹的先行者」。〔註8〕作為晚明「消費社會」論的重要代表之一，巫仁恕將桑巴特所描繪的歐洲「妓女時代」與晚明的「名妓時代」進行比較性審視，細緻描繪了晚明妓女的奢侈消費，尤其是肯認了妓女消費與流行風尚之間的正向關係，認為妓女是明清以降流行風尚

〔註6〕George A. Field. The Status Float Phenomenon, the Upward Diffusion of Innovation. *Business Horizons*, Vol.13, No.4, 1970, pp.45~52.

〔註7〕桑巴特的這一思路，「讓人立即想起弗洛伊德的關於補償性的性表達的認識」。參見菲利普・西格曼的英譯本導言，（德）桑巴特：《奢侈與資本主義》，王燕平、侯小河譯，附錄，上海：上海人民出版社，2000年，第246頁、第215頁。近人對桑巴特亦有關注，如晏始翻譯了日本小泉信二的《奢侈與婦女與資本主義》，刊於《民國日報・婦女週報》，1924年第45期。

〔註8〕秦永洲：《中國社會風俗史》，濟南：山東人民出版社，2000年，第56頁。

的「重要推手」，明季「婦女妝飾幾視娼妓為轉移」，而名妓更是風尚的創造者與推動者，如董小宛等人的服飾成為「士女仿傚的對象」。〔註9〕

在曼素恩看來，名妓與閨秀之間的競合關係在盛清時期發生重大變化，閨秀排擠青樓的文化地位，而才德兼具的閨秀才媛形象取代了青樓名妓。〔註10〕但是，雖有此種重大轉變，而妓女的時尚影響力並不能完全阻斷。徐珂的《滬稗類鈔》提供了清季上海的諸多例證。他在「婦女服飾」條目中寫道，自同、光以迄宣統，上海婦女服飾「為最入時」，進而影響到全國。他譏諷說：「抑知滬之時妝，皆創於妓女，殆欲取媚狎客耳。喜者，自喜不得為妓而得似妓也；怨者，自怨不得為妓而並不得似妓也。」〔註11〕在「江浙人之服飾」中，他再次指出，「光緒時，滬妓喜施極濃之胭脂，因而大家閨秀紛紛效尤，然實始於名妓林黛玉，蓋用以掩惡瘡之斑者也。自女學堂大興，而女學生無不淡妝雅服，洗盡鉛華，無復當年塗粉抹脂之惡態，北里亦傚之。故女子服飾，初由北里而傳至良家，後則由良家而傳至北里，此其變遷之跡，極端相反者也。」〔註12〕

奢侈與淫業之間的關係，也是近人王無為有關《上海淫業問題》的主題之一。王無為反對奢侈品，認為奢侈品之消長與淫業密切相關，理由是凡操淫業者，「都不能謝絕奢侈品」，之所以不能拒絕奢侈品，主要是為了「裝潢自己的身體，使勾引遊冶子的可能性，能達相當的限度」。淫業不僅成為奢侈品的巨大市場，而且引發「遊冶子與娼妓」的奢侈競爭，從而促使奢風蔓延，「奢侈品銷場，自然就呈一日可以發展千里的形勢」。他認為晚清社會儉樸，但到民初全國「風氣忽然變換，個個奢侈起來，不獨有錢人，要求奢侈品的供給，就是沒錢人，也要求奢侈品的供給。」他承認，個中原因雖然相當複

〔註 9〕巫仁恕：《婦女與奢侈——一個明清婦女消費研究史的初步檢討》，復旦大學歷史系編：《古代中國：傳統與變革》，上海：復旦大學出版社，2005 年，第 395〜398 頁。

〔註10〕曼素恩認為此一轉折性變化，一是因為清政府在政策上提倡貞潔觀念、注重家庭價值，從而抑制娼妓文化的發展；二是因為樸學興起，重新發現古史中的女學者，將閨秀才媛等同於德婦，並與盛清提倡的家庭道德價值觀結合；再加上社會經濟因素的配合。（美）曼素恩：《綴珍錄：十八世紀及其前後的中國婦女》，定宜莊、顏宜葳譯，南京：江蘇人民出版社，2004 年。

〔註11〕熊月之主編：《稀見上海史志資料叢書》（1），上海：上海書店出版社，2012 年，第 338 頁。

〔註12〕熊月之主編：《稀見上海史志資料叢書》（1），上海：上海書店出版社，2012 年，第 640 頁。

雜，但同時斷言，奢侈大眾化與娼妓、遊冶子兩大群體之間的消費競爭密切相關。〔註13〕

妓院成為一個消費競賽的特殊空間，企業營銷對此亦不能忽視。南洋兄弟煙草公司初入上海市場時，主事者王世仁致函公司，聲稱「上海上等妓館共 2 千餘間，弟已運動成熟，專銷我煙。一俟罐裝多到，可不脛而走。」〔註14〕翌年，滬公司簡琴石在致簡玉階的函件中頗為無奈地說：「猶有奇者，『花界』中固少吸我煙；即強其購吸，亦以真『三炮臺』罐盛之。外人無論矣，即大兄〔簡照南〕與秋湄〔王世仁〕請客亦如是。」簡琴石對此「憤火中燒」。〔註15〕上海商業與淫業的緊密關係，甚至成為商界反對取締淫業的理由。〔註16〕

〔註13〕 他認為，「上海淫業界所用奢侈品種類多到極點」，據他初步統計，上海娼妓每年所用奢侈品平均每日只用 1 元，一年每人花費 365 元，再以 10220 名娼妓計算，則奢侈品費用高達 3733030 元。王無為：《上海淫業問題》，《新人》，1920 年第 1 卷第 2 期。

〔註14〕 《1916 年 3 月 13 日王世仁致公司函》，中國科學院上海經濟研究所編：《上海資本主義典型企業史料：南洋兄弟煙草公司史料》，上海：上海人民出版社，1958 年，第 46 頁。

〔註15〕 《1917 年 11 月 6 日滬公司簡琴石致港簡玉階函》，中國科學院上海經濟研究所編：《上海資本主義典型企業史料：南洋兄弟煙草公司史料》，上海：上海人民出版社，1958 年，第 63 頁。

〔註16〕 1924 年，邵力子曾撰文抨擊商界維持淫業的理由，他說：「上海小東門外面的商人，要維持花煙間，說是與他們營業有關，這自然是一件可笑可氣的事。其實這與老闆商家請求恢復書寓（即長三），並沒有絲毫分別。商人發展營業，自有正當的方法，決不能靠別人的皮肉，來填滿自己的錢袋；倘說那地方沒有了淫業就連一般商業也不能發達，那就無異乎說那地方的商家全靠著妓女發財，什麼大老闆、大經理，就幾乎和『烏龜』『老鴇』一般無二了。而且，同是商人，老闆的商店要靠長三來維持，新闆的商店又怎樣呢？小東門的商店要靠花煙間來維持，小西門的商店又怎樣呢？如果大家都用營業來競爭，勢必非全上海都變成長三、花煙間的區域不可！再推闊下去，上海有商人，別地方也有商人，中國有商人，別國也有商人；哪一地方哪一國不希望商業發達。更非全中國全世界都變成長三花煙間的區域不可！這還成什麼世界！這還成什麼國家。」他甚至說：「賣淫是和警察、常備軍、教會、資本階級一樣，同為資本主義社會必要的社會制度。」傅學文：《邵力子文集》，北京：中華書局，1985 年，第 944～955 頁。另外，史通文指出，留聲機在中國的推廣，亦不能不考慮到中國的歷史情境，因為「買辦的選擇都集中在茶園的京劇明星和妓院所雇的歌女身上，也就是說，集中在上海的大眾娛樂形式上。」（德）史通文：《在娛樂與革命之間──留聲機、唱片和上海音樂工業的初期（1878～1937）》，王維江、呂澍譯，上海：上海辭書出版社，2015 年，第 88 頁。

　　奢侈現象與愛情和非法愛情密切相關，「凡是在財富開始增長而且國民的性要求能自由表達的地方」，奢侈現象都很突出，反之，如果奢侈現象不突出，那麼性就受到壓抑，財富不是被消費而是被貯藏起來。〔註17〕根據桑巴特的統計，18 世紀末的倫敦和巴黎兩個城市，妓女人數分別是 5 萬人和 3 萬人。〔註18〕20 世紀上半期的上海享有「亞洲的巴黎」之聲譽，但「理所當然地是與『亞洲的妓院』的稱號並存的」，〔註19〕妓女總數最高可能多達 10 萬人，1920 年淫業調查委員會的一份報告認為，上海是世界上妓女人口密度最大的城市之一。在公共租界，每 147 個居民中有一名妓女。而在整座城市中，每 300 個居民中有一名妓女。〔註20〕王無為在解釋其考察範圍時，聲稱中國娼妓制度，「上海占最先的風氣」，其次各處娼妓都把上海娼妓視為「娼妓的模範」，因此上海娼妓也自視「模範區域的模範娼妓」。〔註21〕

　　桑巴特詳細描繪了「高級妓女」的奢華生活，如蓬巴杜夫人、杜巴麗夫人等。〔註22〕安克強則認為，19 世紀上海的妓女，經歷從「高級妓女和普通妓女的性質轉變」。他也使用「精英的妓女與妓女的精英」的表達，並試圖釐清妓女層級與社會層級之間的複雜關係。〔註23〕但是很明顯，近代上海高級妓女並無政治影響力，不可與蓬巴杜夫人等同日而語。在帕累托的評級中，蓬巴杜夫人等「頗具政治才幹」的女人，「善於贏得執掌重權的男人的寵愛並干預朝政」，可以給予 8 或 9 分的高分，而其他「以色事人、只滿足統治者肉慾而對政權未施加絲毫影響的婊子」即給 0 分。〔註24〕因此，歐洲的「宮廷

〔註17〕菲利普・西格曼：《奢侈與資本主義英譯本導言》，（德）桑巴特：《奢侈與資本主義》，王燕平、侯小河譯，附錄，上海：上海人民出版社，2000 年，第 246 頁。

〔註18〕（德）桑巴特：《奢侈與資本主義》，王燕平、侯小河譯，上海：上海人民出版社，2000 年，第 67 頁。

〔註19〕（法）安克強：《上海妓女：19～20 世紀中國的賣淫與性》，袁燮銘、夏俊霞譯，上海：上海古籍出版社，2004 年，「導論」，第 6 頁。

〔註20〕（法）安克強：《上海妓女：19～20 世紀中國的賣淫與性》，袁燮銘、夏俊霞譯，上海：上海古籍出版社，2004 年，第 133 頁。

〔註21〕王無為：《上海淫業問題》，《新人》，1920 年第 1 卷第 2 期。

〔註22〕（德）桑巴特：《奢侈與資本主義》，王燕平、侯小河譯，附錄，上海：上海人民出版社，2000 年，第 95～99 頁。

〔註23〕（法）安克強：《上海妓女：19～20 世紀中國的賣淫與性》，袁燮銘、夏俊霞譯，上海：上海古籍出版社，2004 年，第 22～37 頁。

〔註24〕（意）帕累托：《普通社會學綱要》，田時綱等譯，北京：生活・讀書・新知三聯書店，2001 年，第 296～297。

情婦」可以視為精英，而近代上海的妓女，則只能看成是大眾。

　　在 17 至 18 世紀的倫敦和巴黎，在合法配偶之外養一文雅情婦，或用情婦取代合法配偶已成時尚，以至於有產者的妻子在時尚和興趣方面成為了文雅的高級妓女的追隨者。品行端正的女士為了與那些情婦競爭而不得不自我調整，否則便會從社會生活中完全消失。用桑巴特的話來說，「正是妓女迫使品行端正的女士洗澡」，「風流社會」的生活方式決定了整個社會的生活方式，「一切與時尚、奢侈、乏力、揮霍相關的怪念頭首先都是由情婦們在實踐中嘗試，使其在某些方面變得平和之後，它們才最終為受尊敬的婦女接受。」〔註25〕

　　徐珂筆下的上海「風流社會」與桑巴特考察的歐洲，具有相當的同質性。徐珂在「滬妓之服飾」中說，「同、光之交，上海青樓中人之衣飾，歲易新式，靚妝倩服，悉隨時尚。而妓家花樣翻新，或有半效粵妝者。出局時，懷中皆有極小銀鏡觀劇侑酒，隨置座隅，修容飾貌，雖至醉，亦不云鬟斜蟬寶髻半偏也。至光、宣間則更奇詭萬狀，衣之長及腰而已。身若束薪，袖短露肘，蓋欲以標新領異，取悅於狎客耳。而風尚所趨，良家婦女無不尤而傚之，未幾，且及於內地矣。」另外，「妓效男裝」也是「標新領異」的一種策略。徐珂指出，「又有戴西式之獵帽，披西式之大衣者，皆泰西男子所服者也。徒步而行，雜稠人中，幾不辨其為女矣。」光宣間，滬上衍衍中人競效男裝，且有翻穿干尖皮袍者。」〔註26〕1922 至 1923 年，美國記者西登遊歷中國，她在上海、杭州、蘇州的「歡愉地帶」見過十四五歲的女孩，她稱之為「娛女」。「娛女」上衣長度和剪裁緊身而短小，絲質褲子也很短，但較肥闊。上海娛女的裝束是頂西式男運動帽，一件男式粗花呢外套，精緻的馬夾，亞麻領口，短裙，高跟便鞋。穿著這套裝束，招搖過市，嘴上叼著煙，各方面都顯示出她很「時髦」。〔註27〕

　　周瘦鵑提供了一個桑巴特所謂的「怪念頭」的例證。他與友人在三馬路「別有天」聚餐，此處生意很好，他們房間用白布幔隔而為二，「好似個靈堂模樣，又像是南北分界對峙似的」。「大嚼到一半」，周瘦鵑往白帳幔上一瞧，

〔註25〕（德）桑巴特：《奢侈與資本主義》，王燕平、侯小河譯，上海：上海人民出版社，2000 年，第 75 頁。

〔註26〕熊月之主編：《稀見上海史志資料叢書》（1），上海：上海書店出版社，2012 年，第 640～614 頁。

〔註27〕（美）格蕾絲·湯普森·西登：《中國燈籠：一個美國記者眼中的民國名媛》，北京：中國言實出版社，2015 年，第 268 頁。

忽然嚷叫道：「咦，螢火蟲，螢火蟲，快快去捉。」有人提醒他看錯了，白帳幔上並無螢火蟲，而是隔壁透過來的燈光。周並不信服，撩起帳幔一角，發現是一妓女身上的小電燈。原來隔壁有五六個客人在吃酒，其中有一20歲左右、穿黑衣裳的姑娘在衣襟上紐扣處裝著一盞小電燈。他事後從友人處得知，當時「窯子裏姑娘身上裝電燈的很多，有的裝在紐子花心裏，更覺好看。」他戲謔道：「如此說來，妓女身上大半有電，做嫖客的須得穿一件玻璃衣服，不然，當心觸電呢。」〔註28〕

妓女服裝的「怪念頭」更加明顯，為了異於常人，而採用與季節相悖的策略。王無為對此進行了「深描」：「娼妓的衣，天寒不求保存溫度，天熱不求反射日光。她所認為最重要的條件，只求可以適合遊冶子的心理。穿衣是為著保護自己身體，如今只求適別人的目，衣的作用，自然要失去一大半。……上海娼妓的衣，就可見他們穿衣不是為著自己。我們在上海過冬，所看見的娼妓，大抵衣袖僅僅及肘，褲腳剛剛及膝。一重比紙還薄的絲襪，保護著兩隻腳，驟看起來，他們似乎不感受什麼痛苦──其實他們的兩隻腳，早已生滿了凍瘡。他們的衣服顏色，冬天或許極淡，夏天反而非深色不可。抵抗寒熱的作用，可以說是全部消失。還有一層：他們穿衣的季節，不以溫度升降做本位，卻拿時令做本位。清明節剛到，……將棉衣卸下，換上夾衣；4月還沒完，大家都是挨著夾衣，他們卻老早換了單衣。」王無為將妓女的著裝規則總結為「提前穿衣」，「天冷就要挨凍，天熱卻是加熱」，與衛生原則相悖。〔註29〕

1934年纂修的《懷安縣志》，認為婦女裝飾曾經百數年來無大變更，而近十數年因受外界影響，驟然大變，剪髮放足，敷淡粉而不施朱，頭不掛絲，耳不戴環，色彩尚素，形狀忽寬忽窄無定式，且有衣旗袍而乳臀畢現，風飄裙而膝肉外露，「蓋非此不足以表示曲線矣」。此種摩登女子之裝飾，在社會上僅屬少數，但「賣笑者流，率皆剪髮，其裝束亦竭力仿傚時髦，然皆不適中，類屬非驢非馬，加以舉動特殊，一見即知其非良家婦女也。」〔註30〕

〔註28〕周瘦鵑：《妓女身上的小電燈》，載《紫蘭花片》（第2集），上海：大東書局1923年出版。此處見袁進主編：《都市魔方》，上海：東方出版中心，1997年，第56～57頁。周的舉動與其鄉下生活經歷有關，他說，「我們鄉下人，在草田裏看慣螢火蟲，一到晚上總在暗中亮起來，捉幾個放在小瓶子裏頑。小時候又常常唱著『螢火蟲，夜夜紅』的歌兒。所以一見螢火蟲，就非常高興了。」

〔註29〕王無為：《上海淫業問題》，《新人》，1920年第1卷第2期。

〔註30〕景佐綱修、張鏡淵纂：《懷安縣志》，卷二，婦女生活，1934年鉛印本，第64～65頁。

　　前述桑巴特的觀察，實際上只能視為時尚從上至下傳播或同層傳播的例證。而魯迅的評判，與桑巴特有關歐洲的論說雖然非常近似，但更接近於自下而上的傳播模式。他在《關於女人》一文中寫道，「民國初年我就聽說，上海的時髦是從長三麼二傳到姨太太之流，從姨太太之流再傳到太太奶奶小姐。這些『人家人』，多數是不自覺地在和娼妓競爭，——自然，她們就要竭力修飾自己的身體，修飾到拉得住男子的心的一切。」〔註31〕

　　妓女身上裝置小電燈，此種另類的時髦舉動，恐怕只能存在於娼妓之間的競爭，很難被其他女性所仿傚。但是，妓女在服裝時尚方面，則無疑是民國初年的消費領袖之一。漱六山房認為，絲襪的傳播，經歷了外國到中國妓女再到富家婦女的軌跡。民國初年，上海人看見外國婦女都穿絲襪，就跟著「學步起來」，但起初限於堂子裏的妓女和富家婦女。他將女性冬季著絲襪譏為「吃外國屁」：「尤其可笑的，冬天極冷的時候，女人身上穿著皮大衣皮領圍，還不住地說冷，獨獨對於這一雙腳，好像不是她身體上的肢體，和它有不共戴天之仇的一般，依然還是一雙極薄的絲襪，任它凍著……這個凍瘡，就是吃了外國屁的報酬了。」對於此一東施效顰之舉，他分析說，西洋婦女「家裏有的是電氣火爐和熱水管，她們所到的地方，也沒一處沒有禦寒的設備，連汽車裏也有電氣爐」。而當時上海的「中人之家的婦女」「娘姨大姐」等，均不具備此種條件。〔註32〕

　　近人王宏儒對民國初年「服用奢華」現象痛恨不已，其所謂「痛言」，實則基於服用的基本功能，聲稱「衣服所以章身，器物所以效用，皆人生日用必不可少之物」，但其標準，「只求潔淨樸實，整齊有度，無害觀瞻足」。他以女子服飾為依據，認為「綺麗鬥豔，未有若今日之甚者」，將女服「短袖高褲，露頸顯膚」視為「惡習」，又將其起源歸結為妓女的引領，「初盛行於上海妓院，漸及浙蘇武漢，近則良家閨秀，亦復尤而傚之，恬不知恥。」對於「閨閣婦女」仿傚妓女，他大惑不解，「夫妓女本為社會上之一種玩好品，豔服妖裝，招搖過市，意欲藉此以博遊客之歡，固亦無足深怪，惟一般閨閣婦女，亦群起而傚之，競尚此不倫不類之時裝，是誠不可解矣。」〔註33〕

　　法國婦女吸煙源自妓女，這是菲爾德用來證明「身份上浮現象」的例證

〔註31〕魯迅：《關於女人》，《朝花夕拾》，海口：海南出版社，2016年，第92頁。
〔註32〕漱六山房：《著絲襪是吃外國屁》，《新上海》，1933年第4期。
〔註33〕王宏儒：《服用奢華之痛言》，《痛言》，1921年國慶號特刊。

之一。〔註 34〕清末民初的妓女吸煙，也可作為其引領消費時尚的又一例證。
香煙於清末初入上海時，「吸者甚鮮，價亦甚廉。每支只一二文，車夫苦力多
吸之，故有馬路煙之號」。〔註 35〕陳榮廣的這一觀察，意味著香煙的流行，符
合自下而上的傳播模式。另據羅檢秋的看法，妓女在吸煙現象的流行中起到
了傳播介質的作用。他認為，在清末的大城市中，男性吸食捲煙已經比較普
遍，但女性吸煙尚不多見。1912 年，吸食煙捲的時尚開始在妓女中出現，與
此同時，少數良家婦女也以吸紙煙為時髦，「躍躍仿傚」。〔註 36〕當年 6 月 20
日，《申報》載有「鈍根遊戲畫」，描摹了妓女吸煙的形象，並配有「耐看我吃
香煙，阿要時髦」的文字。〔註 37〕

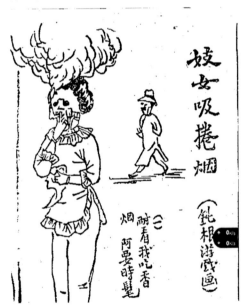

資料來源：鈍根：《遊戲畫：妓女吸捲煙》，《申報》，1912 年 6 月 20 日第 11 版。

當月 22 日，鈍根又在「心直口快」專欄中寫道：「邇來妓界出現一種新
流行品，曰紙煙。櫻桃小口，橫插一根吞吐，煙薰火灼，妙舌香喉，不怕燥裂
耶。紙煙一物，久為上流人所唾棄，惟車夫、乞丐、流氓、煙鬼，尚有銜強盜

〔註 34〕George A. Field. The Status Float Phenomenon, the Upward Diffusion of Innovation. *Business Horizons*, Vol.13, No.4, 1970, pp.45~52.

〔註 35〕《香煙小史》，陳榮廣（伯熙）：《老上海》（中），上海：泰東圖書局，1919 年，第 44 頁。

〔註 36〕羅檢秋：《近代中國社會文化變遷錄》（第 3 卷），杭州：浙江人民出版社，1998 年，第 48 頁。

〔註 37〕鈍根：《遊戲畫：妓女吸捲煙》，《申報》，1912 年 6 月 20 日第 11 版。

牌攢眉苦吸者。卿輩平日力爭上流，諱言下賤，何竟甘與車夫、乞丐、流氓、煙鬼為伍。衛生家言紙煙足以壞腦筋、礙發育、害皮膚，卿輩夙以聰明豔麗自喜，豈宜吸此傷身汨智之物。歐美風俗，婦女無吸煙者，即男子亦不得至婦女前吸煙。卿輩衣食器用，事事摹仿歐美以為文明，何獨於其深惡痛絕之煙捲而故犯之。吾嘗見有西裝妓女坐馬車，手（原文遺漏一字，筆者注）紙煙，沿途噴吸不已。此種怪狀，西人見之，必竊笑中華婦女之鄙陋，全國女界之名譽，為汝輩掃地盡矣。妓女衣服舉動，每為良家婦女所仿傚。今茲吸紙煙之惡習若不革除，恐不數月而良家婦女口中皆紙煙矣。〔註38〕

　　民國時期的不吸煙運動毫無成效，〔註39〕對妓女和其他女性的道德勸誡，亦不可能阻遏香煙在一部分女性群體中的蔓延，「抽煙在 20 世紀初的中國名媛中成為時尚」，「有地位的女人炫耀金質的濾嘴和煙盒」，抽煙變成「女性世故的新標誌」。〔註40〕隨著時間推移，時髦女性吸煙風氣不但沒有低落，反而迅速發展，至二三十年代達到高潮，「吸紙煙的風氣從妓女中漸及時髦女性，又從時髦女性向一般勞動婦女蔓延。」〔註41〕

　　但是，二十年代中期，電影事業興起，妓女的時尚領袖地位風光不再，而讓位於新興的娛樂精英。按照許地山的看法，「民國十四五年以後，在上海以伴舞及演電影的職業女子掌握了女子時髦裝束的威權」。〔註42〕換言之，下層女性的「滴上效應」逐漸讓位於精英女性的「滴下效應」。

第二節　明星示範與時尚流轉

一、明星崇拜的興起

　　1936 年，武尚權激烈地批評說：「電影、戲劇在中國已經登上什麼『藝術』的寶座；戲子和演員已經獲得了什麼『藝員』的美稱。『藝術』與『藝員』

〔註38〕鈍根：《心直口快》，《申報》，1912 年 6 月 22 日第 9 版。

〔註39〕劉文楠：《近代中國的不吸紙煙運動研究》，北京：社會科學文獻出版社，2015 年。

〔註40〕葉文心：《上海繁華：都會經濟倫理與近代中國》，臺北：時報文化出版企業股份有限公司，2010 年，第 95 頁。

〔註41〕羅檢秋：《近代中國社會文化變遷錄》（第 3 卷），杭州：浙江人民出版社，1998 年。

〔註42〕《民國一世——三十年來我國禮俗變遷的簡略的回觀》，林文光選編：《許地山文選》，成都：四川文藝出版社，2010 年，第 133 頁。

的勢力，在現在的中國，真是不可一世。浮華的人們愛好藝術比愛好科學的心理勝過萬倍，浮華的人們崇拜藝員比崇拜革命家、發明家更超過萬倍。但是，各大都市有很多可作生產資本的金錢大都被什麼藝術消耗去了！試看全國被電影明星迷倒的青年不知有多少了？全國人們被戲子迷倒者，又不知有多少了？一般如瘋似狂的戲迷或影迷攜著洋錢擁入戲院或影院，比進妓院賭場還要踴躍幾倍。全國戲院影院每年所吸收的金錢，大概可以鑄成一座大規模的銀質影院了！如果把這一部分錢用作生產資本，一定能夠救濟中國一部分的窮困。」他聲稱自己並非全盤反封電影和戲劇，因為電影、戲劇可以作為文化或國家政策的宣傳工具，但在他看來，中國電影和戲劇大都成為「奢侈、淫蕩或詐騙術的教本」，中國社會的奢靡習氣、道德淪喪，以及「新奇」欺騙案和綁票案，都可歸結為電影和戲劇的「毒害」。〔註43〕

　　將一切社會問題甚至犯罪現象的責任都歸結到電影，當然值得商榷，但電影明星對社會產生巨大影響力，則不容否認。民國時期的電影明星制度，是美國娛樂文化的移植。美國「不生產電影運動，只生產電影類型。」〔註44〕美國電影史上類型影片早在20世紀三十年代即已充分發展，其本質是資本邏輯在電影領域的延伸，對電影生產、明星和技術進行資本性控制，而電影產業鏈條的標準化或程式化，則足以保證成本最小化和資本收益最大化。〔註45〕票房回報為「持續的類型製作提供了充足的標準」，製片廠無需理解特定敘事對觀眾產生吸引力的原因，僅需知曉此種吸引力「確實存在並且可以在經濟上加以利用」〔註46〕。

　　「觀眾與能指的關係是一種呈現為『電影觀淫癖』的性慾力的激情關係」，觀者與演員之間的這種聯繫激發出觀的「性慾力」。〔註47〕因此，影迷性別與明星性別之間往往存在一定的互補性，則所謂「太太小姐們要看的是漂亮的男明星，老爺公子們要看的是美豔的女明星」〔註48〕。反之亦然。

〔註43〕武尚樁：《浪費、貧窮與救亡》，上海：大成書局，1936年，第215～216頁。
〔註44〕（美）霍華德·蘇伯：《電影的力量》，李迅譯，北京：中國人民大學出版社，2008年，第177頁。
〔註45〕藍凡：《電影論：對電影學的總體思考》（上冊），上海：學林出版社，2013年，第148頁。
〔註46〕（美）托馬斯·沙茨：《好萊塢類型電影》，馮欣譯，上海：上海人民出版社，2009年，第14頁。
〔註47〕陳曉雲編：《中國電影明星研究》，北京：中國電影出版社，2012年，第125頁。
〔註48〕王珏：《電影的三種觀眾》，《聯華畫報》，1935年第6卷第3期。

女明星李麗華和周曼華的影迷中就有不少是「少奶、舞人、妓女」〔註 49〕，而胡蝶的影迷則囊括了「少奶奶、老太太、小商人、青年學生」等不同屬性的人群〔註 50〕。女明星陳燕燕也擁有大量的女性影迷，女性喜愛陳燕燕主演的影片，原因之一是陳燕燕「演的都是苦戲」，太太和小姐愛看苦戲，乃是緣於「天賦情感」，「都高興出了錢去揩眼淚」，而青年學生則愛她的「純潔與天真」，因此，陳燕燕「哪得不紅起來呢」。〔註 51〕

近人孫嘉麟曾經運用「下意識」概念分析影迷的明星崇拜心理。在他看來，影迷對明星「各有所愛好與崇拜」，偏愛某一明星的心理無非是一種「下意識」活動。他認為，崇拜同性明星的基本原則是「愛好與自己相類似的」，愛好運動者崇拜體格強健的明星，溫文爾雅者偏愛溫柔風雅的明星，「瘦長的喜歡瘦長的，活潑的偏愛活潑的，明眸善睞的特別喜歡長睫毛和大眼睛的。」他認為崇拜異性明星的原因更加複雜，他援引美國心理學界有關女性偏好男明星的結論，並建議中國女影迷以此作為參照。〔註 52〕

影迷性別與影片類型選擇也密切相關。女性影迷通常更偏愛「故事纏綿悱惻足夠惹人流淚」的愛情片或哀情片，〔註 53〕她們「所喜歡的是情感的激動，最好是得到一次揮淚的機會」〔註 54〕，而男性影迷則更偏向於偵探片、武俠片、肉感片等情節刺激或充滿性暗示的影片。重慶開設較早的新川電影院，一度專映國外肉感歌舞片，此舉遭到重慶媒體的激烈抨擊，但仍有不少觀眾樂意前往，尤其是「姨太太之流」〔註 55〕。

有一文人曾撰文記述友朋之間私下品評電影皇后胡蝶的戲謔之言，認為胡蝶「一股嬌氣，直沖雲霄，芸芸眾生，為其昏迷者，何可勝數。其吸引魔力，可謂大矣。」有人認為胡蝶之吸引魔力在於「蠶首蛾眉故耳」，有人認為「身段婀娜致之」，而作者則認為胡蝶之所以能使眾生拜倒，「全在一洞耳」。其友朋斥責作者的解釋違背了「非禮勿言」的古訓，該作者辯稱，「余所謂此洞也

〔註 49〕佚名：《明星與觀眾》，《電影世界》，1941 年第 20 期。
〔註 50〕佚名：《周劍雲談國產電影》，《電聲》，1937 年第 6 卷第 20 期。
〔註 51〕佚名：《國聯公司四大美人之一：陳燕燕小姐記》，《青青電影》（八大明星特刊上集），1941 年。
〔註 52〕孫嘉麟：《影迷心理》，《申報》，1948 年 7 月 25 日第 8 版。
〔註 53〕羅樹森：《國片與西片的面面觀》，《電影畫報》，1935 年第 20 期。
〔註 54〕陳大悲：《北京電影觀眾的派別與所需要的影片》，《中國電影雜誌》，1927 年第 1 卷第 8 期。
〔註 55〕佚名：《重慶的電影院》，《電聲》，1940 年第 9 卷第 16 期。

者，非那洞也（那洞者何，恕我難言）……乃最有吸力之酒渦兒耳。」作者自
稱對胡蝶的酒窩「研究有素」，「其每一微笑，而此迷人之洞陡現，惟注目細視，
真所謂奇也者，具絕大能力之迷人洞，只有左面一個。」〔註56〕為了迎合男性
「觀淫癖」，電影公司和影院常用女星身體進行精準營銷，上海中央大戲院上
映殷明珠主演的《盤絲洞》，曾以「殷明珠裸體表演」作為噱頭，「賣座之盛，
為從來所未有」，首映日收入高達 2000 餘元，不僅是上海公司與中央大戲院之
「破天荒」，也是中國影片在上海開映之「新記錄」。〔註57〕

　　女星身體的男性凝視以及小報文字的身體言說，成為都市大眾對女星身體
消費的重要途經，而女星與娼妓在男權世界的「能指」往往混同為一。此類話
語俯拾即是。《羅賓漢》曾經刊載《局外人心目中之女明星》，認為中國並無嚴
格意義上的明星，「特視捧者之力如何」，如果「捧者力大」，不論其飾演角色是
丫環還是宮女，明星頭銜「不難攫得」，「苟無捧者，雖曾為主角，其名終不能
彰也」。因此，局中人與局外人視域中的女星地位截然不同，前者視其為「破
屣」，而後者則視為「天上安琪兒」。兩者的欲望訴求亦並不一致，局外人「無
時不思以一識荊州為榮，無時不思以談一語為樂，更有無時不思以……為畢生
之大幸。」而作為局中人的電影公司，「察知局外人有此心理，於是多有令女明
星登臺，以博營業上之非法勝利，及放任女明星作無謂之交際，在女明星本人，
則既有風頭可出，又可利用此輩局外人為彰名之工具，又何樂而不為哉。」「久
而久之，局外人自可知局內事，未有不倒抽冷氣者，於是一經朋輩嘲笑，無辭
自解，輒曰：比叫堂差尚合算也。」〔註58〕此種言論洞悉了女名伶與女明星生
成機制的相似之處，而將女星貶為「堂差」，表明在男性看來，女星身體的「擬
像」消費與「堂差」的女體消費之間並無多大差異。

　　桑巴特曾將奢侈視為資本主義精神，認為「風流社會」是社會生活方式
的示範性力量，上流社會的情婦們是時尚、奢侈和揮霍等觀念的早期實踐者。
〔註59〕近代中國的妓女在時尚引導方面亦有類似地位，而在時人看來，名妓
與明星存在諸多相似之處，兩者都是上海「最出風頭者」，都是報刊雜誌的封

〔註56〕立民：《胡蝶之迷人洞》，《羅賓漢》，1932 年 5 月 4 日第 2 版。
〔註57〕徐恥痕：《中國影戲大觀》，上海：大東書局，1927 年，「女演員之略歷」第 4
　　　　頁。
〔註58〕黑旋風：《局外人心目中之女明星》，《羅賓漢》，1927 年 9 月 19 日第 2 版。
〔註59〕（德）桑巴特：《奢侈與資本主義》，王燕平、侯小河譯，上海：上海人民出
　　　　版社，2000 年，第 75 頁。

面女郎。「北里中人出身不外家境之壓迫」，而女演員亦有「北里出身者」，因此女明星「可謂如學校中名妓之較高班次」。另外，兩者服裝相同，「每涉足於遊戲場中，電影女明星與北里中人，混而為一色矣。」〔註60〕

　　據近人汪仲賢對「明星」一詞的解釋，「凡屬女子，不必研究藝術，但能在銀幕上露一兩個鏡頭的臉，就可以終身榮任女明星的尊銜」，女明星「不必到商標局註冊，毋須向內政部領執照，上至社會之花、大家閨秀、學校高材生，下至長三麼二、鹹肉溜排、野雞老鴇，只要搖身一變，霎時都成明星。」因為「尊銜得來容易」，所以中國女明星與「南京臭蟲一樣多」。他將「製造明星」的「數小時工程」解剖為三道工序，一是拔眉，將天生眉毛拔去十分之七，僅留細細一道，與妓女「點大蠟燭一樣」。二是燙髮，請高等理髮技師將頭髮燙成特別式樣，如「蓬頭鬼式」「刺毛團式」「落水鬼式」「亂柴窠式」「鴨屁股式」「夜叉小鬼式」「文旦殼式」「大蒜頭式」等「奇形怪狀」。三是新裝，明星替代妓女，成為新裝「發明者」，並且因為影片的傳播力量「無遠不屆」，影片所到之處，新裝就有流傳可能，「妓女對此，未免愧色，鋒頭就完全被明星搶去了」。他認為明星裝的特點是「肉感」，「肌肉露出的部分愈多愈美」，「穿了單衣服遇到大冬天，卻不許叫饒」。〔註61〕汪仲賢的解釋雖然直指明星包裝的物化本質，但仍將明星與妓女類比併置。

　　1942年，胡蝶由港脫險，一到國境，「社會上便哄然傳著：『胡蝶來了，胡蝶來了』」後來某政府機關派人送她一萬元慰勞金，此事引發文化界非議，聲稱「為什麼不雪裏送炭多救幾個辛苦文人呀？一個女明星的身價又等於若干難民，若干文化人呀？」趙超構評論說，慰勞胡蝶固然是多此一舉，胡蝶拒收亦很得體，但是文化界借題發揮，則未免有失身份，「雖知胡蝶只有一個，文化人卻多如過江之鯽，胡蝶的身價比文人重，是當然的。要不然，我們自己又為什麼『胡蝶胡蝶』得這麼熱鬧呢？」他進一步指出，「有女人便有問題」，因為男人一見女人，「就會嬉皮賴臉變出各種無聊的花樣來」，胡蝶本無罪過，「一切的哄然之聲，都不過反映著男人對於異性的愛與憎的情緒。」〔註62〕

〔註60〕洪：《電影女明星與名妓之比較》，《先施樂園日報》，1926年5月18日第3版。

〔註61〕汪仲賢：《上海俗語圖說》，上海：上海大學出版社，2004年，第42頁。

〔註62〕《「胡蝶」》（1942年10月1日），趙超構：《趙超構文集》（第2卷），上海：文匯出版社，1999年，第243頁。

二、明星的時尚示範

　　男性對女明星的「凝視」，雖然暗涵男性的權力運作、欲望糾結和身份意識，〔註63〕而女性觀眾的「觀影過程介乎對社會的『虛視』與『正視』之間，正好應對了這部分女性的處境——介於解放與禁錮之間。」〔註64〕女觀眾與明星之間的關係也同樣建立在「凝視」基礎上，將自身欲望投射於明星身上。但是女性往往比男性更趨於追求時尚，在德國社會學家西美爾看來，男性往往自信其獨特性，而女性的弱勢地位，決定了她們既緊跟潮流，追求「一般化」與「平均化」，但又努力尋求「個性化」與「非凡性」，惟有時尚才能滿足女性的背反性訴求。〔註65〕時尚是「社會的皮膚」〔註66〕，但無疑更具女性氣質。〔註67〕

　　電影是時尚的風向標和晴雨表，左右著時裝與美容兩大行業，佔據了潮流的主導地位。20世紀二十年代的美國，爵士文化狂飆突進，年輕摩登女性在就業市場嶄露頭角，成為女性參政運動之後婦女解放的又一表徵，被視為「塑造美國自由制度的小人物」。她們是美國早期電影工業的主要消費者，「結果，製片人越來越針對女性觀眾拍攝電影，包括許多以女性為主人公的系列電影」。〔註68〕而在三十年代大蕭條時期，好萊塢「明星制度」再創高峰，實現了電影工業與時尚工業的緊密結合，並以跨行促銷手法帶來商業「綜效」，形塑了製片人、商人、女演員、女影迷在內的「集體扮裝」，〔註69〕美國女性

〔註63〕 朱曉蘭：《文化研究關鍵詞：凝視》，南京：南京大學出版社，2013年，第8頁。女演員採取「若即若離的策略」，一方面積極配合了不同群體對現代女性的想像，另一方面卻又通過各種方式回擊諸多言說對她們的詆毀或欲望投射。在銀幕之外，她們力圖在各種權力關係之間尋找到一個平衡點，藉此重新塑造自身公眾形象，實現社會身份的新定位。萬笑男：《上升的明星？墮落的女性？——1920年代上海的電影女明星》，《華東師範大學學報》（哲學社會科學版），2008年第2期。

〔註64〕 楊遠嬰：《中國電影專業史研究》（電影文化卷），北京：中國電影出版社，2006年，第124頁。

〔註65〕 （德）西美爾：《時尚的哲學》，費勇等譯，北京：文化藝術出版社，2001年，第81頁。

〔註66〕 （日）鷲田清一：《古怪的身體：時尚是什麼》，吳俊伸譯，重慶：重慶大學出版社，2015年，第69頁。

〔註67〕 （英）喬安妮・恩特維斯特爾：《時髦的身體：時尚、衣著和現代社會理論》，郜元寶等譯，桂林：廣西師範大學出版社，2005年。

〔註68〕 （美）撒迪厄斯・拉賽爾：《叛逆者：塑造美國自由制度的小人物們》，杜然譯，太原：山西人民出版社，2013年，第228頁。

〔註69〕 周慧玲：《投射好萊塢、想像熱女郎：1920～30年代好萊塢與中國電影中「女

開始「認真地模仿明星們的全副行頭」。〔註70〕

　　作為美國明星制度的習得者，中國電影公司的明星包裝和媒體的明星話語，也極力凸顯女星身體的化妝和服飾。女明星的物化或商品化，經由媒體的物化話語、廣告代言以及電影角色扮裝等諸種途徑，對女性影迷的消費觀念和實踐產生了重大示範效應。據宋路霞的訪談，上海豪門望族席德柄的七個女兒，〔註71〕秋冬季節總是身著母親親手編織的漂亮羊毛衫。席德柄夫人黃鳳珠係上海中西女中第一屆畢業生，英語「很過硬」，在翻閱外國報刊時，「刻意留心報上明星們的穿著，尤其是童星秀蘭·鄧波兒的穿著，慢慢就會照樣子用毛衣針編織出來。她用自己的愛心，使女兒們出門的時候，一個個總是鮮亮無比，讓人眼前一亮。」〔註72〕

　　林語堂次女林太乙童年時期，也是秀蘭·鄧波兒的影迷。她在周末時常去看電影，最喜歡看的是鄧波兒的電影。鄧波兒主演的電影常在大光明戲院放映，裏面有冷氣。林太乙小時候夜裏做夢，常夢見自己跟著鄧波兒跳舞，醒來之後，察覺自己身在上海，與她大海相隔，「何況人家是大明星，哪裏有和她一起跳舞的事，不覺失望、沮喪」，唯一接近偶像的辦法是收集她的照片，每到星期六，十二點放學，校外就有小販售賣電影明星的照片，胡蝶、陳燕燕、王人美、黎明暉等明星的照片，林太乙都不要，只要鄧波兒的照片。她知道有一種照片要泡在藥水裏，才會慢慢在白紙上出現。她常買這種，回家後找個飯碗，加入藥水放在地上，「蹲著全神貫注地看，不久，秀蘭的影子就像魔術般在紙上出現。有時她是穿著軍裝在向我行禮，有時她穿著白色貂皮大衣，白褲

　　　　　明星論述」的跨文化交流》，「近代中國的婦女、國家與社會（1600～1950）國際學術研討會」，2001 年 8 月，第 1～28 頁。

〔註70〕（英）凱特·莫微、梅麗薩·理查德德斯：《流行——活色生香的百年時尚生活》，俞蘅譯，北京：中國友誼出版公司，2007 年，第 103 頁。

〔註71〕又寫作席德炳（1892～1968），是民國金融界的重要人物。他早年留學美國，是麻省理工學院（MIT）的工科學士，功課極好，畢業考時是同屆畢業生中的第一名。但是他回國後長期從事財稅、金融工作，曾任北洋政府時期的財政部秘書、江海口內地稅局副局長、江漢關監督、中央造幣廠廠長、復興貿易公司總經理，抗戰勝利後還擔任過上海阜豐麵粉廠（即解放後的上海麵粉廠）總經理，其中任中央造幣廠廠長時間較長，因此在民國金融界也頗有影響。宋路霞：《上海灘名門閨秀》，上海：上海科學技術文獻出版社，2009 年，第 184 頁。

〔註72〕宋路霞：《上海灘名門閨秀》，上海：上海科學技術文獻出版社，2009 年，第 186～187 頁。

白鞋，微笑向我招手。我看得眼睛發呆之後，便把照片收在一個鐵皮香煙盒子裏，一有機會便拿出來看看，那些照片比什麼都寶貴。」〔註73〕

　　林語堂的《吾國與吾民》在美國出版之後，被西方人視為關於中國人與中國文化的經典之作，美國莊臺公司老闆華爾希和賽珍珠夫婦邀請林語堂赴美。林語堂決定舉家到美國去住一年。〔註74〕在好萊塢，林語堂的一位朋友安排林家與秀蘭・鄧波兒見面。林太乙回憶說：「秀蘭在片場裏有一幢精緻的小洋房，是她的休息室，前面有小花園，白色欄杆。我們站在路上等她。不久，來了一輛長轎車，裏面有秀蘭本人，她母親，兩個保鏢，一個保姆和司機。秀蘭看起來和電影裏一模一樣，一頭捲曲金髮，笑起來臉上有兩個酒渦。她下車之後我們便跟她進了房屋，有許多人幫她脫下大衣。她笑眯眯地和我們一一握手，還說了幾句中國話，那是她演《偷渡客》的時候學到的。有攝影者為我們照像留念。」林太乙夢想成真，「我一心想跟秀蘭說，我多麼喜歡看她的電影，想告訴她我收集了多少張她的照片，多麼常夢見她，多麼想見到她一面。如今見到了，我卻不會講英語，羞得連『哈羅』都說不出口。照過像之後，我眼巴巴看她被人擁走了。幸虧所拍的照片朋友送了我們，我當它是寶貝，一直保留著。」〔註75〕

　　20世紀上半期中國女裝的「裸露」，乃是女裝現代化至關重要的一步，也是女性擺脫傳統觀念束縛，爭取自身解放的重要組成部分。〔註76〕1920年代中期，女星楊耐梅走紅，其「生活瑣事，被具有好奇心理的影迷渲染傳播，真是街頭巷尾，茶樓酒館，人人無不以談耐梅為見廣識多。」〔註77〕楊耐梅「對於結婚和離婚並不在意」，係一「大膽的新女性」，〔註78〕其主演的《奇女子》女主人公，是一個「渴望突破傳統藩籬、尋求自我解放的早期女性主義者」〔註79〕，因此楊的銀幕角色與生活角色高度統一。1928年，楊耐梅

〔註73〕林太乙：《林家次女》，北京：西苑出版社，1997年，第59～60頁。
〔註74〕林太乙：《林家次女》，北京：西苑出版社，1997年，第73頁。
〔註75〕林太乙：《林家次女》，北京：西苑出版社，1997年，第82頁。
〔註76〕李楠：《現代女裝之源：1920年代中西方女裝比較》，北京：中國紡織出版社，2012年，第116頁。
〔註77〕轉引自李道新：《中國影迷誕生記》，載《南方周末》，2005年5月5日第1108期的文化版。
〔註78〕《楊耐梅捲土重來》，《大眾影訊》，1942年第2卷第49期。
〔註79〕張彩虹：《身體政治：百年中國電影女明星研究》，北京：中國廣播電視出版社，2011年，第64頁。

赴湘表演，其衣「薄如蟬翼，肌膚必呈」「形若長筒，自乳上起至膝上止，以雙帶懸諸肩際。」〔註80〕長沙婦女「見之紛紛仿製，遂成為一種時髦」。翌年夏季、長沙「一般婦女著此裝束，薄如蟬翼，肌膚呈露，招搖過市」，該市公安局長周安漢「大不謂然」，遂下令嚴禁，並令崗警「隨時干涉」，但「奉行不善，變本加厲」，引發社會輿論的強烈抨擊，日後稍有改善，「當街勒令婦女脫衣查驗是否穿褲之活劇已不再見」，但各地崗警對旗袍著裝仍多干涉〔註81〕。「耐梅裝」在長沙流行之前，在平、津、滬已風行多年，1927年興起「天乳運動」，「打倒小馬甲之聲浪日高」，此類內衣更加普及，「一則取其風涼，二則公開胸背，以示時髦」〔註82〕。但既為內衣，即使舞女服此衣式登臺表演，亦必著褲，外罩長袍，「雪白肌膚，仍可望而不可即」，而長沙流行之耐梅裝，「殆內外俱不掛一絲，僅此一筒，則在吾國，今日似尚不至服此程度，是宜禁也。」但是，「自此內衣風行之後，洋貨店中仍有所謂『跳舞背心者』，索而觀之，蓋即西婦之內衣而具上述之形式者也。」〔註83〕耐梅裝的流行、禁止以及型變，可以窺見內地與沿海城市在服飾風尚方面的合奏與變奏，同時也是女星影迷模仿明星著裝風格的典型案例。

引發長沙女性時尚風波的楊耐梅，也是上海女影迷追逐的時尚對象。導演張石川認為楊耐梅在上海交際圈引人注目，「幾乎每一個上海人都知道她」，原因之一在於「頭髮燙得怪樣的高」〔註84〕，而龔稼農則感歎，楊耐梅的演藝生活僅僅兩年有餘，但「風靡全國，風魔影迷不知凡幾！」〔註85〕

〔註80〕縮香閣主：《釋耐梅裝》，《北洋畫報》，1929 年第 348 期。

〔註81〕「除著最普通衣褲外，其餘無論旗袍還是耐梅裝，以及稍異於普通裝束者，均勒令當街去除，並有勒令脫去耐梅裝，以查驗是否內穿小衣（因耐梅裝多不穿褲）。此類干預導致各校女生之憤懣，而愛著新裝之時髦婦女，因來不及趕製舊式服裝而不敢外出，電影院等各娛樂場所的營業亦大受影響，尤其是湖南省黨校女教員身穿旗袍，亦遭崗警干涉，該警不聽省政府科員解釋，反而惡言相向，後鬧至公安局，涉事崗警雖被局長定性為『干涉失當』，『開缺了事』，但終於引發長沙輿論的強烈抨擊。而周氏乃諭令各警嗣後慎重對待，不能『不擇手段，勒令脫衣』，只能採取勸說和帶署罰辦的方式，同時致函各報館進行解釋。」《長沙禁止婦女奇裝之紛擾》，《申報》，1929 年 7 月 13 日第 11 版。

〔註82〕縮香閣主：《釋耐梅裝》，《北洋畫報》，1929 年第 348 期。

〔註83〕縮香閣主：《釋耐梅裝》，《北洋畫報》，1929 年第 348 期。

〔註84〕張石川：《自我導演以來》（續），《明星》，1935 年第 1 卷第 5 期。

〔註85〕龔稼農：《龔稼農從影回憶錄》（上），北京：中國大百科全書出版社，2013 年，第 112 頁。

實際上，在楊耐梅與大眾傳媒的合謀操弄下，影迷主要關注其服飾。楊耐梅拍戲之餘，頻繁出入各種公共空間，「表演」怪異舉動，並事先聯繫小報記者隨行拍照。媒體呈現楊耐梅的「時裝小影」，往往彰顯其「款式不一、顏色靚麗的奇裝怪服」以及怪異髮型，或者購自惠羅公司的高矮不一的十雙皮鞋，「贏得影迷們喝彩」，但心態不一，或「自歎勿如」，或「不屑學樣」，或「無力辦到」。〔註 86〕

電影皇后胡蝶偶然的裝扮，亦曾型構廣州和香港兩地的流行風尚。1947年春，廣州女性流行「胡蝶裝」，即著棉襖、西褲，以及外披大衣，甚至有部分女性穿著棉襖招搖過市。「胡蝶裝」源於胡蝶從上海赴廣州時的隨意性裝扮，隨後便有香港小姐爭相仿傚，初以舞女為多，但是一些太太「投來羨慕的眼光」。棉襖在廣州的禦寒功能，主要是避免穿尼龍絲襪的玉腿受涼，但從審美觀點看，「胡蝶裝」並不適合於廣東人。胡蝶身材比較高大，而香港廣州的女性，不論胖瘦，裝扮相同，「失去了輕鬆寫意和苗條婀娜的美」，瘦者有如「秋墳夜鬼，瘦得可憐」，胖者有如「正牌的東莞香腸，突然惹人反感」。〔註 87〕

抗戰初期，在「上海影人劇團」組織下，上海演藝人員「挾往時銀幕聲威，長征入川，表演救亡戲劇」。成、渝兩地的青年女性對來自上海的時髦人物，「亦步亦趨，事事仿傚」，尤其是服飾方面。白楊、劉莉等女明星因值秋熱未退，均赤足革履，不著襪子，「重慶的娘兒們眼界新開，紛紛脫襪不遑，競誇時髦，甚且效而尤之」，一些穿著普通鞋子的女性也都不著襪子，「居然迅捷的形成了一時風尚」。有些男演員的睡帽，是一種兒童式的頂上有大絨球的絨線帽子，一位演員偶然戴著到劇場跑去幾次，成都青年觀眾以為它是上海新流行式樣，成爭相效尤，風行一時，馬路上熙來攘往的青年戴上一頂，「帽色紅綠深淺，各類俱備，蔚為奇觀」，而全市帽店裏亦趕製應市，每頂售價高達二三元，尚供不應求。白楊赴照相館拍照，偶然將絨線外衣的一條腰帶繫在頭上，權充緞帶，帶子兩端的大絨球斜綴鬢角，「模樣兒也很見別致」。照相館將其照片陳列於當街玻璃窗櫥，「頓時引起眾女流屬目，大家忙著照式打扮起來，又成為了一種很流行的新鮮花樣。天氣驟寒，施超夫人卓曼麗仍著單薄旗袍，施超將自己一襲上裝給她禦寒，竟被影迷認為是新式時髦服裝，「紛紛盲從，而不讓卓曼麗一人專美」。因此，電影藝人表演救亡劇的宣傳偉

〔註 86〕沈寂：《影星悲歡錄》，上海：上海書店出版社，2001 年，第 140 頁。
〔註 87〕永生：《廣州流行「胡蝶裝」》，《鐵報》，1947 年 3 月 7 日第 4 版。

力，這也正是一個明顯的反證〔註88〕。

由於影迷的性別差異，導致女明星的商業化程度高於男明星，「女明星一紅，立刻就能引起人們的注意。出風頭的機會也就慢慢地多起來了。XX遊藝、XX大會請去表演，XX市場XX商店請去揭幕，XX化裝公司，XX新服裝商店請去做商標，這種意外的宣傳和意外的收穫男明星是不為有的。」〔註89〕1944年，王伯群夫人保志寧得知胡蝶將過築赴渝，即致函胡蝶，「屆時自應盡東南之美，挹注清芬也」，邀請她主持大夏大學立校二十週年紀念籌募基金公演。〔註90〕胡蝶晚年回憶說，她走紅之後，滬江影相館找上門來，願意給她拍照，並免費代她向影迷郵寄相片，條件是她一年去滬江照幾次相，由他們印成明信片出售。她嘗試之後，認為滬江的攝影技術還不錯，「兩皆相宜」，一直合做到她離開上海。同時，其服裝則由上海鴻翔服裝店專供，她評價說，鴻翔有幾個老師傅，做工很考究，「現在恐怕很難找到這樣做工考究的老師傅了。」〔註91〕

在大眾看來，女明星與商品之間存在對應關係，胡蝶是味之素，徐來是順豐牌鮮橘水，嚴月閒（嫻）是啤酒，黎莉莉是球鞋，王人美、胡笳是牙膏，而女明星都是力士香皂。〔註92〕在新生活運動的背景下〔註93〕，社會輿論對電影明星的示範效應非常不滿。有人認為電影「教育的最好成績」，無非是摩登女郎傚仿「明星的裝飾」和青年「練習接吻的藝術」，譏諷青年沉醉於「酒和女人的懷抱」。〔註94〕也有人認為三十年代中期的中國存在「摩登化」與「復古化」兩種相反的思想潮流，後者的主要表現是尊孔讀經，而「摩登化」就是以跳舞、運動和電影為表現形式的「頹廢的肉慾主義」，衣服裝

〔註88〕辛人：《影人劇團旅川趣事：銀星服飾成為模仿對象，蜀中男女青年大鬧笑話》，《申報》，1939年4月5日第18版。

〔註89〕陳嘉震：《記胡蝶》，《電影畫報》，1934第14期。

〔註90〕湯濤編：《人生事，總堪傷：海上名媛保志寧回憶錄》，上海：上海書店出版社，2018年，第205頁。

〔註91〕胡蝶口述：《胡蝶回憶錄》，劉慧琴整理，北京：文化藝術出版社，1988年，第81頁。

〔註92〕佚名：《電影文選：女明星的商業化》，《電聲》，1934年第3卷第34期。

〔註93〕劉文楠認為新生活運動是國家權力通過規範化來規訓民眾，是中國自身現代化的組成部分。參見劉文楠：《規訓與日常：新生活運動與現代國家的治理》，《南京大學學報》（哲學‧人文科學‧社會科學版），2013第5期。

〔註94〕朱人一：《摩登女郎模仿明星的裝飾》，《申報》，1934年4月22日第21版。

飾均以女明星為標準。〔註95〕

　　或如安東籬所言，南京國民政府建立之後，引領時尚者是來自上海的交際花、摩登小姐、妓女和演員。而女演員已經取代妓女成為時尚偶像，她們「表演著有關當下中國生活的故事，穿著當下上海的流行時裝」，比同時代的其他人群對社會產生了更大的文化影響，其魅力讓上海這座城市同中國其他城市區分開來。北京可以「宣稱具有某種文化聲望」，而上海則以「華麗炫目取勝」，儘管上海期刊偶爾表現出對北京女孩時尚的興趣，但很明顯，這些女孩的穿著風格與上海本地流行的並無太多不同。〔註96〕

第三節　精英女性的時尚競爭

　　前文引用過武尚槿對明星崇拜的批判，此處再次援引他對婦女裝飾費用的看法。他說，西洋婦女的奢侈或裝飾，「整個無遺的搬進中國」，都是源於中外電影女明星、女戲子、舞女和妓女的示範作用。其中原因，他歸結為二，一是這些群體在社會等級中占位過高，亦即社會「過分獎勵」她們；二是男性盲目追逐女性美貌。他引用西方學者的看法，認為女性的消費方式鮮為理智所支配，而多由習慣、時尚，以及嗜好和模仿的癖性所左右，中國婦女耗費金錢的方法，都模仿明星和舞女的消費行為。在他看來，女性的愛美習慣和時尚又由男性造成。基於此種理解，他認為若欲改變社會的奢侈消費，唯有從理智上改變男性心理，並且必須輕視女明星、舞女及女戲子，更須「剷除妓女」。〔註97〕

　　武尚槿雖然持有一種男性主義的傲慢，但也洞悉女性娛樂精英的消費示範效應。此處僅以旗袍和服裝顏色為例，討論明星和名媛在時尚潮流中的角色，以及彼此之間的競合關係。為了闡明「滴下效應」，則必須涉及「滴上效應」，因而又不能不觸及妓女這一群體。

一、時尚競爭與旗袍嬗變

　　旗袍在 20 世紀三十年代興盛不衰，而在南京國民政府主政時期，它是時

〔註95〕鐵民：《相對的思想界與新生活運動》，《申報》，1934 年 4 月 22 日第 21 版。
〔註96〕（澳）安東籬：《「旗袍」中國》，潘瑋琳、梁思思譯，復旦大學歷史學系、復旦大學中外現代化進程研究中心編：《近代中國的物質文化》，上海：上海古籍出版社，2015 年，第 315、328 頁。
〔註97〕武尚槿：《浪費、貧窮與救亡》，上海：大成書局，1936 年，第 223～224 頁。

尚的最主要陣地，也成為圍繞性別、社會角色、審美、經濟乃至國家的各種辯論競逐的舞臺。〔註98〕從發生學的角度看，旗袍是妓女作為消費標兵的一個極佳例證。據劉靜嚴於 1929 年所記，二十年代的哈爾濱，「當歐亞交通之孔道，為東北唯一之名都，在先有東方聖彼得堡之稱，最近又有小巴黎之譽」。〔註99〕他在「婦女時裝」條目中，將當地鞋帽和服式的流行源頭，追溯至「北里」，「凡未曾至濱江之人士，每臆度斯地既位於塞北，去中土甚遙，其風俗衣著，當然鄙陋現象，何意竟有大謬不然者。斯土交通便利，東省鐵路與西伯利亞大鐵路，相互聯絡，歐風東漸，首當其衝；縱開闢未久，地屬邊關，文物不及江南，然繁華都市，衣冠俗尚，又烏可以塞北目之。以風俗奢靡之影響，本埠婦女之衣著，尤為鉤心鬥角，五光十色，輝煌刺目。依現在最流行之式，為短袖旗袍，簡式氈呢帽，平底斷腰鞋，皆風靡一時。夷溯其源，則多師自北里，閨閣淑媛，爭相效尤，青出於藍，殆有甚焉。」〔註100〕

二三十年代的服裝話語，多將旗袍的起源歸結為妓女。1922 年《家庭》雜誌的一篇《婦女裝飾自由談》，作者介紹了旗袍式樣的變遷，認為旗袍之流行，「不容諱言實出於北方窰子裏姑娘以及那些窰變的姨太太們」。〔註101〕一位上海時裝評論人於 1924 年指出：「民國以後，漢族女性突然開始穿旗袍，來使雙腿保暖。此風初始於弄堂妓女，乃及於高門貴婦。冬天人人皆穿旗袍。」〔註102〕三十年代潘怡盧在分析「旗袍流行之由來」時，與劉靜嚴等人持有相同的看法。他說：「近時女子外衣，身長而腰窄，一反從前所稱『兩截穿衣』，以其似旗女服裝，率稱之曰旗袍，初見於滬濱，不旋踵而風行於內地。自流行以還，不過十餘年耳，始創者何人？絕未有知之者。予意必為北里中人無疑，時有調一，半兒詠旗袍者，有云：老林黛玉異時流，前度妝從箱底搜；一時學樣滿清樓，出風頭，一半兒時髦，一半兒舊。……此說雖未可盡信，然予意創自北里中人，則距事實不遠，彼時妓流，猶有不喜此者，足知初非矜奇

〔註98〕（澳）安東籬：《「旗袍」中國》，潘瑋琳、梁思思譯，復旦大學歷史學系、復旦大學中外現代化進程研究中心編：《近代中國的物質文化》，上海：上海古籍出版社，2015 年，第 313 頁。

〔註99〕遼左散人：《濱江塵囂錄》，張頤青、楊鐮整理，北京：中國青年出版社，2012年，序一。

〔註100〕遼左散人：《濱江塵囂錄》，張頤青、楊鐮整理，北京：中國青年出版社，2012年，第 138～139 頁。

〔註101〕釗影：《婦女裝飾自由談》，《家庭》，1922 年第 7 期。

〔註102〕新儂：《時妝小志》（六），《國聞週報》，1924 年第 1 卷第 14 期。

炫異鬥豔爭豔之工具也。厥後良家婦女效而尤之，乃蔚為風氣矣！」潘怡盧進一步指出，1925 至 1926 年，孫傳芳「奄有閩浙與滬，惡其有仿傚滿清之嫌，曾敕地方有司從嚴禁阻，然因時尚所趨，橫流難遏」。北伐告成，不僅通都大邑風行，即窮鄉僻壤之婦女亦什九以一襲是尚。茲雖身之舒窄袖之修短微有蛻變，但式樣固依然如旗女之長袍也。」〔註103〕

張愛玲在其《更衣記》中，將旗袍的起源追溯到 1921 年，〔註104〕但是她沒有說明來源，而且當時只有一歲，因此並非基於她個人經驗和觀察而作出的判斷。此外，除了她自己手繪的一個穿著上一輩人的旗袍的年輕學生的小像外，并沒有關於這一時期旗袍的圖片證據。因此，可能張愛玲只是基於這種新時尚出現於二十年代而做出的「大膽猜測」。〔註105〕另外，上海著名報人嚴獨鶴的觀察，亦可證明張愛玲的判斷可能偏晚。嚴獨鶴於 1921 年 1 月發表於《新聞報》的文章指出，「前幾年時髦女子到了冬天的，沒有一個人不披大衣，現在又不同了，大衣脫去，一齊改穿旗袍，這豈不是維新派變成了復辟派了。……有人說上海的旗袍，是幾個唱大鼓的女子開的風氣，漸次推行到了妓界，又由妓界推行到了良家。上海婦女的裝束，本來視妓女為轉移的，一變再變，就成了普通盛行的一種怪裝束了。」〔註106〕嚴獨鶴關於旗袍的產生源頭和流行路徑的判斷，不僅與釧影和潘怡盧完全一致，而且對良家

〔註103〕 潘怡盧：《旗袍流行之由來》，《綢繆月刊》，1935 年第 2 卷第 2 期。「自孫傳芳通令婦女禁著旗袍後，有某時髦婦女憤言曰，短衣寬袖既要禁，長大的旗袍又要禁，我們只好不穿衣服了。旁友一人冷然曰，裸體女子更在嚴禁之中了。」山嵐：《小專電》（本埠），《時報》，1926 年 2 月 28 日第 9 版。

〔註104〕 張愛玲：《更衣記》，《古今》，1943 年第 36 期。該文最初以題名「Chinese Life and Fashions」發表於 1943 年的英文雜誌《二十世紀（XXth Century）》。Andrew F. Jones 將《更衣記》翻譯為英文，題為 A Chronicle of Changing Clothes，刊於 Positions: East Asia Cultures Critique, Vol.11, Issue 2, Fall, 2003。譯者附加了引論進行介紹，並高度評價張愛玲此文的重大學術價值，「成為中國現代時尚研究必不可少的基石，也是中國現代文化研究的關鍵文本」，「將關於社會身體與其服飾之間同源的理論假設嚴謹地應用於歷史過程的研究。因此張不僅創建了一個現代中國「時尚體系」的擴展性理論，也創建了一個關於現代中國文化史與社會史寫作的小說化模式。

〔註105〕 （澳）安東籬：《「旗袍」中國》，潘瑋琳、梁思思譯，復旦大學歷史學系、復旦大學中外現代化進程研究中心編：《近代中國的物質文化》，上海：上海古籍出版社，2015 年，第 315 頁。安東籬認為，張愛玲的推測誤導了一部分學者的研究。參見其注釋 12。

〔註106〕 獨鶴：《大衣與旗袍》，《新聞報》，1921 年 1 月 13 日第 13 版。

婦女仿傚妓女的服裝風尚進行諷刺。

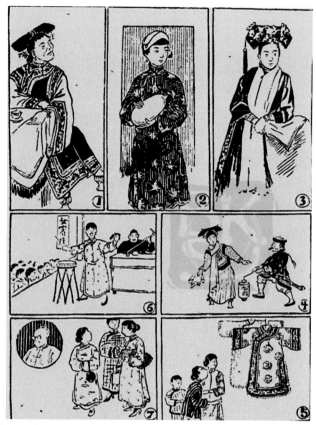

病鶴（畫並注）：《旗袍的來歷和時髦》，《解放畫報》，1921 年第 7 期。

不過，倘從旗袍發展學角度看，名媛的示範作用可能超過妓女。根據時影的看法，名媛就是「名女人」，「它是用來形容那些象牙塔尖上的女人的，他們是女人精華中的精華，是淑女中的淑女。是絕對講究階級講究出身的。民國時期的名媛，她們既有高貴族譜，又有後天中西文化的教育。因此，她們都持有著名女子學校的文憑，在她們的家庭名師中，有前朝的遺老遺少舉人學士，也有英國或俄國沒落貴族的夫人；她們講英文，讀詩詞；學跳舞鋼琴，又習京崑山水畫。她們還可以飛車、騎馬、打網球、玩女子棒球、甚至開飛機。她們的父輩的朋友都是當今在野或已下野的上流社會的知名人士，她們的丈夫，也幾乎都是庚子賠款出去的歐美留學生，這些先生們都需要一位中西融通，娘家有廣博關係網的太太相助開拓事業，所以，只有高貴宗譜的名門之女才是他們新娘目標。雖然她們的婚姻不一定美滿，但名媛的婚禮，百分之百令城市的小市民們震撼，有的甚至已載入史冊代代相傳。」他在《民

國名媛》一書中介紹的對象，包括末代后妃、政壇女傑、名人佳侶、大家閨秀、文壇才女、藝界名伶、社會名媛、賽場女星和商界女性。〔註107〕

　　根據安東籬的研究，宋慶齡是第一位穿著旗袍出現在照片中的中國女性，她穿旗袍早在其真正流行起來之前，而且很有可能在旗袍流行方面發揮過推動作用。安東籬以宋慶齡伴隨孫中山自廣州北上的日程和照片為依據，認為宋慶齡和孫中山在北京時住在顧維鈞和黃蕙蘭夫婦家中，因而「暢想」宋慶齡可能受到黃蕙蘭時髦服飾的影響。〔註108〕維拉迪・威爾遜提出，宋慶齡的穿著打扮毫不出彩，全無時尚眼光，促成旗袍流行的不是宋慶齡而是妹妹宋美齡。〔註109〕安東籬雖然承認宋美齡是二十年代末時尚界竟相模仿的對象，但認為宋慶齡比宋美齡先開始穿旗袍，「幾乎是毋庸置疑的事情」。〔註110〕

　　黃蕙蘭在其晚年的自傳中，對自己成為時尚領袖一事非常自信，認為自己和唐紹儀的女兒「常常創出新的時裝式樣，看著上海的婦女們爭相模仿以為樂事」，上海婦女把她和張學良夫人於鳳至「當成從火星上下凡」，處處仿傚她們的衣裝打扮。更有甚者，一年冬天，黃蕙蘭因為皮膚病不能穿襪子而光腳去上海，而上海婦女「接二連三在大冷的冬天也把襪子脫掉了」。黃蕙蘭在回憶這些細節時，往往語帶傲慢，甚至充滿對時尚追隨者的譏諷。她說，「後來我的皮膚病好了，重行穿上襪子，這些人一定會感到莫名其妙吧。」認為上海婦女對模仿她的著裝，「很有趣」，「簡直和她們的英國腔一樣可笑，可說是冒牌貨」。〔註111〕

　　但在 1943 年出版的自傳中，黃蕙蘭的看法與晚年並不完全相同，她回憶自己被上海摩登小姐的美麗深深吸引，描述上海婦女拋棄「笨重的褶裙和

〔註107〕參閱時影：《民國名媛》，北京：團結出版社，2005 年。

〔註108〕（澳）安東籬：《「旗袍」中國》，潘瑋琳、梁思思譯，復旦大學歷史學系、復旦大學中外現代化進程研究中心編：《近代中國的物質文化》，上海：上海古籍出版社，2015 年，第 316～317 頁。

〔註109〕Verity Wilson. Dressing for Leadership in China: Wives and Husbands in an Age of Revolutions, 1911~1976. *Gender & History*, Vol.14, Iss.3, 2002, pp.608~628.

〔註110〕（澳）安東籬：《「旗袍」中國》，潘瑋琳、梁思思譯，復旦大學歷史學系、復旦大學中外現代化進程研究中心編，《近代中國的物質文化》，上海古籍出版社，2015 年，第 352 頁，注釋 13。

〔註111〕黃蕙蘭：《沒有不散的筵席：外交家顧維鈞夫人自述》，天津編譯中心譯，北京：中國文史出版社，1988 年，第 201～202 頁。該書在美國女作家伊莎蓓拉・泰弗斯（Isabella Taves）協助下用英文寫成，1975 年由紐約 Quadrangle 出版社出版。

寬肥的大襟」而鍾愛旗袍。她自稱迷戀旗袍,轉而拋棄自己的歐式服裝。不過,她仍然自詡為旗袍時尚的引領者。她聲稱自己開始購置中裝,但偶然在款式上做些修改,其他婦女模仿她的衣樣,「無形之間我便成了時尚領袖」。黃蕙蘭的服式創新包括把旗袍裁短到膝蓋上方的長度,穿著「具有修飾作用的」蕾絲褲襪,在旗袍開岔處做鑲緄邊裝飾,以及在領口到腋下之間部分鏤空等。〔註112〕

　　黃蕙蘭的說法儘管是一家之言,但她暗示舊都北京上流社會女性對時尚潮流的形成具有強大影響力。〔註113〕她四十年代自傳中對家庭財富和自身奢侈生活的細膩描述,也遭到輿論的嘲諷,被視為「自捧自」。〔註114〕但是,當時媒體充斥著黃蕙蘭物質生活的報導。

二、服裝顏色的階層區隔

　　服飾顏色並非單一的美學問題,它與階層、性別、職業、文化等諸多因素相關。在凡勃倫看來,「潔白無瑕的襯衣」意味著「單管消費、不管生產」,〔註115〕也就是說,白色成為有閒階級「明顯有閒」的信號。顧維鈞夫人黃蕙蘭之父、亞洲糖王黃仲涵,常年一襲白衣,可以視為一個顯例。〔註116〕白色具有文化意蘊和文化差異。嚴幼韻待字閨中時,臥室擺放的全是白色家具,父親開明,默許她燙頭髮、穿西式衣裙、白鞋子。她自己晚年仍然明瞭,按照中國傳統,白色是孝服顏色,除葬禮之外從不上身。〔註117〕

〔註112〕　Hui-lan Koo〔Madame Wellington Koo〕. An Autobiography as Told to Mary van Rensselaer Thayer. New York: Dial Press, 1943, P.175．

〔註113〕　(澳)安東籬:《「旗袍」中國》,潘瑋琳、梁思思譯,復旦大學歷史學系、復旦大學中外現代化進程研究中心編:《近代中國的物質文化》,上海:上海古籍出版社,2015年,第327頁。

〔註114〕　大風:《顧維鈞夫人自捧自》,《海星》,1946年第27期。

〔註115〕　凡勃倫認為,有閒階級的「摒絕勞動不僅是體面的,值得稱讚的,而且成為保持身份的、禮俗上的一個必要條件。」(美)凡勃倫:《有閒階級論:關於制度的經濟研究》,蔡受百譯,北京:商務印書館,2011年,第34頁。

〔註116〕　黃蕙蘭另又回憶說:「那時大多數荷蘭商人在白天穿深灰色或黑色衣服。爸爸則總穿白色,從他的手工縫製的鞋到他的衣服。即使你不知道他是誰,他也有一種令你回過頭來看他的氣派,甚至在外國也如此。」黃蕙蘭:《沒有不散的筵席:外交家顧維鈞夫人自述》,天津編譯中心譯,北京:中國文史出版社,1988年,第45頁。

〔註117〕　顧嚴幼韻口述:《一百零九個春天:我的故事》,楊蕾孟編著、魏平譯,北京:新世界出版社,2015年,第24～25頁、第28～29頁。

資料來源：黃蕙蘭：《沒有不散的筵席：外交家顧維鈞夫人自述》，天津編譯中心譯，
北京：中國文史出版社，1988 年，扉頁照片。黃蕙蘭對照片的文字說明：
「這是 1923 年父親和我及裕昌在新加坡的時候，我懷著福昌大約三個月。
那時爸爸約 55 歲，一如既往穿著潔白無瑕的衣服。」

福塞爾在其《格調：社會等級與生活品位》一書中，認為在當代美國，藏
青是中上階層的顏色，紫色屬於貧民階層。他甚至建議說，要提高自身著裝品
味，最好迴避「表面光鮮的衣服」（中產階級的），而是選擇表面黯淡的服飾（中
上階層的）。〔註 118〕但是，16 世界的英格蘭，紫色和金色一度成為皇室壟斷
的顏色〔註 119〕，而且紫色曾經是英國 1753 年流行的顏色。〔註 120〕恩特維斯
特爾的《時髦的身體：時尚、衣著和現代社會理論》強調，服飾顏色非常重要，
性別差異尤其明顯，在市政部門工作的男士，外套最好是黑色、藍色或者灰
色，但從事傳統職業的女士卻可以穿明亮的紅色、橙色或青綠色等等。各種衣

〔註 118〕 （美）福塞爾：《格調：社會等級與生活品位》，南寧：廣西人民出版社，2002
年，第 88、96 頁。
〔註 119〕 伊麗莎白 1562 年公告宣稱：「任何人的衣服不可穿紫色的絲，也不可穿金色
的布，只有國王和皇后的衣服可以。」Rachel Shulman. Sumptuary Legislation
and the Fabric Construction of National Identity in Early Modern England.
Constructing the Past, Vol.8, Iss.1, 2007, pp.73~86.
〔註 120〕 McKendrick, N.; Brewer, J.; Plumb, J. H.. *The Birth of a Consumer* Society*: The
Commercialization of Eighteenth-century England.* Bloomington, IN: Indiana
University Press, 1982, p.56.

著規範以特定方式來訓練身體。〔註121〕菲爾德曾以社會不同層級之間對於顏色的不同偏好及其交互影響為例，論證地位上浮現象，他提出，不同社會層級之間品味模式的擴散存在文化交互作用，他提醒說，紅色或綠色西裝曾經是只有下層男性才穿的豔麗男裝，但也逐步被中上層社會接納了。〔註122〕

　　馮客關於中國近代物質文化史的研究表明，20 世紀中國的服裝顏色往往很保守，符合外國趨勢潮流的社會精英可能選擇暗淡顏色，但普通大眾則多偏愛鮮豔顏色。〔註123〕宋美齡、宋藹齡對深色衣料的選擇，印證了馮客的判斷。〔註124〕弔詭的是，紫色在西方由皇家專屬顏色，最終演變為中上層社會排斥的顏色，而黃色在中國，亦由「代表高貴、尊嚴的民族象徵色彩詞，轉成與色情淫穢之指代並列共存、具有內在含義矛盾的詞彙」。〔註125〕

〔註121〕（英）喬安妮·恩特維斯特爾：《時髦的身體：時尚、衣著和現代社會理論》，郜元寶等譯，桂林：廣西師範大學出版社，2005 年，第 13 頁。

〔註122〕George A. Field. The Status Float Phenomenon, the Upward Diffusion of Innovation. *Business Horizons,* Vol.13, No.4, 1970, pp.45~52.

〔註123〕「進口雨傘非常黑，就像英國一樣，中國本地品種上出現了五顏六色的圖案和歡快的圖案。網絡裝飾也讓經銷商能夠以自己的風格講述市場上的不同產品：杭州產的有西湖景色，而溫州產的鳥和花。在北京，有紅色、藍色和黃色，而當地的仿製品則有三個品種，即圖案和彩色布匹的婦女防曬用的陽傘，塗上綠色雨油傘，用粗布製成的藍色或綠色的。與熱水瓶、釉質洗臉盆和許多其他便攜式物品一樣，新表面都覆蓋著灰色，通常帶有傳統圖案，風景圖案是最愛。早在 19 世紀 90 年代，由於色彩鮮豔，在農村也深受歡迎。」Frank Dikötter. *Exotic Commodities: Modern Objects and Everyday Life in China*. New York: Columbia University Press, 2006, p.217.另外，中國綢緞的顏色變化，也反映了中國大眾對鮮豔顏色的偏好，正如近人所寫：「我國自古以來，穿綢著緞，是認為出風頭的事，綢緞的生意，當然也不壞。不料海禁開通之後，外國貨源源而來，我國綢緞一業亦給外國的怎樣紗怎樣縐打倒了。於是乎一匹一匹的綢緞無人顧問，只得冷清清的在櫥窗裏挨日子。綢緞的主人，眼見生意不興，不禁著急起來。因此，著意改良，把那綢緞大加修飾，顏色暗淡的，使它鮮明。花樣難看的，使它雅致。費了一番苦心之後，比外國貨的怎樣紗，怎樣縐，也不見多讓了。」劉曾慰：《綢緞的風光》，《申報》，1933 年 8 月 3 日第 16 版。

〔註124〕抗戰時期，林語堂女兒林太乙在美國布路明黛百貨公司衣料部選衣料時，「赫然看見蔣夫人和她姐姐孔宋藹齡兩人穿著便裝，也在那裡挑衣料！百貨公司的人都沒有認出她們。我趕快站到旁邊，以免引起她的注意。我觀察她們好一會兒。他們姐妹倆興奮地彼此問，『這塊好勿好？』『會勿會顏色太淺點？』，我難得窺見這富於人情味的情景，留下很深的印象」。林太乙：《林家次女》，北京：西苑出版社，1997 年，第 189 頁。

〔註125〕黃興濤、陳鵬：《近代中國「黃色」詞義變異考析》，《歷史研究》，2010 年

　　元朝曾規定，娼妓的親屬要戴綠帽，作為懲戒與區隔。但民國剪髮之後，中國進口的外國便帽多用綠色，「咸以綠帽呼之」，〔註126〕輿論亦多有嘲諷。〔註127〕1922，一些妓女選擇綠褲子，並被良家婦女所仿傚。黛紅以「綠褲人」為題寫道：「上海婦女的裝束，千奇百怪，卻拿妓女做榜樣。不領之衣，露肌之褲，只要妓院中發明出來，一般娘娘小姐，立刻就染著傳染病，比什麼還快。今年夏天流行的玻璃紗，可算最出風頭了。如今炎暑已消，新涼透骨，北里中人，又花樣翻新，流行一種綠綢的褲子（衣服卻襯著別種淡的顏色）。它的傳播力很大，凡是妓女，大半總是如此。彷彿是一朵淡色的花朵，全仗綠葉扶持。這綠色便是妓女的一種標識。」在她看來，花界妝飾變化無常，本屬於極其尋常之事，但問題是良家婦女也仿行綠褲。她以街頭所見為依據，「我前天在路上，瞧見幾個良家的婦女，也穿著這上淡下綠的裝束，挺胸凸肚，招搖過市」，並引起旁人「輕薄的談論」。她嘗試對此現象進行解釋，「我那晚回去，細細研究妓女穿綠褲子的道理，大約因為『綠』為頭巾的著色，綠褲子可以配綠頭巾。人家拿綠色做頭巾，她們卻拿綠色做褲子，一個戴在頭上，一個穿在腰下，兩相輝映，真覺有趣咧。還有一說，『綠』的顏色，是某國騎兵的一種標記，那些娼妓爭著綠褲子，大約表示她也是像騎兵的一種人物啊。」她直接認為此種解釋雖然頗為「滑稽」，但「妓女大興綠褲」，顯然並非沒有原因。最後，她對良家婦女效尤妓女的裝束，卻並不能找到理由。〔註128〕

　　麥肯德里克關於「消費社會」的溯源性研究表明，「西歐時尚模式」於18世紀第一次出現之後，流行色的變化頻率加快〔註129〕。近代中國的流行色的變化也更加迅速。僅以綠色為例。1927年秋天，墨綠嗶嘰「微有需要」，賣方大多虧本，但翌年則又流行，外埠商家「索樣者頗眾」，而上海本地主顧亦「迭有問津」，但各號存貨業已告罄，搜羅貨源不易，存貨充足者「居為奇貨，相

第 6 期。

〔註126〕 佚名：《綠帽考》，《最新滑稽雜誌》，1914 年第 3 期。

〔註127〕 「只要裝扮得時髦，便是帶了綠帽，也沒甚要緊。」《只要裝扮得時髦》，我佛山人：《滑稽談》，上海：掃葉山房，1926 年，第 4 頁。

〔註128〕 黛紅：《綠褲人》，《紅雜誌》，1922 年第 13 期。

〔註129〕 在 1753 年，紫色是流行的顏色，而在 1757 年的時尚是帶有粉紅色圖案的白色亞麻布；1776 年，流行的顏色是「couluer de Noisette」；在 1777 年，流行的顏色是鴿灰色。McKendrick, N.; Brewer, J.; Plumb, J. H.. *The Birth of a Consumer Society: The Commercialization of Eighteenth-century England.* Bloomington, IN: Indiana University Press, 1982, p.56

率抬高市價」。因此媒體感慨：「此亦市塵人心所必經之變遷也」。〔註130〕1940年春天，菜綠色呢絨「更見風行」，其他類似面料「齊以菜綠色為旺銷，售價亦比他種顏色為昂，致深淺墨綠顏色之呢絨，亦翻新風行一時」。〔註131〕

民國時期廣東南海縣首創的「香雲紗」，市場反應良好。〔註132〕「香雲紗之黑色者，娼門中多喜穿之，取其不透汗也，實則如著油布，形式觀瞻，兩無裨益，且歷久漸由黑而黃。婦女輩穿之，既不足以稱美，又不適於時令，蓋夏日不尚黑色也，娼門中好鬥奢靡綺華，獨醉心於如油布之黑紗，殊不可解。近日上乘妓人，亦漸厭穿，錫常等地，尚風靡一時。當此紗初行時，人咸趨之若驚，後漸及於濫。甚至販夫走卒，莫不身穿一襲。近則下流人尚多服之。」作者黃轉陶同時還指出扇子顏色的社會區分功能，他說：「夏令之扇，市上雖百種雜陳，然皆不合於婦女之用，婦女用扇，須其扇能增形式美觀。近女學生則用羽毛扇，或團扇，閨婦用細葉扇，或小摺扇，娼門中則用黑紙扇。羽毛扇則沉重，小摺扇則風微，細葉扇則粗俗，黑紙扇入於下流，故只合於娼門中人，亦惟娼門中人好之。」〔註133〕

三、「滴上」效應的精英規制

妓女一度成為時尚領袖，但其示範效力一直遭到社會輿論的道德批判甚至政治規制。一二十年代，對妓女引領時尚的道德污名化持續不斷。1921年，蔡俊夫以傳統道德觀為依據，激烈抨擊婦女解放僅僅流於表面，其依據則為「時式」衣服。他說，「當此盛倡女子解放之時代，所接觸吾人眼簾者，多半是寬其袖、短其褲、見其臂、露其踝之時式衣服，不畏風侵，不嫌露冷，揚長大道間，如張帆然，以言出風頭矣。吾甚為女界之道德危，吾甚為女子之解放懼也。」他強調，通商大埠「衣式時易」，而婦女之衣式大都仿於青樓。在他看來，妓女服裝「妖異」「失其羞恥」，乃為生計所迫，因為「妖異」服式是其「特製之商標」，實則「與花之蜜、花之色、花之香」具有同等作用。良家

〔註130〕《墨綠嗶嘰復見流行》，《申報》，1928年9月26日第11版。

〔註131〕《菜綠呢流行》，《申報》，1940年5月25日第8版。

〔註132〕極其細緻的討論，可參閱杜潔莉：《時尚的傳統：嶺南「香雲紗」的民俗志》，北京：民族出版社，2015年。

〔註133〕黃轉陶：《夏令婦女裝束談》，廣州《民國日報》，1924年7月29日，黃秀華、高惠平等編：《廣東婦女運動歷史資料》（第5冊），廣州：廣東省婦女聯合會、廣東省檔案館，1991年，第2頁。

婦女應該樹立正確的審美觀，不可將時髦誤認美，即使追求時髦，也不能有損於「道德風化」。他認為，時髦服式的流行，往往是「少數人倡之，多數人傚之」，並不一定是「真美」，因此呼籲「清白良善之婦女，勿為下賤者之衣服所誘惑」。〔註134〕

有人將「上海婦女之惡習慣」歸結有七，分別是「喜賭博」「喜吸紙煙」「喜效妓女的裝束」「喜觀劇吃大菜」「喜晏臥遲起」「喜坐汽車出風頭」「喜揮霍金錢以示闊綽」，並且認為「上流婦女至少總要犯上一二條」，導致家庭經濟困難，丈夫擔負加重，從而規勸上海婦女「從速改過」。〔註135〕徐位銘則將「惡習」界定為「不合時與理之習慣」，認為欲除惡習，當自家庭始。他將奢侈視為首當革除之惡習，而奢侈又與妓女的示範有關，「婦女不分貧富，相率效妓之裝束，以好事修飾、衣服麗都為能事。在婦女初意，亦不過應滬諺所謂『出風頭』『擺場面』耳，若以一切奢侈之金，移於生利之途，則又何患民窮哉。」〔註136〕

廣州言論界的話語邏輯與上海如出一轍。梁仙洲將婦女流行服飾的特徵歸結為「奇形異狀、光怪陸離、窮奢極侈、力趨豔麗」，並視為「女德墮落」的表徵。他進而將時髦服飾的來源，歸結為「可憐的妓女」，她們受到「惡濁環境」的壓迫，「除卻獻媚男子」，即別無他圖，因而在服飾方面追求「種種奇異」，以博男子歡心。但是，「所謂上流的婦女」亦傚仿妓女，「被娼妓軟化」。更加嚴重的是，「自號文明」的女學生，亦與妓女「同歸一轍」，追求「衣不掩體的妖容」。總之，梁仙洲呼籲追求解放的女性，不能像妓女那樣成為「社會廢物」和受到專制制度的「永遠監禁」，不能背負「娼妓化的招牌」。〔註137〕

1926年，廣州民國日報載有《婦女的圍巾》，作者愈礎激烈批評婦女的著裝搭配，原因是天氣微寒，一部分婦女身上不穿單棉衣，但頸上卻掛著一條

〔註134〕他首先就說：「凡物莫不有其表，亦莫不有其裏。先世制禮作樂，以節人進退，和人心志，人之動作威儀，聲之疾徐高下，皆其表也。知節能和，則其裏也。物之表裏最能呼應，有因裏以及表者，有因表以及裏者，誠於中者形於外，此因裏以及表也。禮以節之，樂以和之，此因表以及裏也」。蔡俊夫：《婦女之衣服》，《申報》，1921年4月14日第16版。

〔註135〕良：《上海婦女之惡習慣》，《申報》，1924年7月3日第21版。

〔註136〕徐位銘：《論家庭應革除之惡習》，《申報》，1921年12月18日14版。

〔註137〕梁仙洲：《婦女服飾的評論》，廣州《民國日報》，1924年8月9日，黃秀華、高惠平等編：《廣東婦女運動歷史資料》（第5冊），廣州：廣東省婦女聯合會、廣東省檔案館，1991年，第4～5頁。

圍巾，「身上不加衣，圍著巾，縮頸曲背」。愈礎認為「莫明其妙」「何等難看」。他將此現象理解為「愛美麗，學時髦，圍著頸巾，馬路上走走，出出風頭」。他進而批評圍巾的紅、綠顏色，認為「娼妓用之則可，若講解放的婦女以及讀書的學生，千萬別要出醜。」〔註138〕愈礎的言論遭到其他人的駁斥。楚女認為，「愛美惡醜，人之恒情，避冷趨熱，亦人之恒情」，並且這是「誰也不能反對的一個定律。」因此，愈礎僅拘泥於圍巾的保暖功能，顯然忽視了圍巾的裝飾功能，並且審美具有主觀性。婦女在天氣微寒時披戴圍巾，實際上兼顧了「美、熱」兩端。關於愈礎的紅綠色僅僅適用娼妓的論點，作者極不贊同，認為紅綠顏色與妓女之間並不存在對應關係，因此也暗諷愈礎的觀點與其「解放婦女急先鋒」之身份非常不符。〔註139〕

妓女的時尚追求及其示範效應，不僅飽受道德譴責，而且不斷受到政治規制。早在 1910 年，湘巡道就禁止妓女「效顰」女學服飾：「妓女每有故作女學生裝飾以為新奇者，殊屬不合，蓋女學生之人格極為尊貴，豈容若輩冒其服飾，以致無從辨別，特於日昨嚴行禁止，不准各妓女作女學生裝飾，以維風化。」〔註140〕1918 年夏，上海市議員致函江蘇省公署，聲稱「婦女現流行一種淫妖之時下衣服，實為不成體統，不堪寓目者。女衫手臂則露出一尺左右，女褲則弔高至一尺有餘，及至暑天，內則穿一粉紅洋紗背心，而外罩一有眼紗之紗衫，幾至肌肉盡露。此等妖服，始行於妓女。夫妓女以色事人，本不足責，乃上海各大家閨閣，均效學妓女之時下流行惡習。妖服冶容誨淫，女教淪亡，至斯已極。」因此請省飭上海縣知事及租界當局出示禁止，「以端風化」〔註141〕。

1922 年，《大公報》刊載一篇「戲擬查究貴賤服裝訓訓令」，反映了社會輿論對政府管制北京婦女傲仿海派時尚問題的期待。該文聲稱：「按違律第三十六條第二項，奇裝異服有壞風紀者，應照章處罰。茲查北京地方遼闊，五

〔註138〕愈礎：《婦女的圍巾》，廣州《民國日報》，1926 年 10 日 23 日，黃秀華、高惠平等編：《廣東婦女運動歷史資料》（第 5 冊），廣州：廣東省婦女聯合會、廣東省檔案館，1991 年，第 14 頁。

〔註139〕楚女：《讀〈婦女的圍巾〉》，廣州《民國日報》，1926 年 10 月 23 日，黃秀華、高惠平等編：《廣東婦女運動歷史資料》（第 5 冊），廣州：廣東省婦女聯合會、廣東省檔案館，1991 年，第 14 頁。

〔註140〕《女學服飾豈容妓女效顰》（長沙），《申報》，1910 年 11 月 27 日第 12 版。

〔註141〕轉見劉志琴：《民國初年時裝潮》，王俊義主編：《炎黃文化研究》，鄭州：大象出版社，2008 年，第 188 頁。

方雜處，宵小潛滋，良莠難分。有貴人服賤裝者，有賤人服貴裝者，清濁混淆，實難辨認。煙花賤質，竟有假文明髻，綴以紅黃藍白……良家婦女反有學上海妓、北里娼者。男則長拖豕尾，女則剪髮禿頭，面敷厚粉，野娼妓革履西裝。似此清混顛倒，實於風化有礙。且首都重地觀瞻所繫，請嚴申禁令，以厚風俗……訓令該管部廳區署暨巡官長警一體知悉，如見良莠難辨，清濁不分者，著照奇裝異服警律，從重懲罰，勿稍寬縱，以正風化。」〔註142〕

時尚既是一種社會風尚，也是一種經濟現象。作為集體行為的時尚，總是存在時尚領引者與時尚追隨者。社會底層人物也可能一度成為消費領袖，妓女的消費示範效應是自下而上傳播的重要例證之一。20世紀二十年代中前期以前，妓女在服飾創新、時髦裝扮甚至女性吸煙的流行等方面，無疑都堪稱消費領袖之一。但是，隨著二十年代中期電影事業的逐步興起，妓女的時尚地位風光不再，而讓位於新興的娛樂精英，尤其是女明星。在時尚消費的潮流中，明星和名媛彼此之間既競爭又合作，而妓女的時尚地位則往往不斷受到政治規制和道德批評。

〔註142〕佚：《戲擬查究貴賤服裝訓訓令》，《大公報》（天津版），1922年11月25日第11版。

第六章　出眾與從眾：市場營銷的
　　　　　階層邏輯

　　杜森貝利在開創性地解釋「消費示範效應」這一概念時，認為個體習慣於使用某些商品，但是由於優於自己的群體之示範，而對原有商品產生不滿，進而改變既有的消費品類。但是在他看來，僅僅瞭解高級商品的存在，並不能非常有效的改變消費習慣，只有經常接觸這些商品，才有可能改變消費習慣。〔註1〕由此看來，他更多強調消費的人際效應，而並不是廣告的影響。不過，廣告本質上是一種社會消費的「修辭手法」，亦即「公開地讚美商品促成公眾購買和使用這些商品的辦法」，它將「許多有用的發明、有益的觀念和重要的研究成果推薦給大眾，顯然是功不可沒的。」〔註2〕

　　因此，本章將聚焦於民國時期的精英消費與市場營銷的歷史關聯，首先基於產品命名和商標名稱，考察經濟精英對精英身份的商業性利用，進而聚焦於廣告，揭示廣告符碼中的精英化策略，並且以香煙廣告為個案，重點剖析產品等級與廣告區分功能之間的關係。

第一節　精英身份與商品命名

　　在西歐消費主義誕生的過程中，工商業充分運用上層社會的示範效應，其

〔註1〕James, S. Duesenberry. *Income, Saving and the Theory of Consumer Behavior*. Cambridge, Massachusetts: Harvard University Press, 1949, p.27.
〔註2〕（英）肯尼思・麥克利什主編：《人類思想的主要觀點：形成世界的觀念》（上卷），查常平等譯，北京：新華出版社，2004年，第21頁。

－259－

舉措之一是以宮廷和貴族等名稱來命名商品，從而達到提高品牌地位之目的。麥肯德里克在陶瓷企業「韋奇伍德」的研究中對此進行了充分論證。他提供了諸多證據，譬如「皇后器皿（Queensware）」「皇家圖案（Royal Pattern）」「俄羅斯圖案（Russian Pattern）」「貝德福德、牛津和切特溫德花瓶（Bedford，Oxford and Chetwynd vases）」等產品名稱，目的是用來區別其他同類競爭者的陶器。〔註3〕中國古代亦存在此種現象。在韓格理看來，中國的品牌和商標觀念不僅早於歐洲，而且在市場營銷技術方面採用了與英國商人同樣的策略，也就是在其商品上刻上「皇室御用」的標記，從而「身價十倍」。〔註4〕本節根據此種視角，對民國時期工商業利用精英身份對產品和商標命名的現象進行討論。

一、政治精英的商標化

在民國時期商業營銷中，「皇室」這一符號並未完全絕跡，「仿膳」的存在就是一個很好的證據。〔註5〕另外，以「皇宮」「皇帝」命名者亦頗不少，如「皇帝」牌「無線電」、〔註6〕「皇宮」牌臺布、〔註7〕「皇宮」牌味甜粉、〔註8〕「皇宮」牌牛皮紙、〔註9〕「皇宮」牌御品酒、〔註10〕「皇宮」牌牙

〔註3〕Neil McKendrick. Josiah Wedgwood: an Eighteenth-Century Entrepreneur in Salesmanship and Marketing Techniques. *Economic History Review*，Vol.12, No.3, 1960, pp.408~433.

〔註4〕韓格理、黎志剛：《中國近世的「品牌」和「商標」：資本主義出現之前的一種消費主義》，黎志剛、馮鵬江譯，韓格理、張維安：《中國社會與經濟》，臺北：聯經出版事業公司，1990年，第283頁。

〔註5〕北京北海公園的「仿膳飯莊」，牌匾係由老舍題寫。參見《老舍和仿膳》，舒乙：《老舍先生》，北京：中國青年出版社，2016年，第236～238頁。另外，鄧雲鄉對北海公園「仿膳」的來歷亦有介紹，見其《雲鄉話食》，石家莊：河北教育出版社，2004年，第143～145頁。

〔註6〕《無線電大減價》，《申報》，1933年2月5日第23版；《無線電大減價》，《申報》，1933年12月13日第21版。

〔註7〕《皇宮牌臺布》，《申報》，1922年5月17日第15版。

〔註8〕此係藝華工業社生產的調味品，參見左旭初：《民國食品包裝藝術設計研究》，上海：立信會計出版社，2016年，第63頁。另見許晚成編：《戰後上海暨全國各大工廠調查錄》，上海：龍文書店，1940年，第141頁。

〔註9〕成立於1944年的中國海京造紙廠，其「皇宮」牌牛皮紙和海龍造紙廠生產的「金龍」牌（俗稱「海龍牛皮」）質量最好，聞名滬上，行銷全國。上海市造紙公司史志編纂委員會編：《上海造紙志》，上海：上海社會科學院出版社，1996年，第70頁。

〔註10〕御品酒產於湖北大冶御品酒廠，1934年被評為省優質產品。侯雲章、王鴻賓主編：《中華酒典酒與酒文化》，哈爾濱：黑龍江人民出版社，1990年，第552

粉。〔註 11〕另外，至少出現過兩種「皇宮」牌香煙，一由 1925 年上海中國興業興記煙草公司出品，〔註 12〕二為上海金城煙草公司發行。〔註 13〕1928 年 6 月，國民政府內政部曾經出臺第 341 號文件，整治商標圖畫問題，要求將一切「傷風敗俗」，以及其他「迷信神權、崇拜帝制之神仙、帝王」等商標圖畫，一律改為「愛國雪恥、勸勤崇儉」，以及提倡體育、智育、德育等「有益社會人心」之圖畫和文字。〔註 14〕

　　但是政權鼎革之後，新式精英往往才是商品命名的重要符號。民國建立，中國進入「後皇帝時期」，採用總統制。「總統」二字被諸多商家用來命名商品，涉及香煙、藥丸、鋼琴、罐頭等等。一部分例證，詳見下表。

總統牌商標舉隅

牌　名	公司商號	存續時間	資料來源	備　註
總統牌罐頭	煙臺，東亞罐頭廠	二十至三十年代	煙臺市一輕局編志室：《煙臺市一輕工業志（1892～1985）》，北京：中國輕工業出版社，1991 年，第 167 頁。	冒充汕頭產的總統牌罐頭
大總統牌白細布	英國，其餘不詳	二三十年代	張潤生：《我的一段回憶》，哈爾濱市政協文史資料研究委員會編：《哈爾濱文史資料：哈爾濱抗日保衛戰》（第 11 輯），1987 年，第 118 頁。	作者 1929 年進同記商場任店員。1948 年被推薦為副經理。

頁。黃石市地方志編纂委員會編纂：《黃石市志》（上），上海：中華書局，2001 年，第 546 頁。

〔註 11〕由上海大陸藥房發行，價格為 3 角，屬於中等。全部產品的價格從 1 角至 6 角不等。參見楚焰輝整理：《1931 年上海化妝品業調查》（二），上海市檔案館編：《上海檔案史料研究》（第 18 輯），上海：上海三聯書店，2015 年，第 219～220 頁，尤其是 220 頁的表格「大陸藥房化妝品類出品表」。

〔註 12〕《申報》，1925 年 6 月 6 日第 9 版。僅見一條廣告。

〔註 13〕其廣告聲稱：「敝公司所出銀鼠牌香煙，以煙絲比眾金黃，價又比眾相宜，故發行以來風行全球，深為各界稱道，茲續出皇宮牌十支裝扁香煙一種，精選特等煙葉，配以貴重原料，裝以敝公司新發明特種煙盒內，附有火柴，簡樸異常，裝璜華麗。」《皇宮牌香煙出品露布》，《申報》，1928 年 6 月 22 日第 7 版；《金城煙公司新出品露布》，《申報》，1928 年 9 月 13 日第 3 版。該產品與大華煙草公司的麗麗牌香煙，在煙盒設計式樣方面曾發生爭執，參見綠葉：《皇宮牌與麗麗牌香煙之爭執》，《大晶報》，1928 年 7 月 3 日第 3 版。

〔註 14〕《內政部取締商標圖畫》，《民國日報》，1928 年 6 月 22 日第 10 版。

總統牌鋼琴	廣州，波德琴行	1930年生產，因抗日戰爭爆發而歇業。	薛曉妹：《中國近現代鋼琴音樂的民族化探索之路》，哈爾濱：東北師範大學出版社，2018年，第29頁。陳公哲編：《香港指南》，北京：商務印書館，2014年，第177頁。	香港摩德利琴行老闆梁波德在廣州梅花村開辦波德琴行。
袁總統牌戒煙藥	上海四馬路老德記藥房	1912年11至12月	《袁總統牌戒煙後之救命藥：萬全液》《申報》，1912年11月30日第3版。	《申報》僅有1912年11月30日和12月4日可見其廣告。
副總統牌禁煙丹	鎮江日新街馥華行	1915年	《申報》，1915年7月24日第12版。	《申報》僅有一條廣告。
第一總統牌精神丸	上海中法大藥房	1912年至1936年。	《申報》廣告；美明秋：《黃楚九》，餘姚市政協文史資料委員會編：《近現代人物：餘姚文史資料》第13輯，1995年，第24頁。	從《申報》廣告看，1936年12月16日的廣告是最後一條。
總統牌紙煙	天津，協勝公司	1932年前後	天津市地方志編修委員會辦公室、天津二商集團有限公司編：《天津通志（二）：商志》，天津：天津社會科學院出版社，2005年，第415頁。	協勝公司是小型公司，相關情況係據1932年天津同業公會的調查。
大總統牌香煙	上海，振勝公司	1913年至二十年代後期	《申報》廣告及報導；《總統牌香煙》（時評），《個人雜誌》，1914年第1期，第41頁。	
總統牌香煙	上海，大生煙草公司	1948年	《申報》	僅見一條廣告。

　　上海振勝煙草公司較早將「總統」作為產品名稱。1913年，該公司宣稱其香煙品目多達十數種，而其中上品名為「大總統牌」。〔註15〕1917年，該公司又出品「十支黎總統牌」。〔註16〕據1914年《時報》「訪員」記載，他「昨見一近視眼某甲散步於四馬路，忽見牆黏一招紙，上書『總統牌香燭』五大字，某甲大為詫異，走近視之，乃一煙字，係誤認為燭。」〔註17〕由此段軼聞可見，振勝公司投放了牆體廣告。對於總統牌香煙命名之不當，個別輿論

〔註15〕《請看又一種最上品香煙出現了：大總統牌》，《申報》，1913年12月5日第12版。

〔註16〕《上海振勝煙廠布告》，《申報》，1917年12月26日第1版。

〔註17〕樹：《特約馬路專電（四馬路專電）》，《時報》，1914年6月25日第16版。

譏諷說：「香煙，遊戲品耳，姑其名稱，亦輒以各種遊戲及動物之式為之，豈有所謂正當之大偉人者標名其上也。今忽發現一總統牌香煙者，不知如何寓意。竊大總統一遊戲動物耶。不然，或該煙係大總統之特別發明者，亦若盜牌之命名也歟。該盜者，吾知其為派律脫，大總統吾不知其為誰。以形式觀，大總統固巍巍乎於盜矣。以手段較之，竊國者為大盜，而大總統亦高乎盜之上。然以煙之價值論，恐大總統弗盜若也，竟不識大總統之材料香臭若何。吾今必將大總統薰而試之。」〔註18〕但是，總統牌香煙的市場反應可能是正向的，銷路頗廣，以至於北京有一罐頭公司「豔羨之」，新出一種「糖食餅」，意欲命名為「副總統牌」。〔註19〕

中法大藥房採用「總統」作為商標，可能比振勝煙草公司更早。1912年5月，上海中法大藥房就推出「大補品」「第一總統牌精神丸」，宣揚包治百病。〔註20〕據美明秋的說法，「第一總統」當指孫中山，〔註21〕但是，1916年，袁世凱意圖稱帝，而中法藥房鑒於「總統二字不合時宜，生意因之減色」，各股東曾計劃將總統牌改為「皇帝牌」。〔註22〕中法藥房的總統牌精神丸至少存續到1936年。〔註23〕

自二十至四十年代，「領袖」二字也被用於香煙、紐扣等產品。1927年創辦的中國天一煙草股份有限公司，出產「領袖」牌香煙。〔註24〕1937年，中南煙公司宣稱，「為促進經濟建設及使國人敬仰領袖起見，特以上等煙葉」，創製「領袖牌」香煙，並聲稱「一經問世，即行轟動社會，各界人士，一致讚美，不愧煙界領袖」。〔註25〕抗戰時期，上海的聚泰成機制鈕扣廠使用「領袖」

〔註18〕 時評：《總統牌香煙》，《個人雜誌》，1914年第1期。

〔註19〕 西河漁父：《國內無線電（北京無線電）》，《時報》，1916年7月6日第7版。

〔註20〕 《第一總統牌精神丸》，《申報》，1912年5月28日第3版。

〔註21〕 「據傳，一次孫中山先生到上海，他得訊後，即前往晉謁，面陳緣由。中山先生欣然允諾，並對自創新藥，表示嘉許。不久，中法藥房研製出第一總統牌的精神丸，與國人見面，外盒還貼有神采奕奕之中山先生肖像。」參見美明秋：《黃楚九》，餘姚市政協文史資料委員會編：《近現代人物：餘姚文史資料》（第13輯），1995年，第25頁。

〔註22〕 花月友：《特約馬路電（三馬路專電）》，《時報》，1916年1月25日第11版。

〔註23〕 《世界第一總統牌精神丸，補腎固精雄壽丸》，《申報》，1936年12月16日第15版。

〔註24〕 《中國天一煙草股份有限公司擴充營業添招新股廣告》，《申報》，1928年11月25日第3版。

〔註25〕 《餘音》，《申報》，1937年2月26日第21版。

牌商標，用於其生產的鈕扣。〔註26〕而1944年，通成永商行又試圖以「領袖牌（Leader）」為商標。〔註27〕上海飛星汽車公司經銷的道奇汽車，其中之一是「THE SENIOR」，英文原意是「比較高級的」，但經銷商卻將其音譯為「領袖牌」。〔註28〕

　　「中山」牌是更為常見的產品名稱或商標。「中山裝」當然非常典型。根據陳蘊茜的看法，中山裝是一「特殊的政治服裝」，其流行主要是政治精英操控身體政治的產物。〔註29〕中山裝具有民族主義特質，須用國貨製作才能真正起到紀念孫中山的作用。國貨商人為了推銷國產布料，勢必鼓吹中山裝採用國貨布料，反對中山裝採用華達呢和嗶嘰等舶來品。三友實業社宣稱其所產「自由呢」係製作夏季中山裝「最適宜之材料」，號召「國民服裝」的衣料「宜以國貨為之」，「既可提倡實業，益足見愛國之心」〔註30〕。不少廠商生產的布料直接冠以「中山」二字，如「中山呢」「中山布」。江蘇江陰在三十年代大量生產中山呢。〔註31〕至1936年，江蘇一省102家棉紡織廠，其產品以中山呢等為主。〔註32〕隨著中山裝在全國範圍的流行，中山呢遠銷全國各地。福建莆田、仙遊一帶，即用上海產的男女線呢製作衣服，俗稱「中山布」。〔註33〕不僅如此，全國各地的紡織行業大多生產中山呢，譬如，在傳統的紡織業中心河北高陽，中山呢成為當地主要的紡織產品，〔註34〕四川巴蜀、山東平度、廣西桂林等地工廠亦大量生產中山呢。〔註35〕

〔註26〕許晚成編：《戰後上海暨全國各大工廠調查錄》，上海：龍文書店，1940年，第352頁。

〔註27〕《邵葆三律師會計師代表通成永商行為出品各種衣服使用》，《申報》，1944年4月14日第2版。

〔註28〕《道奇汽車》，《申報》，1928年6月2日第29版。

〔註29〕陳蘊茜：《身體政治：國家權力與民國中山裝的流行》，《學術月刊》，2007年第9期。

〔註30〕《國人慾以之紀念孫總理者請注意下文》，《申報》，1927年6月29日第14版。

〔註31〕王維屏：《江陰志略》，《方志月刊》，1935年第8卷第4、5期合刊。

〔註32〕王培棠編：《江蘇省鄉土志》（上冊），長沙：商務印書館，年代不詳，第92～93頁。

〔註33〕蔡麟整理：《解放前涵江鎮商業概況》，《莆田文史資料》（第4輯），1989年；仙遊地方志編纂委員會：《仙遊縣志》，北京：方志出版社，1995年，第1024頁。

〔註34〕吳知：《鄉村織布工作的一個研究》，上海：商務印書館，1936年，第219頁。

〔註35〕劍花樓主：《巴蜀鴻爪錄》，《近代史資料》（總第85號），第144頁；山東省平度縣地方志編纂委員會編印：《平度縣志》，1987年，第307；鍾文典：《20世紀30年代的廣西》，桂林：廣西師範大學出版社，1998年，第357頁。

　　1925 年孫中山病逝以後，各種「中山」牌商品相繼問世，以致於上海被時人稱為「中山世界」。〔註36〕而天津因為「中山服」成為「時髦品」，「中山餐、中山煙、中山橄欖、中山布」等物品，遂亦風起雲湧。〔註37〕即使是楊梅小販，亦將原來的「東山楊梅」，改稱為「中山楊梅」：「自青天白日旗滿布江南以來，凡物品以先總理之名號為商標者不可勝計。今吾蘇有一售楊梅之小販，沿街喚賣，亦以中山為號召。蓋楊梅以洞庭東山為最，小販每口呼『東山楊梅』，藉資招徠。今為趨時計，故意呼為『中山楊梅』，於是人咸奇之，生意因以大盛云。」〔註38〕

　　下表列舉了一部分「中山」牌商品，或者是以「中山」二字相招徠的產品。

中山牌商標及產品舉隅

牌　名	公司商號	存續時間	資料來源	備　註
中山牌絲襪	上海，民生公司	1925 年	《新聞報》，1925 年 3 月 26 日第 11 版。	
中山牌燈泡		1925 年	《時報》，1925 年 5 月 10 日第 9 版。	
中山鑽戒	上海，遠東眼鏡公司	1925 年	《時報》，1925 年 5 月 10 日第 9 版。	
中山牌眼鏡	上海，眼鏡公司	1935 年	《商標公報》，1935 年第 106 期。	
中山牌香煙	上海，中國三興煙公司	1925 年至 1928 年	《民國日報》，1925 年 7 月 12 日第 6 版；《行政院公報》，1930 年第 143 期。	該公司還有孫文牌、逸仙牌。
中山牌國貨雪茄	上海，群益雪茄煙廠	1925 年	《申報》，1925 年 8 月 29 日第 23 版。	
中山牌時表			《時報》，1926 年 10 月 8 日第 9 版。	
中山牌神功普濟時疫藥水	上海，大鴻製藥公司	1926 年左右	《申報》，1926 年 7 月 6 日第 8 版。	申報僅見一條廣告。

〔註36〕天倫：《中山世界》，《申報》，1927 年 4 月 1 日第 16 版。該文列舉了中山帽、中山裝、中山大學、中山叢書、中山表、中山留聲唱機、中山橄欖、中山影戲院、中山箋、中山紀念磁章。

〔註37〕《氣象漸新之天津》，《申報》、1928 年 7 月 21 日第 9 版。

〔註38〕姚賡宸：《中山楊梅》，《申報》，1927 年 6 月 28 日第 16 版。

中山牌自來墨水筆	永安公司向美國定製	1926年	《申報》，1926年7月25日第23版。	
中山牌信箋	永安公司	1925年	《上海夜報》，1925年5月10日第4版。	
中山橄欖	上海，貴州路美和食品公司	1925年	《申報》，1925年10月17日第17版。	南洋進口的橄欖，命名為中山橄欖。
中山橄欖	上海，冠生園食品有限公司	1926年	《申報》，1926至1936年	參見申報相關年份的廣告和報導。
總理遺像牌布	上海，華豐祥記	1927年	《申報》，1927年8月28日第13版。《國產中山牌花標之盛行》，《新聞報》，1927年9月9日第15版。	南京國民政府農工商局成立後，商號呈請商標備案。
總理遺像牌紀念表	上海：美華利			
孫總理肖像	上海中山留聲話盤製造廠	1927年	《審定商標第一號》，《商標公報》，1928年第1期。	專用商品：第十八類，總理訓話、名人演說、音樂歌曲、各種留聲話片。

　　一些產品雖以「中山」為噱頭，但亦曇花一現，但是「中山」牌絲襪似乎有所收穫。1925年，上海民生實業公司擴充營業，決定遷至浙江路，「近因孫中山逝世，該公司為追念元勳起見，特製一種上品長統夾底男絲襪，定名中山牌，並因近有改鍾山為中山之提議，故特用鍾山為商標，以表促進之意。」〔註39〕民生實業公司於新址開幕之際，宣稱其新出中山牌絲襪「質地堅固、色澤鮮明」，且具「愛國深意」，理由是「孫公奔走南北，足遍環球，偉烈豐功，舉世共仰。如著中山牌絲襪，有每步不忘孫公之概」。凡購中山牌絲襪兩雙，即贈送孫中山所著《民生主義》一書，以資紀念。〔註40〕

　　同年的廣告基本上遵循上述策略，將購買中山牌絲襪與紀念孫中山聯繫在一起。譬如，1925年4月28日的廣告宣稱：「中山先生奔走革命，歷四十

〔註39〕《民生公司創製中山牌絲襪》，《新聞報》，1925年3月26日第11版。
〔註40〕《民生實業公司民一牌發行所開幕，廉價中山牌絲襪出品》，《申報》，1925年4月2日第1版。

餘年，手創民國，造福吾民，偉烈豐功，千秋是式，不幸仙逝，薄海同悲。敝公司為追念元勳起見，爰創製中山牌絲襪，意在策勵國民，以先生為法，立定腳跟，奔走國事，庶乎每步不忘，永留紀念，愛國君子幸共鑒之。」〔註41〕同年 11 月的廣告寫道，「孫中山先生，首創共和，名垂萬世。中山牌絲襪，品質堅韌，名重全國。追念中山先生者，當穿中山牌絲襪，舉步不忘，永留紀念。」〔註42〕1925 年 5 月《上海夜報》的「小專電」欄目有一小段文字，聲稱「市上自出中山牌以來，營業頗盛。聞某襪廠主，擬出班禪牌，以活佛與死中山決一利市。」〔註43〕這一戲謔文字，雖然對孫中山頗為不敬，但表明了「中山」牌絲襪上市之初，迎合了國人對孫中山的紀念情懷，銷路頗佳。不過，1927 年 10 月 5 日，《申報》載有其降價促銷的廣告，此後再未見到該產品的任何消息，有可能市場不佳，已經停止生產。

二、知識精英的商標化

　　新式知識精英是商品命名的手段之一，博士頭銜的商業化堪稱典型。1941 年，許地山回顧了民國以降的稱謂嬗變，民國初年，無論是誰，男的都稱先生，女的都稱女士，後來老爺、大人、夫人、太太、小姐等等舊稱呼隨著帝制復活而漸漸流行。雖然復辟帝制未果，但封建時代的稱呼反與「洋封建」的稱呼「互相翻譯」，太太們中間自分等第，「夫人」「太太」依著丈夫地位而「異其稱呼」，對於男性，則有「先生」「君」等稱謂。在他看來，「博士」「碩士」成為一種「階級的分別」，原因在於封建意識未被剷除。〔註44〕

　　1922 年，有人撰文「博士談」，描繪了當時博士的衣著舉止：「今世以博士為時髦，凡號稱博士者，雖未見其人，要可想像其形貌，大率口銜雪茄，鼻架靉靆，須分八采，闕服燕尾，一手執杖，一手執手杳者也。」〔註45〕此文對博士雖然不無嘲諷之意，但高學歷群體，無疑成為近代國人敬仰的對象。因此，諸多商品或以「博士」命名，或以其為商標。

〔註41〕《中山牌絲襪，紳商學界愛國志士不可不穿》，《申報》，1925 年 4 月 28 日第
　　　　9 版。《中山牌絲襪》，《申報》，1925 年 7 月 28 日第 1 版。

〔註42〕《申報》，1925 年 11 月 8 日第 8 版。

〔註43〕《小專電》，《上海夜報》，1925 年 5 月 7 日第 4 版。

〔註44〕《民國一世——三十年來我國禮俗變遷的簡略的回觀》，林文光選編：《許地山文選》，成都：四川文藝出版社，2010 年，第 134～135 頁。

〔註45〕老圃：《博士談》，《申報》，1922 年 2 月 1 日第 18 版。

　　1928 年，上海的中原煙草公司分別發行 50 枝裝和 20 枝裝的博士牌香煙。〔註 46〕1934 年，太原的晉華捲煙廠新出一種「博士」牌香煙。〔註 47〕1942年，上海福來協記電器行監製的燈泡，命名為「博士」牌，〔註 48〕而大致同期的北方一家「大眾襪廠」在上海推銷，號稱「襪子專家上海分店」，其註冊商標則囊括了博士牌、碩士牌和學士牌三種。〔註 49〕1944 年，上海通成永商行的服裝商標，則分別為博士牌、領袖牌、偉人牌和天一牌。〔註 50〕

　　唐代陸羽曾撰《茶經》，被譽為「茶博士」。近人亦利用「茶博士」之名號。1929 年 10 月 13 日的「商場消息」，載有上海南市程裕新茶號的廣告，聲稱其在六馬路浙江路口所設第三茶號，「特製有博士茶、甘露茶等佳茗數種」「一班有盧陸之嗜者，屆期當以先飲為快也」。〔註 51〕而據韓明華的研究，裕新茶號主人胡近仁是胡適族叔，因兩人年齡僅相差 4 歲，因而「如同兄弟」，交往密切。胡近仁因為茶葉生意不佳，試圖藉重胡適博士的名氣吸引消費者，將茶葉命名「博士茶」，並擬就廣告詞：「而今大名鼎鼎的胡適博士早年身體有病，喝了他的茶後『沉疴遂愈』」，「凡崇拜胡博士欲樹於文字界者，當自先飲博士茶為始。」不過，此一廣告詞遭到胡適的拒絕。〔註 52〕

　　博士頭銜與文具商標的關係更加緊密。1923 年，江蘇造筆廠出品「博士牌自來墨水筆」。〔註 53〕三十年代的大中華自來水筆廠註冊了「博士」牌自來水筆，〔註 54〕這一商標一直存續到四十年代中後期。〔註 55〕據 1931 年

〔註 46〕《梅華銓律師代表中原煙草公司啟事》，《申報》，1928 年 3 月 11 日第 3 版。
〔註 47〕《申報》，1934 年 3 月 25 日第 2 版。
〔註 48〕《解決省電，預防超過限額》，《申報》，1942 年 1 月 23 日第 5 版。
〔註 49〕《申報》，1942 年 11 月 21 日第 1 版。
〔註 50〕《邵葆三律師會計師代表通成永商行為出品各種衣服使用》，《申報》，1944 年 4 月 14 日第 2 版。
〔註 51〕《商場消息》，《申報》，1929 年 10 月 13 日版。
〔註 52〕《胡適與博士茶》，韓明華：《西窗夜話》，北京：軍事誼文出版社，2006 年，第 209～210 頁。
〔註 53〕《申報》，1923 年 10 月 21 日第 1 版。
〔註 54〕《朱紹文律師代表大中華自來水筆廠衛博士牌商標啟事》，《申報》，1930 年 4 月 13 日第 5 版。該啟示聲稱：「茲據大中華自來水筆廠聲稱，本廠新出博士牌自來水筆 doctor fountain pen TCH＆CO 業經呈請商標局依法註冊，此項商標本廠專有專用權，他人不得仿造，並不得用相同或近似之商標侵害本廠專用權利等語，特衛聲明，即希公鑒。」
〔註 55〕1946 年，上海河南中路的商店仍在銷售，將金星、愛國、華孚、新民等品牌與博士牌合稱為等國貨中的「名貴鋼筆」，聲稱「花式最多，定價低廉」，並

《工商半月刊》所載「工商消息」，大中華自來水筆廠被稱為我國精製自來水筆之第一家，〔註 56〕「開辦以來，今已二載，出貨不過二三個月，銷路甚為暢旺，尤以南洋群島華僑為最歡迎。」其筆桿「製造堅固，筆尖耐用，裝飾輝煌，不亞舶來品」。價格分為 8 元、6 元、5 元、4 元和 2 元數種，「比洋貨價廉不止一倍」。上海永安、先施、麗華各大公司均有代售。〔註 57〕1930年 6 月的一則廣告除了介紹自來水筆的產品質量和價格特點之外，聲稱「用自來水筆的學子，誰不想做博士？要想做博士，須先用博士牌自來水筆」〔註 58〕，直接將莘莘學子的博士理想與文具品牌的選擇勾連，並將後者建構為前者的前提條件。同月的另一則廣告寫道：「挽回利權，智識階級應當以身作則；顧名思義，未來博士用此奮勉成功。」〔註 59〕該廣告詞延續上一條廣告的策略，同時又呼籲知識分子踐行民族主義，以身作則使用其產品，將消費主義與民族主義合二為一。

　　1947 年左右，上海大中央製帽廠註冊了「博士牌」商標，用於出品呢帽、草帽及帽胎等商品。〔註 60〕在當時「愛用國貨運動」的背景下，該廠

提供「電機免費刻名」的服務。參見《申報》，1946 年 6 月 25 日第 1 版。

〔註 56〕該廠以首創國貨為理由，呈請准予按照機制洋貨完稅。財政部頗有懷疑，1930年 12 月諮請工商部查清事實。參見宋子文：《諮工商部關字第 15595 號（1930年 12 月 5 日），請查明大中華自來水筆廠所出博士牌自來水筆是否該廠自造希見復》，《財政日刊》，1931 年第 945 期。

〔註 57〕《中國精製自來水筆（大中華廠博士牌出品）》，《工商半月刊》，1931 年第 3卷第 1 期。

〔註 58〕《博士牌國貨自來水筆，式樣玲瓏，筆尖耐久，書寫流利，物美價廉》，《申報》，1930 年 6 月 7 日第 3 版

〔註 59〕產品特點的介紹與 6 月 7 日的廣告完全一致。參見《博士牌自來水筆》，《申報》，1930 年 6 月 14 日第 2 版

〔註 60〕「茲據上開當事人委稱，本廠開設有年，專採上等原料製造博士牌呢帽、草帽，暢銷全國，遠及南洋各埠，質量優良，聲譽久著。業經呈奉商標局審定頒給第四七一四號商標註冊證，準以『博士牌』商標用於本廠出品呢帽草帽及帽胎等商品，取得專用權在案，他人不得以相同及類似之商標或圖案使用於同一商品。詎近有不肖之徒，膽敢用上海大中帽廠牌號影戤本廠商號名稱，偽造博士商標圖樣，以劣質羊毛製成呢帽，在安慶、漢口、沙市及沿長江各地營銷，希圖魚目混珠，不獨欺騙顧客，抑且損及本廠信譽及商標專用權利。查偽造或仿造已登記之商標，及販賣或陳列明知為偽造或仿造商標之貨品者，均屬觸犯刑章。除呈請各地當局隨時查緝外，煩代登報警告該偽造者立即停止使用，否則一經查覺，即行訴請究辦，以維本廠權譽等語前來，合代警告如上。」《本廠「博士牌」商標專用權啟事》，《申報》，1947 年 12 月 27 日第 2 版。

對其博士牌呢帽極力進行營銷推廣。1947 年 2 月的一則廣告虛構了一個禮品的故事:「皇后最近為了表兄三十大慶,她送一頂大中央製帽廠的博士牌呢帽作為壽禮。此帽質地既高,而式樣又時髦。皇后說:『三十而立,做人從頭做起,第一要注重頭上帽子。』表兄致謝道:『我知道這是頭等國貨。』」〔註61〕此後的廣告集中刊載於「上海機聯會聯合廣告復刊」的專題之中,產品的國貨性質已經不必刻意強調,因此將廣告訴求轉向博士呢帽的品味和地位。1947 年 11 月的廣告切合天氣,但更加突出產品是「上流人」的選擇,「秋風一起,頭上須戴呢帽,而且男子為禮貌起見,亦須戴呢帽。大中央製帽廠之博士牌呢帽,戴在頭上,有神氣,氣頭大,故上流人都用此。」〔註62〕

同年 12 月的廣告詞有所變化,採用順口溜,「贈人一頂帽,受者哈哈笑。贈人博士牌呢帽,受者興更高。帽子能壯觀瞻,能把人格提高。大中央製帽廠的呢帽,式樣時髦,質地堅牢,十分高超。」〔註63〕產品受贈者愉悅的理由,竟然是提升人格。1948 年 1 月的廣告詞寫道:「過年買帽子,大概先去參觀展覽店頭之貨,揀合意的買回去,但十之八九,往往會選中大中央製帽廠的博士牌呢帽。因此種呢帽,有博士風度也。」〔註64〕此一廣告,強調帽子的「博士風度」。

三、名伶明星的商標化

出於職業需要,伶人離不開舞臺化妝,因而藝人對化妝品的商業推廣具有重大價值。1922 年,上海兩家公司分別以梅蘭芳命名其產品,一是南洋家庭工藝社之「梅蘭霜」,另為上海肥皂公司的「梅蘭芳牌盒子肥皂」。6 月 25 日,南洋家庭工藝社在《申報》刊載廣告,以「三羊牌」為大類,其中包括白如霜、梅蘭霜、荷花霞、萬年青牙粉、生髮香油以及各種香粉。〔註65〕30 日,該公司聲稱,曾經贈送梅蘭芳「梅蘭霜」和「白如霜」各兩打,並獲其信函。梅蘭芳以「六朝駢文」的形式,對該公司產品讚譽有加,並「附奉攝影藉志紀

〔註61〕《申報》,1947 年 2 月 10 日第 4 版。
〔註62〕《上海機聯會聯合廣告復刊第十九組用國貨最光榮》,《申報》,1947 年 11 月 10 日第 2 版。
〔註63〕《上海機聯會聯合廣告復刊第二十組》,《申報》,1947 年 12 月 8 日第 2 版。
〔註64〕《上海機會聯合廣告復刊第二十一組》,《申報》,1948 年 1 月 8 日第 2 版。
〔註65〕《申報》,1922 年 6 月 25 日第 16 版。

念」。梅蘭芳對「梅蘭霜」的評價「較之舶來品有過無不及之」等語，以及信函和照片，都成為該產品日後長期使用的廣告圖文。〔註66〕

　　同年，上海肥皂公司推出一種「梅蘭芳牌盒子肥皂」，其廣告文案寫道：「梅蘭芳是伶界鉅子，馳名中外，色藝超群，使觀者悅目神怡。」該公司之「梅蘭芳牌皂亦取此義，乃能名副其實」。〔註67〕在當年7月31日的「緊要聲明」中，重複了此前的文本，但特別強調，「倘有願為外埠經理分銷，請至本公司面洽，尚有特別優待條件，函詢立即奉覆。」〔註68〕不過，此後未再見到此一產品的市場消息。1935至1936年，上海裕華化學工業公司生產「梅蘭芳五彩戲裝香皂」，〔註69〕1935年11月，該公司介紹其產品的五大特點，並與慈善事業相結合，通過「提成助賑」而救濟災民。〔註70〕此後，該產品被其公司簡稱為「梅蘭芳香皂」。〔註71〕

　　香煙是梅蘭芳的嗜好品。他晚年曾經告誡青年演員，必須重視嗓子保護，對於過於油膩及刺激性東西，要適當節制，煙酒並非有益之物，最好不沾染，倘若已成習慣，必須竭力控制，不能過量。他說自己有抽煙卷的習慣，雖然抽得不多，但總是不好，號召他人不可向自己看齊。〔註72〕大概是基於梅蘭

〔註66〕《梅訊》（二十六），《申報》，1922年6月30日第18版。該產品大致延續到1927年初，此後可能停止生產。另外，有學者根據《申報》廣告，詳細梳理了上海廠商對梅蘭芳的商業化運作，但其中將「梅蘭霜」推出的時間誤記為1921年。參見仲立斌：《二十世紀二、三十年代的梅蘭芳與廣告——以〈申報〉為例》，《中國戲曲學院學報》，2017年第1期。

〔註67〕《申報》，1922年7月31日第1版。

〔註68〕《上海肥皂公司緊要聲明》，《申報》，1922年7月31日第1版。

〔註69〕有論者將此一產品上市時間視為1936年，當誤，參見明光：《梅蘭芳與廣告舉隅》，劉禎編：《梅蘭芳與傳統文化》，北京：中國戲劇出版社，2018年，第255頁。

〔註70〕（一）皂質精緻，色澤瑩潔，香氣幽雅，芳馨可愛，為現代香皂中之冠軍；（二）梅蘭芳博士不特藝術冠群倫，其化妝亦臻出神入化。本公司用最新科學方法，將梅君之戲裝攝印於上，活躍如生；（三）是項劇照一經印上，清晰明顯，羽衣霓裳，鮮豔奪目，如畫裏真，真呼之欲出，久經搓用，亦不脫落；（四）梅蘭芳五彩戲裝香皂，不特實際合用，即購贈親友，亦受歡迎。對於兒童，更易促進愛美觀念，故尤為家庭所宜；（五）愛梅君劇藝者，每以不能常觀梅劇為憾，購備此皂，則日親芳澤，無殊氍毹相對矣。《梅蘭芳五彩戲裝香皂》，《申報》，1935年11月5日第17版。

〔註71〕《裕華製皂展覽大會》，《申報》，1936年7月23日第19版。

〔註72〕梅蘭芳：《移步不換形》，天津：百花文藝出版社，2000年，第315頁。

芳抽煙的特點，亦有香煙以其名命名，即「梅蘭芳牌香煙」。此一產品由南洋兄弟煙公司於 1926 年出品。〔註 73〕有論者認為，「在梅蘭芳香煙之前，並沒有哪家煙商直接以當時名人作為香煙名稱，因此此牌香煙之出品，可視為梅蘭芳成為全民巨星的關鍵證據。」〔註 74〕根據前文的梳理，中山牌香煙的問世顯然早於梅蘭芳牌香煙。1933 年後，梅蘭芳牌香煙似乎不再見於市面，南洋兄弟煙公司為何放棄此一經營數年的品牌，尚未發現資料可以說明。30 年代初期，該公司還生產一種 20 枝裝的「小梅蘭芳牌」香煙，〔註 75〕而梅蘭芳牌香煙為 50 枝罐裝。另外，1927 年底，中國三友煙公司出品 10 支裝的「美郎牌香煙」，自稱「頗受社會歡迎」，並擬出品一種「上等香煙，裝潢別致」，命名為「大梅郎牌香煙」，並採用梅蘭芳之化裝照。〔註 76〕

　　胡蝶是電影明星姓名商標化的典型案例之一。1932 年 7 月 29 日，胡蝶於《申報》刊載啟事，聲稱「因業已特許上海華南化學工業社准用『胡蝶』姓字暨本身照相為該社各種牙粉及一切化妝品類之商標，並由該社呈請商標局註冊在案。爰請各化妝品同業勿再仿用或影射蝶名及擅用蝶之相片作為商標。」同時刊載律師陳霆銳代表華南化學工業社關於「永遠專用蝶商標」之聲明，除了陳述胡蝶啟事中的相同內容之外，聲稱如有侵犯當事人法益者，「本律師當依法訴究」。〔註 77〕不過，家庭工業社於 31 日即通過《申報》發布聲明，認為其「無敵牌出品專用蝴蝶商標已經十年以上，別人不得以無敵牌商標中之胡蝶及諧音無敵字樣混淆」。〔註 78〕由此，兩家化妝品廠商各執己

〔註 73〕《梅蘭芳牌香煙暢銷》，《時報》，1926 年 12 月 22 日第 7 版；《梅蘭芳牌香煙之價值》，《商業雜誌》，1927 年第 2 卷第 1 期。對於梅蘭芳香煙的圖像解讀和話語分析，可參閱李湉茵：《上海香煙廣告：梅蘭芳京劇圖像研究：以京劇鼎盛期為例》，劉禎編：《梅蘭芳與傳統文化》，北京：中國戲劇出版社，2018 年，第 261～296 頁。

〔註 74〕李湉茵：《上海香煙廣告：梅蘭芳京劇圖像研究：以京劇鼎盛期為例》，劉禎編：《梅蘭芳與傳統文化》，北京：中國戲劇出版社，2018 年，第 265 頁。

〔註 75〕《箋函南洋煙公司：續出二十支小梅蘭芳牌暫准先行卷製，仍將新商標送候核辦由》(1931 年 9 月 17 日)，《統稅公報（上海）》，1931 年第 1 卷第 9 期；《箋函南洋公司：據請將二十枝小梅蘭芳牌及二十枝喜鵲牌准予減價改級，並將原價各牌列單行知由》(1932 年 4 月 8 日)，《統稅公報》，1932 年第 2 卷第 4 期。

〔註 76〕《申報》，1927 年 12 月 4 日第 20 版。

〔註 77〕《陳霆銳律師代表華南化學工業社聲明永遠專用蝶商標事》，《申報》，1932 年 7 月 29 日第 4 版。

〔註 78〕《家庭工業社聲明》，《申報》，1932 年 7 月 31 日第 1 版。

見，爭論不休，長達數年，直至 1936 年，行政院判決華南化學工業社勝訴，持有相關商標。〔註 79〕此外，天津市法租界的普慶煙公司，曾銷售一種「胡蝶女士香煙」，聲稱「為純粹中國國產，因品質優良，裝製精美，核價特別低廉，頗受各界讚賞，以是銷路甚暢。該公司為「酬謝各界雅意，特製電影明星相片多種，以備存留此項紙煙空盒者之換取。」〔註 80〕

產品名稱或者商標名稱極其多樣，〔註 81〕亦有以「民眾」「黃包車」等命名的香煙。但是，利用精英階層的高階地位，無疑是近代中國商標文化的重要面相之一。此種策略無外乎虛化和實化兩端，前者如博士牌、領袖牌等，後者如胡蝶牌、梅蘭芳牌等。類似策略亦可見諸廣告文案，下節進行詳細探討。

第二節　廣告訴求與社會分層

波德里亞聲稱，廣告的「竅門和戰略性價值」，就在於「通過他人來激起每個人對物化社會的神話產生欲望」。他認為廣告「從不與單個人說話，而是在區分性的關係中瞄準他，好似要捕獲其『深層的』動機。」經由廣告受眾的閱讀、解釋和創建，可將「整個等級社會召喚到一起」。〔註 82〕威廉姆生揭示了廣告的意識形態本質，認為在當代西方社會，人們之間的區分仍然是由其在生產過程中的地位決定的。但在廣告中，真實的社會結構被掩蓋，人們之間的階級區分被模糊，取而代之的是由消費某一商品帶來的區分。〔註 83〕而在消費社會學看來，廣告「負責將工業產品的符號特徵和消費者的多種需求聯繫起來」，故而其影響「比政治宣傳靈活，但其陰險的行為與政治宣傳性質相同」。〔註 84〕

〔註 79〕《華南化學工業社因為胡蝶商標，兩工業社發生爭執，行政法院判決原告之訴駁回》，《大公報》（天津版），1936 年 7 月 18 日第 7 版。

〔註 80〕《胡蝶女士牌國產香煙特備照片換取空盒》，《大公報》（天津版），1933 年 9 月 26 日第 13 版。

〔註 81〕可參閱左旭初：《中國商標史話》，天津：百花文藝出版社，2002 年；左旭初編著：《近代紡織品商標圖典》，上海：東華大學出版社，2007 年。

〔註 82〕（法）波德里亞：《消費社會》，劉成富、全志鋼譯，南京：南京大學出版社，2000 年，第 53 頁。

〔註 83〕Judith Williamson. *Decoding Advertisements, Ideology and Meaning in Advertising*. London: Marion Boyar, 1978.

〔註 84〕（法）尼古拉·埃爾潘：《消費社會學，孫沛東譯，北京：社會科學文獻出版社，2005 年，第 73 頁。

　　英國馬克思主義經濟學家道布，在 20 世紀三十年代批判了馬歇爾的效用論。馬歇爾將欲望視為脫離社會環境的獨立因素，而道布則強調「傳統習慣和宣傳的影響」，以此駁斥個人意志獨立的假設。他認為，從這兩個因素對行為選擇所產生的「極其明顯的強大影響」看，它們造成「欲望」和「滿足」的分歧，「似乎比經濟學家傳統上所承認的要大得多」。傳統習慣因素的影響包括他人慾望和嗜好對於某一個體所產生的各種複雜影響，其中當然包括凡勃倫竭力提醒的階級標準和社會時尚的影響。宣傳因素包括所有的「廣告方法、暗示以及推銷技術」，根據這些方法能夠改變和「製造欲望」的程度及其所達到的程度，消費者的選擇就成為隨著生產者的行動而轉移的一個變量。在他看來，消費者的欲望「顯然在各方面都可能受到暗示的影響」，如果「把供應品適當地陳列出來，引起公眾的注意，單是這種供應品的存在，就會引起原來不存在的一種欲望。」他舉例說，「銷售者的宣傳程度和技巧也會左右人們在聖誕節送給親友的禮品是書籍呢，還是手套、手帕、洋傘；決定公眾的飲食中多添些香蕉呢，還是多添些魚類、牛乳；是選擇英格蘭的乾燥地帶還是科尼什的利維拉作為假期遊覽中心。」他特別強調，如果宣傳一旦影響社會習俗，就會對個人選擇產生「加倍的力量」。他將個人成為「時髦的奴隸」作為一個極佳的例證，「在這種情形之下，很難說個人還有自己的意志」。〔註85〕

　　批評家深刻和辛辣的批判，並不能阻礙市場營銷對社會區分的利用甚至操控，反而認為社會階層對市場營銷具有「持續的意義」，〔註86〕而作為市場營銷重要手段之一的廣告，乃是一種社會交流的工具，〔註87〕也是自我社會地位和社會等級體現的話語表達和圖像呈現。從消費人類學的視角看，消費品的意義超越了其實用特徵和商業價值，主要在於「承載和傳達文化意義」。消費者和消費品只能視為「意義的站點」，而「意義的運動」必須借助廣告、時尚世界和消費儀式等等工具。「廣告作為一種潛在的意義轉移方法，將消費者的利益和文化構成世界的代表結合在特定廣告的框架中」，而廣告公司的創意總監試圖將這兩個因素連在一起，讓觀者／讀者看到它們之間的

〔註85〕（英）道布：《政治經濟學與資本主義》，松園、高行譯，北京：生活·讀書·新知三聯書店，1962 年，第 140～141 頁。

〔註86〕Richard P. Coleman. The Continuing Significance of Social Class to Marketing. *Journalof* Consumer *Research*, Vol.10, No.3, 1983, pp.265~280.

〔註87〕Gillian Dyer. *Advertising as Communication*. Taylor&Francis, e-Library, 2009.

「基本相似性」。當「符號等價」成功建立時，觀者／讀者賦予消費品某些屬性（他知道這些屬性存在於文化構成的世界中）。因此，「文化構成的世界的已知屬性就存儲於消費品的未知屬性中，意義從文化世界到物品的轉移就完成了。」〔註88〕也就是說，廣告並不製造意義，而只是植入意義和轉移意義。

馮客在考察中國近代物質文化時，強調物之「多義性」，認為「其中注入了來自人的多元詮釋和個人經驗」，將物質文化「當回事兒的歷史學家」，往往超越文化史研究的話語分析方法，而「試圖弄清特定社會語境中的實際使用者，理解和挪用物品的複雜且往往充滿矛盾的方式。」馮客強調，「物本身並沒有生命，卻被它們的使用者賦予了生命，而它們的生命軌跡往往從此沿著與其生產者意圖不同的方向延伸下去。」換言之，「廣告的臆想與消費者的經驗之間存在距離」。因此，他批評文化研究「日益陷入語言上的死胡同」，同時認為文化史則可以在「研究資料與主題上轉向考察認知圖像與社會功用之間的複雜交互作用，並從中受益」。〔註89〕

廣告不僅是追尋中國現代性的文化史研究者鍾愛的重要歷史材料，〔註90〕也反映了中國近代生產者實行的營銷策略。許紀霖強調民國上海乃是一個典型的商業社會和金錢社會，同時也是激烈競爭的社會，其中傳統社會等級和身份消失，所有上海人都必須依靠個人奮鬥來獲得金錢，從而生存和證明自我，並由此獲得身份和地位。他認為，《申報》廣告在「參與社會分層、以消費為軸心建構社會身份」的歷史進程中，發揮了「不可替代的作用」。他們提示性地指出，香煙、飲料、服飾、汽車、住宅等廣告頻繁使用「上等人」「上等社

〔註88〕Grant McCracken. Culture and Consumption: a Theoretical Account of the Structure and Movement of the Cultural Meaning of Consumer Goods. *Journal of Consumer Research*, Vol.13, Iss.1, 1986, pp.71~84.

〔註89〕馮客引用英國的例證說，「今天的英國廣告要表現一個舒適的廚房，投年輕人所好往往都是現代主義形式的，而針對老年人口味的總是懷舊風的．儘管在現實中，大量使用橡木的懷舊風才是新的、年輕人最喜愛和買得最多的；而二十世紀五十年代最早出現的廚房形式一般是現代主義的，而且仍然更受老年人青睞。」馮客：《近代中國的物質文化》，潘瑋琳、章可譯，復旦大學歷史學系、復旦大學中外現代化進程研究中心編：《近代中國的物質文化》，上海：上海古籍出版社，2015年，第231頁。

〔註90〕諸如李歐梵：《上海摩登：一種新都市文化在中國》，毛尖譯，北京：人民文學出版社，2010年。Wen-hsin Yeh. Shanghai Splendor: Economic Sentiments and the Making of Modern China, 1843~1949, Berkeley, Calif.: University of California Press, 2007.

會」「上等人士」「上等士女」「上流社會」「高雅人士」等語詞。〔註91〕

　　民國時期的廣告話語，在一定程度上亦涉及到廣告的階層區分策略。1920 年，禹君在討論「廣告常識」時，強調廣告文本必須「令人觸目即知，一覽無餘」，而其文體構造，須視商業性質與受眾心理而定，「貨品用於鄉野者，以白話體為宜，用於學界商界者，以文言體為宜，他如用於西洋者，以英文為宜，用於東洋者以日文為宜，又如銀行廣告，當詞嚴義正，煙酒廣告，當詼諧雜出，各視其商業之性質而異，皆未可一例也。」〔註92〕商品的銷售對象不同，廣告文體亦當有別，並且商品特質之凸顯策略，也與不同的社會階層相關。1934 年，一位署名為「林」的作者強調廣告與工商業盛衰「實有不可否認的關係」，而廣告作用之發生，則必須將廣告視為一種藝術。廣告藝術的作用受到「社會關係的限制」，必須迎合廣告受眾之心理和要求。他舉例說，以有錢有閒者作為銷售對象的貴重裝飾品，便須凸顯產品的「美好、漂亮、摩登」，反之，面向貧苦大眾之必需品，則須強調貨物「價廉」「樸質」「結實經用」。其中理由，他認為有閒人士注重「形式美」，貧苦大眾則關注貨物之「實質」。商家為了分別迎合兩種群體的不同需求，廣告的性質亦截然相反。〔註93〕

　　汽車的消費對象主要是民國時期的精英階層，其廣告必須精準投放。1926 年，翹箕專題分析汽車的「直接廣告」問題，分兩期刊載於《申報》的「汽車專欄」。他指出，「郵遞直接廣告」是汽車銷售的有效方法之一，但必須對銷售對象進行評估，首先調查當地富有資財、能夠購置汽車者的姓名和住址，及其經濟寬裕之時機。這是掌握市場的現實需求。次為掌握市場的潛在顧客。他稱之為「未來主顧」。若擬售車於業農者，其最佳司機為農產品收穫之秋令。此外，尚須持續聯絡「最有希望之主顧」，如專業人員常年有固定收入，故隨時有購車之可能，宜向其郵寄直接廣告。〔註94〕他又將購置汽車者大別為四，包括未置汽車者、已置低價汽車者、已置有同樣價值之汽車者、必須購置兩車者。針對不同對象，郵寄廣告應該有所區別。〔註95〕

〔註91〕許紀霖、王儒年：《近代上海消費主義意識形態之建構》，蘇智良主編：《都市史學》，上海：上海人民出版社，2014 年，第 269～270 頁。
〔註92〕禹君：《廣告常識》（續），《申報》，1920 年 7 月 12 日第 17 版。
〔註93〕林：《廣告藝術》，《申報》，1934 年 3 月 25 日第 21 版。
〔註94〕翹箕：《汽車與直接廣告》，《申報》，1926 年 8 月 14 日第 25 版。
〔註95〕翹箕：《汽車與直接廣告》（二），《申報》，1926 年 8 月 21 日第 26 版。

　　卓人曾閱商業資料，內有一例，一理髮店對面新開一家，一名顧客問其老闆生意如何，該老闆聲稱，其顧客都是「上等人」，而新開理髮店的顧客是販夫走卒。卓人深有感觸，認為理髮店不著力於「裝潢富麗、座位舒適、招待周到、技師精良」，而只用「上等人」與「販夫走卒」進行比較，但誰又願意不做「上等人」而做「販夫走卒」呢？因此，他強調這是頗可傚仿的「廣告術」。〔註96〕

　　從《申報》廣告看，利用「上等人」這一訴求方式的廣告俯拾皆是。為了具象性地呈現此種廣告策略，我們以「上等人」「中上社會」「上流社會」為關鍵詞，利用《申報》數據庫進行全文檢索，並將服飾和飲食兩大產品的一部分結果列表如下。

服飾商品廣告上等人訴求的例證

產　品	廣告文案或商業信息	廠　商	資料來源（均為申報）
呢帽	時式斜紋呢帽乃上等人所戴，每頂只售洋一元。	惠羅公司	1914 年 5 月 18 日第 14 版。
紅寶石頂小帽	近年一般上等人士，咸喜戴用紅結小帽。該莊為社會之需要，特行定做一種紅寶石小頂，鑲以螺旋金盤，代帽結之用。	馬敦和帽莊	1924 年 11 月 20 日第 17 版。
壓髮帽	珠紗壓髮帽一種，尤為上流社會所喜用。	望平街元元帽莊	1924 年 9 月 25 日第 15 版。
領帶	自發明新式領帶以來，頗受社會上等人士歡迎。	培德領帶公司	1928 年 6 月 14 日第 21 版。
手帕	全白麻洋紗手帕……上等人士無不用之。		1924 年 9 月 7 日第 8 版。
絲襪	蜂花牌上等絲襪……故上等人士樂購之。	振業織造廠	1925 年 9 月 26 日第 21 版。
衣帽等	春季新貨今已大批運到，專以供應中國上流社會之需。	福利公司	1927 年 3 月 6 日第 24 版。
嗶嘰呢	新到之藏青嗶嘰呢，……為上流社會最上之衣著品。	華美公司	1918 年 10 月 5 日第 14 版。
毛巾	電光牌毛巾……各國之上等人士咸喜用之。	上海三星棉織工廠	1924 年 7 月 17 日第 14 版。

〔註96〕卓人：《讀廣告有感》，《申報》，1937 年 3 月 19 日第 17 版。

緯成呢	緯成呢最宜於中上社會。	上海緯成公司	1927 年 10 月 21 日第 9 版。
雲紗紡綢	往粵省採運大宗鐵機雪白時花雲紗、最上等時花紡綢，供上等人士之用。	易安居	1924 年 7 月 7 日第 21 版。
白金首飾	白金首飾為上流社會所歡迎。	和盛號	1923 年 7 月 19 日第 17 版。
林文煙花露水	凡上等人士，莫不用之。 凡高尚家庭，上等人士，寧採用林文煙花露香水。	老晉隆洋行	1936 年 6 月 4 日第 1 版。
百花皂	芬芳馥郁，極合上等人士日常洗滌衛生之用。	上海裕華公司	1937 年 6 月 6 日第 11 版。

飲食商品的上等人訴求的例證

產　　品	廣告文案或商業信息	廠　　商	資料來源（均為申報）
牛肉汁	上等人宜服元下牛肉汁； 牛肉汁補身之功效，凡屬上等人類能知之。	元下公司	1924 年 11 月 3 日第 16 版；1925 年 11 月 14 日第 15 版。
糖果	快活林為西式食品界之先輩，所出品西點糖果，向為上流社會所贊許。	快活林	1929 年 11 月 22 日第 16 版。
糖果	世界各國上流社會，無不常攜此糖。		1930 年 5 月 10 日第 29 版。
糖果	此項糖果味美價廉，上流社會家庭供客非常相宜。	沙格蘭糖果公司	1926 年 12 月 10 日第 18 版。
菜肴	所製改良揚式菜肴點心等，極受中上社會之歡迎。	精美食品公司	1933 年 5 月 26 日第 12 版。
牛奶	上等人士，交相稱譽。	自由農場	1935 年 6 月 22 日第 12 版。
飲料	可口露……上流社會，渴望已久； 貢獻給上流社會之第一流飲料。	中興新記汽水廠	1942 年 12 月 18 日第 1 版；1943 年 3 月 12 日第 1 版。
啤酒	德國金獅牌啤酒……深合上等人士之需要。	順昌號	1929 年 6 月 5 日第 24 版。
白蘭地	三桶牌三星白蘭地……上等人士，莫不有口皆碑。	愛高洋行	1930 年 1 月 24 日第 16 版。

白蘭地	三元牌白蘭地……上等人士無不喜飲。	吉利洋行	1923 年 6 月 3 日第 19 版。
白蘭地	法國海內斯斧頭老牌三星白蘭地酒，世界各國上等人士，無論宴客或自酌，未有不採用本品者。	法商龍東公司	1937 年 3 月 30 日第 6 版。
各種洋酒	現從法國運到香檳酒及各種威士格酒、白蘭地酒、白酒、紅酒、必得酒、威毛酒、淋酒、皮酒等，花色繁多……以備上流社會士女需用。	履泰洋行	1919 年 11 月 29 日第 4 版。
張裕葡萄酒白蘭地	上流社會，高人雅士，嗜飲者莫不選購張裕美酒。	張裕上海發行所	1940 年 5 月 16 日第 3 版。

　　廣告學研究已經表明，許多廣告並不包含有用的產品信息，只是「一個無法觀察到質量的昂貴信號」〔註 97〕，尤其是缺乏體驗性特徵的商品，如香煙、時尚服裝或軟飲料，往往通過吸引眼球的宣傳活動來最大限度地宣傳〔註 98〕，並試圖將其產品與與眾不同的公眾形象聯繫起來。〔註 99〕根據此種思路，下文將集中於民國時期煙草廣告，探討經濟精英的市場營銷對消費示範效應的利用問題。

第三節　市場細分與廣告區分

　　現代大眾廣告是美式消費主義的強大助推器。〔註 100〕美國既是現代廣告業的發源地，也是工業化香煙營銷的始創者。20 世紀初，英美兩國香煙品牌之間競爭愈演愈烈，廣告成為市場競爭的主戰場。〔註 101〕英美煙公司主管杜克在廣

〔註 97〕Phillip Nelson. Advertising as Information, *Journal of Political Economy*, Vol.82, No.4, 1974, pp.729~754.

〔註 98〕Daniel Krähmer. Advertising and Conspicuous Consumption. *Journal of Institutional and Theoretical Economics*, Vol.162, No.4, 2006, pp.661~682.

〔註 99〕名人廣告是最佳的個案，參見 Grant McCracken. Who Is the Celebrity Endorser? Cultural Foundations of the Endorsement Process. *Journal of Consumer Research*, Vol.16, No.3, 1989, pp.310~321.

〔註 100〕消費主義的「種子」原生於 18 世紀的西歐，自 19 世紀中期開始，消費主義體制卻在美國發展壯大，而美國由於擁有巨大的國內市場，反而比大多數歐洲國家更容易傳播大眾廣告。（美）彼得・N・斯特恩斯：《世界歷史上的消費主義》，北京：商務印書館，2015 年，第 48～49 頁。

〔註 101〕（法）迪迪埃・努里松：《煙火撩人：香煙的歷史》，陳睿、李敏譯，北京：三聯書店，2013 年，第 108、110 頁。作者認為香煙的工業化生產源自法國。

告宣傳方面「敢做敢為」，能夠想出使「競爭對手灰心喪氣的新奇方法」，並且「總是願意投入大量幾乎令保守的製造業者喪膽的利潤」。該公司在華執行董事唐默思幾乎複製了其導師杜克的營銷理念，創造了「中國市場的神話」。〔註102〕在其示範效應下，中國同業亦認識到推銷香煙「惟廣告之力最為宏大」。〔註103〕

近年來，廣告史研究已經取得豐碩成果，煙草廣告亦不例外。〔註104〕高家龍是較早關注並運用廣告史料的學者，其《中國的大企業》一書極其細膩地探討了英美煙公司與南洋兄弟煙草公司之間的市場競爭，進而宏觀上思考了帝國主義、民族主義和企業家精神三者之間的複雜糾葛。〔註105〕李培德以其搜集的 284 種煙草業月份牌廣告畫為依據，分析煙草業競爭和月份牌廣告畫發展的關係，以及不同「摩登美女」形象之創造。〔註106〕亦有成果聚焦於近代大型煙企的市場營銷問題。全群旺以市場營銷學理論為分析框架，對英美煙公司的「營銷組合」進行了系統考察，〔註107〕而傅睿哲（Fraser）則以華成煙草公司的廣告策略為中心，強調該公司與南洋煙草公司之間的差異，前者以消費主義為特徵，後者以民族主義為特徵。〔註108〕

但是，廣告主體往往根據其目標市場的階層差異，而採用不盡一致的廣

〔註102〕（美）高家龍：《中國的大企業：煙草工業中的中外競爭（1890～1930）》，樊書華、程麟蓀譯，北京：商務印書館，2001 年，第 15～31 頁。

〔註103〕中國人以英美煙公司的營銷手段為個案，認為「西人推廣營業之手段，至為深遠，亦可驚也。」參見《西商之重廣告如是》，《申報》，1910 年 6 月 29 日第 10 版。另參見《1933 年 3 月 23 日蘇州分公司致總公司函》，中國科學院上海經濟研究所、上海社會科學院經濟研究所：《上海資本主義典型企業史料：南洋兄弟煙草公司史料》，上海：上海人民出版社，1958 年，第 257 頁。

〔註104〕董粉和：《〈蘇州明報〉香煙廣告研究——以廣告營銷策略為指向的討論》，《四川大學學報》（哲學社會科學版），2019 年第 5 期。

〔註105〕（美）高家龍：《中國的大企業：煙草工業中的中外競爭（1890～1930）》，樊書華、程麟蓀譯，北京：商務印書館，2001 年。另外，其《中華藥商——中國和東南亞的消費文化》（褚豔紅等譯，上海辭書出版社，2013 年）一書，從消費文化的視角，細緻地探討了黃楚九的廣告營銷。

〔註106〕李培德：《月份牌廣告畫與近代中國的煙草業競爭（1920s～1930s）》，《新史學》，2012 年第 3 期。

〔註107〕全群旺：《英美煙公司在華銷售研究（1902～1952）》，合肥：合肥工業大學出版社，2017 年。

〔註108〕David Embrey Fraser. *Smoking Out the Enemy: The National Goods Movement and the Adertising of Nationalism in China, 1880~1937*. University of California, Berkeley, Ph. D, Fall 1999.

告策略。廣告是「社會戲劇的劇本」，通過賦予商品以社會意義，將商品變成「道具」，從而說明消費者「是誰或渴望成為誰」。〔註 109〕廣告並不能隨心所欲地創造意義，而只是將既有的社會觀念植入商品。〔註 110〕經濟學家萊本施泰恩（Leibenstein）從社會學視角，根據消費動機，將消費需求劃分為功能性需求和非功能性需求，前者是由於商品本身固有的品質，後者是由商品固有品質以外的因素所造成。最重要的非功能性需求是效用的外部效應（External effects on utility），亦即從該商品中獲得效用之增減是由於其他人購買和消費同一商品，或由於商品標價較高而不是較低。他又將非功能性需求區分為「從眾效應（Bandwagon effect）」「勢力效應（Snob effect）」和「凡勃倫效應（Veblen effect）」。「從眾效應」是指由於其他人消費同一商品而對商品的需求增加的程度，「勢力效應」指的是由於其他人也消費同樣的商品（或其他人正在增加對商品的消費），從而對消費品需求減少的程度。「凡勃倫效應」指的是炫耀性消費現象，因為價格更高而不是更低，消費者對產品的需求增加的程度。他強調「勢力效應」與「凡勃倫效應」存在區別，前者是他人消費的函數，後者是價格的函數。〔註 111〕

　　本文在上述香煙廣告史成果的基礎上，從「勢力效應」「從眾效應」兩種視角，探討中國近代香煙廣告文本的深層符碼。

一、市場格局與產品層級

　　根據高家龍的看法，英美煙公司與南洋煙草公司不僅是競爭對手，而且都是非常成功的大企業，二者並不僅僅依靠劃分市場而取得成功。換言之，並不存在外商只銷售昂貴香煙、華人只銷售廉價香煙的二元市場，相反，這兩家公司都生產和銷售各類價格的香煙，並在中國各主要市場上進行直接競爭。〔註 112〕而據全群旺的看法，英美煙公司較早的市場定位，都是中、上

〔註 109〕Gary Cross. Toys and Time: Playthings and Parents'attitudes toward Change in Early 20th-century America. *Time and Society*, Vol.7, No.1, 1998, pp.5~24.

〔註 110〕Grant McCracken. Culture and Consumption: a Theoretical Account of the Structure and Movement of the Cultural Meaning of Consumer Goods. *Journal of Consumer Research*, Vol.13, Iss.1, 1986, pp.71~84.

〔註 111〕Leibenstein H.. Bandwagon, Snob，and Veblen Effects in the Theory of Consumers' Demand. *Quarterly Journal of Economics*，Vol.64, No.2, 195, pp.183~207.

〔註 112〕（美）高家龍：《中國的大企業：煙草工業中的中外競爭（1890～1930）》，樊書華、程麟蓀譯，北京：商務印書館，2001 年，第 318 頁。

等煙，後來看到華商低級香煙暢銷，才生產「紅印」「翠鳥」等低級香煙。
〔註 113〕英美煙公司香煙品牌多樣，檔次包括高、中、中下、低四檔，覆蓋
了各個層級的消費需求。〔註 114〕茄力克、大炮臺、三炮臺、白錫包、使館
等牌號為高級香煙，還有專門為婦女卷製的三九牌；大前門、紅錫包等為中
檔香煙；老刀、五華等為中下檔香煙；雞牌、品海牌、大英牌、紅印、翠鳥、
仙女、哈德門、紅獅、紅屋、黃金印等為低檔香煙。〔註 115〕

　　南洋公司的香煙牌子雖然少於英美煙公司，但也數量眾多，重點經營者
是白金龍、大長城、小長城、雙喜、愛國和金斧等牌，其餘大都作為「後備
軍」。〔註 116〕南洋香煙雖然同樣可以劃分為上、中、下三個等級，但其高檔香
煙金龍牌，亦大抵只能對應於英美煙公司的中檔。華成公司的香煙牌子同樣
為數不少，有美麗牌、金鼠牌、月份牌、也是牌、生生牌、芬芳牌、天真牌、

〔註 113〕　仝群旺：《英美煙公司在華銷售研究（1902～1952）》，合肥：合肥工業大學
　　　　　　出版社，2017 年，第 71 頁。

〔註 114〕　英美煙公司在華的香煙品牌，據不完全統計，多達 200 多種，經常銷售者亦
　　　　　　有幾十種，其中主要有：孔雀牌、人頂球牌、強盜牌、壽星牌、品海牌（即
　　　　　　丁字牌）、鋸子牌、錫包、人車牌、紅帽牌、希羅牌、新五支雞牌、美人牌、
　　　　　　紅海（每盒 10 支）、藍海、月光牌、鐵盒煙、金扇牌、帶翅膀飛人牌、金皮
　　　　　　球牌、金鷹牌、樹牌、跑馬牌、雞牌（5 支）、金花牌、雙刀牌、大中國、哈
　　　　　　德門、前門、使館、黃炮臺、三炮臺、大炮臺、司令牌、絞盤、茄力克、雙
　　　　　　鷹、翠鳥、鳳凰、司太非、華芳牌、古樹牌、大英牌、紫金山等。參見仝群
　　　　　　旺：《英美煙公司在華銷售研究（1902～1952）》，合肥：合肥工業大學出版
　　　　　　社，2017 年，第 57 頁。

〔註 115〕　仝群旺：《英美煙公司在華銷售研究（1902～1952）》，合肥：合肥工業大學
　　　　　　出版社，2017 年，第 57～58 頁。

〔註 116〕　50 支聽裝計有：「中白金龍」「小白金龍」「中紅金龍」「小梅蘭芳」「新美女」
　　　　　　「錦標」「金馬」「大長城」和「大喜」等 9 牌；20 支條裝計有：「八燈」「壯
　　　　　　士」「福祿」「救國」和「金斧」等 5 牌；10 支裝計有：「白金龍」「大長城」
　　　　　　「小長城」「新美女」「大喜」「大聯珠」「和平」「民眾」「金麒麟」「飛馬」
　　　　　　「飛輪」「長樂」「新愛國」「大雙喜」「小飛艇」和「金斧」等 16 牌。之所
　　　　　　以如此，「主要因英美煙公司與我公司競爭劇烈，它的牌子還要多；倘我公
　　　　　　司牌子少了，設或被它打垮了一兩個，必須另創新牌，那就更加困難，而且
　　　　　　時間不及。」其次是市場區域差異化的需要，漢公司銷煙範圍廣闊，而所銷
　　　　　　牌子各有不同：如湖北以「白金龍」愛國」「金斧」為主；湖南以「白金龍」
　　　　　　「雙喜」為主；江西以大、小「長城」「美女」為主；陝西以「飛艇」為主；
　　　　　　河南以下級煙為主。「為了適應各地需要，不得不多備牌子」。中國科學院上
　　　　　　海經濟研究所、上海社會科學院經濟研究所：《上海資本主義典型企業史料：
　　　　　　南洋兄弟煙草公司史料》，上海：上海人民出版社，1958 年，第 238～239 頁。

發達牌、三馬牌、琴棋牌，〔註117〕亦大致包含三個等級，美麗牌為上等，金鼠牌為中等，其餘為下等。借用傅睿哲（Fraser）的說法，美麗牌是華成公司的「精英」品牌，而金鼠牌則係「半精英」品牌。〔註118〕但是這一劃分，僅僅是針對華成公司經營的香煙牌子的等級而言，若與英美煙公司相比，其最高等級美麗牌尚低於英美煙公司「大前門」。2016年，華成總經理陳楚湘兒子陳其信回憶說，其父「深信薄利多銷」，美麗牌香煙的定價即使再高，也不會高於「大前門」。〔註119〕次一級的金鼠牌則只能視為下級香煙，或謂「民眾化捲煙」。1932年的《申報》以「金鼠牌香煙銷路暢旺」報導說：「華成煙公司為國貨捲煙中之巨擘，主辦者以提倡國產為懷，不惜犧牲，力求精美，故其煙質之佳，日益進步，決不以銷路既廣，遂即偷減工料，以圖牟利，故其出品之銷路，與日俱增，最普遍之金鼠牌香煙，已為國人公認為惟一之民眾化捲煙，即窮鄉僻壤之間，莫不有金鼠蹤跡，是以提倡國貨聲中之一好消息也。茲聞該公司以迭接各埠催貨函電，多如雪片，日夜趕製，復不肯絲毫苟且。聞內地各省，昔日均為外商之低價捲煙盤踞，今則已大半專吸華成之金鼠牌矣。」〔註120〕馮柳堂在回顧中國煙業發展史時，強調在愛用國貨潮流的鼓動下，南洋之白金龍、長城，華成之金鼠、美麗，「頗為中上社會所愛吸。」〔註121〕如果考慮到民族主義效應的短暫性，馮的觀察頗能反證上述品牌主要對應著中、下社會。

再以價格作為證據。1934年，一包10支美麗牌香煙為0.073元，一罐50支是0.385元。金鼠每包10支的價格是0.047元。南洋一個頂級品牌金龍，10支賣0.1元，50支賣0.68元；而大連珠品牌10支賣0.045元，比金鼠略

〔註117〕「封面說明」，《禮拜六》，1935年第591期。該期封面為華成公司的整版廣告。
〔註118〕David Embrey Fraser. *Smoking Out the Enemy: The National Goods Movement and the Adertising of Nationalism in China, 1880~1937*. University of California, Berkeley, Ph. D, Fall 1999.作者中文名的翻譯，參見戴慧思、盧漢龍譯著的《中國城市的消費革命》（上海社會科學院出版社，2003年），該書收錄傅睿哲的「打造綠洲：豪華住宅廣告與上海居住空間的重建」一文。
〔註119〕陳其信：《美麗牌香煙和湧泉坊的風風雨雨》（採訪及整理者為黃慧），竺劍、李堅、崔海霞：《海派生活小史》，上海：上海世界圖書出版公司，2017年，第117~108頁。陳其信出生1936年，在回憶中將「大前門」香煙歸為南洋公司，應係回憶錯誤。
〔註120〕徐娣珍主編：《上海灘視野下的慈谿商人：〈申報〉三北商幫史料集成》，北京：當代中國出版社，2012年，第128頁。
〔註121〕馮柳堂：《經濟叢談：紙煙》（二），《申報》，1940年12月29日第8版。

便宜。〔註 122〕

二、高端產品廣告的勢力效應

　　作為工業革命的產物之一，香煙在生產流程標準化、批量化之後變得日趨普通，「外表都是一個樣子了」。尺寸相同的 10 或 20 根香煙被分裝到大小一樣的煙盒裏，之後再用同樣標準尺寸的箱子裝好，分散運輸到各地。此種標準化的產銷模式，堪稱香煙史上「里程碑式」的變革之一。〔註 123〕如果沒有廣告，標準化和量產化的商品無法實現社會區分，消費者也就無法獲得炫耀性消費意義。〔註 124〕商品的社會區分這一文化意義，必須經由廣告而預先植入商品之中。

　　「三炮臺」是英美煙公司最貴的牌子。〔註 125〕早在 1913 年，時人即已揶揄性地指出，「鴉片必大土，以小土有臭氣也，紙煙必三炮臺，以非三炮臺味不醇也。」〔註 126〕翌年，有人在討論歐戰之影響時，描繪了「姨太太」的炫耀性舉止：「咬金咬嘴，裝三炮臺，櫻口之內，時而塞入，時而拔出。」〔註 127〕廣告不僅向其受眾建議消費品類，而且建議如何消費以及消費的社會情景，它將個人幸福感與生活的商品化程度進行鏈接。〔註 128〕1916 至 1917 年「三炮臺」的一組廣告，極力向中上層社會提供消費建議，「乘車遊行街市，毋忘三炮臺香煙之佳趣」；〔註 129〕「旅行之佳伴，其惟三炮臺乎」；〔註 130〕「坐轎者應知三炮臺煙為最好吸品」。〔註 131〕此後，又對「礦務家」

〔註 122〕 上海市國貨陳列館編：《上海市政府服用國貨委員會國貨調查錄》，上海：文化印刷社，1934 年，煙酒部分，第 1～2 頁。

〔註 123〕 （法）迪迪埃‧努里松：《煙火撩人：香煙的歷史》，陳睿、李敏譯，北京：三聯書店，2013 年，第 3 頁。

〔註 124〕 Daniel Krähmer. Advertising and Conspicuous Consumption. *Journal of Institutional and Theoretical Economics*, Vol.162, No.4, 2006, pp.661~682.

〔註 125〕 （美）高家龍：《中國的大企業：煙草工業中的中外競爭（1890～1930）》，樊書華、程麟蓀譯，北京：商務印書館，2001 年，第 113 頁。

〔註 126〕 《鴉片及紙煙》，《申報》，1913 年 11 月 30 日第 13 版。

〔註 127〕 鈍根：《論歐洲戰事之影響》，《申報》，1914 年 8 月 11 日第 13 版。

〔註 128〕 David Embrey Fraser. *Smoking Out the Enemy: The National Goods Movement and the Adertising of Nationalism in China, 1880~1937*. University of California, Berkeley, Ph. D, Fall 1999, p.197.

〔註 129〕 《申報》，1916 年 8 月 24 日第 18 版。

〔註 130〕 《申報》，1916 年 8 月 31 日第 8 版。

〔註 131〕 《申報》，1916 年 9 月 27 日第 8 版。

說，三炮臺香煙「可解終日辦事之勞」，〔註132〕對文學家說，「可補助思想」。〔註133〕對煙、茶兩業的建議亦不相同，向後者聲稱，「因既有清香之茶，亦須有清香之煙」，〔註134〕而對前者則建議，「用上等香煙而敬客，更顯上等煙葉之價值」。〔註135〕對另外一些行業則特別強調三炮臺香煙對顧客之敬重，從而與其自身所處行業的高貴地位和顧客的高貴身份相符，從而有助於交易之順利。對「大銀號」宣稱，「上等交易，須用上等香煙敬客」；〔註136〕向「大鹽商」建議：「因往來均高貴之客，應酬香煙，尤宜考究」；〔註137〕對米行說，「用此敬客，尤表優待」〔註138〕；對珠寶店建議，「貴重之交易，須吸貴重之香煙」。〔註139〕針對綢莊和布莊的不同特徵，廣告文案亦有區分，對前者宣稱：「花色繁多，久擇生厭，惟此香煙可以免之」；〔註140〕對後者則強調，「吸三炮臺香煙，對於主顧尤加敬意」。〔註141〕

英美煙公司創辦的《英美煙公司月報》，實際上也是其營銷體系的組成部分，承擔著產品營銷的功能，其中經常刊載一些文學性的來稿，這既是消費體驗的一種證明，也是其市場營銷的一種手段。署名楊子正的「詠大炮臺香煙詩」寫道：「大炮臺，煙中帥，旅行可帶，吸之尤爽快，氣味清香適口，裝潢美麗人人愛，敬客送友以此是賴，此煙常用精神總不壞，中外紳商仕女歡迎無怠。」〔註142〕另一首「大炮臺詩詞」則稱，「大炮臺香煙之王，絲條細嫩色金黃，裝潢精美皆敬愛，中外人士咸稱揚。」〔註143〕後者將顧客群模糊化為「中外人士」，但前者明確指出了大炮臺香煙的顧客群是「中外紳商仕女」。

「三五牌」香煙的市場地位，比大炮臺更高，甚至可以視為頂級品牌，是

〔註132〕《申報》，1917年3月29日第8版。
〔註133〕《申報》，1917年3月26日第15版。
〔註134〕《申報》，1917年4月1日第8版。
〔註135〕《申報》，1917年4月2日第8版。
〔註136〕《申報》，1917年3月28日第8版。
〔註137〕《申報》，1917年3月30日第8版。
〔註138〕《申報》，1917年3月31日第8版。
〔註139〕《申報》，1917年4月3日第8版。
〔註140〕《申報》，1917年4月4日第8版。
〔註141〕《申報》，1917年4月5日第8版。
〔註142〕楊子正：《詠大炮臺香煙詩》，《英美煙公司月報》，1926年第6卷第2期。
〔註143〕董瀟波：《大炮臺》，《英美煙公司月報》，1927年第7卷第2期。

「高等華人」身份的象徵，〔註144〕甚至宋慶齡也長期鍾愛三五香煙。〔註145〕
其營銷策略與三炮臺相比，雖然都試圖賦予香煙的炫耀性消費意義，但更加重
視凸顯產品的手工工藝，以此與標準化的機制捲煙進行區分，從而賦予消費體
驗的排他性意義。該公司大概於 1914 年開始開拓中國市場，初設專號於上海
江西路四十八號，僅營幸福牌和三五牌兩種香煙。〔註146〕其產品後由美資大
美煙公司代理。〔註147〕由於以高端市場為重點，該公司的市場份額遠不及英
美煙公司。〔註148〕第一次世界大戰期間，雅達煙公司的廣告詞基本未變，連續
使用「最高品煙，寰球馳名，上等社會，均皆歡迎。」〔註149〕二十年代，三五
牌香煙的營銷著重彰顯產品的原料來源和加工方式，也就是原料全部採用弗吉
尼亞煙葉，並採用手工製作。〔註150〕《申報》1927 年 3 月 23 日第 13 版的廣
告，使用英文「VIRGINIA」突出其煙葉來源，並將此種煙葉命名為「三五牌煙
葉」，宣稱其「出類拔萃、精優絕倫」，並且「唯三五牌香煙有之」，同時又強調
其製造方法與尋常製法「迥然不同」，蓋「均以精細手工成之也」。〔註151〕近代
捲煙業的發展趨勢，係由手工時代進入機器時代，但倫敦雅達煙公司的「三五」
牌香煙則反其道而行之，其營銷重點轉向「手工製作」這一特質，以樹立其高
端品牌形象。

　　民國時期著名經濟學家馬寅初，早已關注到機器產品和手工產品之間的巨
大差異。他從邊際效用與消費數量構成負函數關係的理論前提出發，認為人類
消費不僅追求貨物數量之增加，而且追求貨物種類之繁多與品質之優美。而機

〔註144〕淦克超：《棉毛紡織、造紙、製麵、捲煙工業與後方各業概況》，《四川經濟
　　　　季刊》，1945 年第 2 卷第 1 期。

〔註145〕楊小佛口述、朱玖琳撰稿：《楊小佛口述歷史》，上海：上海書店出版社，2015
　　　　年，第 128 頁。

〔註146〕《雅達煙公司之贈品》，《申報》，1914 年 5 月 13 日第 11 版。

〔註147〕陳真等編：《中國近代工業史資料第 2 輯：帝國主義對中國工礦事業的侵略
　　　　和壟斷》，北京：生活‧讀書‧新知三聯書店，1958 年，第 272 頁。

〔註148〕從新加坡的數據可見一斑。1931 年，新加坡每月可銷煙 3000 大箱左右，英
　　　　美煙公司占 5%，雅達煙公司占 25%，華人煙草公司共占 25%。中國科學院
　　　　上海經濟研究所、上海社會科學院經濟研究所：《上海資本主義典型企業史
　　　　料：南洋兄弟煙草公司史料》，上海：上海人民出版社，1958 年，第 412 頁。

〔註149〕《雅達煙公司三五牌香煙》，《申報》，1915 年 6 月 19 日第 13 版；《雅達煙
　　　　公司三五牌》，《申報》，1918 年 3 月 25 日第 12 版。

〔註150〕如「特選純淨佛及尼埃煙葉，每枝均以手工精製而成」（《申報》，1923 年 12
　　　　月 15 日第 15 版），其中「佛及尼埃」即弗吉尼亞。

〔註151〕《申報》，1927 年 3 月 23 日第 13 版。

器生產則與他所稱的「消費繁複律」相衝突，因為機器生產雖然能夠增加數量，但其標準化生產導致「品質單純，毫無變異，沒有個性」，不能滿足人類的高級需求。他甚至將機器生產視為文化發達和文明進步的障礙。〔註152〕由此而大致可以理解，為何三五香煙極力彰顯其手工製作的產品特色。

　　三十年代的營銷策略稍有不同。由於三五香煙在中國煙草市場的高端品牌地位已經形成，因而反覆陳述其符號價值和社會意義，以維持其品牌形象。僅列舉1935年《申報》的三則廣告以窺一斑。4月18日的廣告以「登峰造極之高等香煙」為中心，聲稱其「質量優妙，有口皆碑」，50年來「始終占居首席」，素為上層社會所「稱頌」，並被譽為香煙中之「翹楚」。5月9日的廣告詞仍然強調其「高超」質量「始終如一」，並將此詮釋為「全球第一等香煙之盛譽」的原因。因此，以之敬客，「無不歡迎」。〔註153〕同月23日的廣告文本略有變化，但極端化的陳述策略則一，宣稱「三五牌之高超煙味，不問何處，首屈一指」，同時再次強調，「在最高貴之社會中，以之敬客，最受歡迎」，故而「精明人士」選擇香煙，非三五牌莫屬。〔註154〕

　　三五牌香煙不僅通過原料來源、加工方式與其他品牌形成市場區分，而且通過高價策略證明和維持其高端品牌地位。英美煙公司最貴的三炮臺每罐為0.8元，南洋兄弟煙草公司的自由鐘牌是0.5元，〔註155〕而三五牌每罐為0.85元。〔註156〕同時，其廣告則反覆賦予商品「高貴」的意義，適用於「高貴社會」之社交活動。日用商品是「社會權力」的一種表現形式，「使不平等

〔註152〕　馬寅初：《馬寅初全集》（第11卷），杭州：浙江人民出版社，1999年，第311頁。

〔註153〕　《三五牌，到處歡迎之高等香煙》，《申報》，1935年5月9日第16版。

〔註154〕　《三五牌，非此莫屬之高等香煙》，《申報》，1935年5月23日第14版。

〔註155〕　《1916年4月20日王世仁致公司函》，中國科學院上海經濟研究所、上海社會科學院經濟研究所：《上海資本主義典型企業史料：南洋兄弟煙草公司史料》，上海：上海人民出版社，1958年，第47頁。另外，高家龍在援引王世仁這一段材料時，準確地解釋了民族主義與消費主義之間的矛盾，但又推測南洋推出0.5元的「自由鐘」香煙與英美煙公司的「三炮臺競爭」，可能是根據王的建議。如果僅從王之信函看，高這一推測應該與原意相反。王是建議「自由鐘」0.5元的價格被上海人「鄙屑」，因而建議推出比「三炮臺」價格更高的香煙，以獲得上海市場的青睞。（美）高家龍：《中國的大企業：煙草工業中的中外競爭（1890～1930）》，樊書華、程麟蓀譯，北京：商務印書館，2001年，第113頁。

〔註156〕　《「三五牌香煙」廣告》，《申報》，1923年12月15日第15版。

關係具體化」，並為「特殊利益服務」。汪大衛指出，中國的高級香煙、優質酒及上等食物組成了一類「特殊商品」，人們利用它們來「營造和維持人際關係網」。〔註 157〕不過，此類商品的禮品屬性及其位階，離不開廣告對「高級」「優質」「上等」等意義的成功植入。

三、低端產品廣告的從眾效應

　　低級香煙的廣告策略主要運用「從眾效應」和「經濟律」。所謂「從眾效應」，意指由於其他人在消費同一商品而導致該商品需求增加的程度，意味著人們為了進入「物中游泳」而購買商品的願望，目的在於與他們希望與之有聯繫的人保持一致。〔註 158〕社會學家西美爾將時尚消費視為一種「階層劃分」的產物，上層社會是時尚的製造者，下層社會則是時尚的模仿者，模仿給大眾帶來「行動時並不孤立」的「安慰」。〔註 159〕「大眾」意味著欲望、思想觀念和生活方式的一致性，「從不根據任何特殊的標準來評價自己」，只是強調自己「與其他每一個人完全相似」。〔註 160〕以此視角解碼煙草廣告不難發現，「人人愛吸」「價廉物美」，是低級香煙廣告文本的重要符碼。

　　英美煙公司的低級香煙「大英牌」，亦即「紅錫包」，〔註 161〕不斷訴諸「人人愛吸」的從眾策略。1919 年的一則廣告頗具代表性，「君吸香煙是先行慎選其品類乎，君知多數中華國民喜吸大英牌之原因乎，是否因其廣告之効力，是否因其價值之低廉，是否因其質地之優美，試問吸煙諸君便知。大英牌在諸煙中為社會所最歡迎者矣。」〔註 162〕該公司的品海牌廣告宣稱：「此真正

〔註 157〕汪大衛：《香煙彌漫生意場：市場轉型中的制度變遷》，戴慧思、盧漢龍譯\著：《中國城市的消費革命》，上海：上海社會科學院出版社，2003 年，第313～314 頁。

〔註 158〕Leibenstein H.. Bandwagon, Snob, and Veblen Effects in the Theory of Consumers' Demand. *Quarterly Journal of Economics*, Vol.64, No.2, 1950, pp.183~207.

〔註 159〕《時尚心理的社會學研究》，（德）西美爾：《金錢、性別、現代生活風格》，顧仁明譯，上海：學林出版社，2000 年，第 93～95 頁。

〔註 160〕（西班牙）奧爾特加・加塞特：《大眾的反叛》，劉訓練、佟德志譯，長春：吉林人民出版社，2010 年，第 1～9 頁。

〔註 161〕1905 年抵制美貨運動中改稱「大英牌」的「紅錫包」香煙，後來又改回「紅錫包」。上海社會科學院經濟研究所編：《英美煙公司在華企業資料彙編》（第4 冊），北京：中華書局，1983 年，第 1443 頁。其改名是對中國經濟抵制運動的應對策略。仝群旺：《英美煙公司在華銷售研究（1902～1952）》，合肥：合肥工業大學出版社，2017 年，第 151 頁。

〔註 162〕《大英牌香煙，社會上所最歡迎之品》，《申報》，1919 年 6 月 1 日第 9 版。

價廉物美之香煙，煙絲柔潤為其香味極佳之明證，且味道溫和可口，無怪人人均讚美之也」。〔註163〕翠鳥牌香煙直接以上海黃包車夫為廣告媒介，讓其身穿背面附有「烤」字的馬甲走街串巷。其廣告詞也反應了產品的下層市場定位：「烤，真好，是翠鳥，頂上煙草，銷路真不小，堪稱煙中之寶，用以敬客最時髦，英美公司製法精巧，各界歡迎芬芳味繚繞，常吸此煙大富貴亦壽考。」〔註164〕《英美煙公司月報》刊登的來稿，亦可窺見哈德門香煙的營銷理念。一首「詠哈德門香煙詩」寫道：「哈德門，到處逢，裝潢精能，煙絲黃愛人，枝肥大價公誠，香氣滋味又和濃，試吸時實能解愁城，所以士農工商均贊成，故各地英美煙最為興隆。」〔註165〕另一首「大號哈德門香煙歌」聲稱：「哈德門煙製造精良，煙色金黃氣味芬芳，裝潢美麗售價低廉，人人愛吸煙中之王。」〔註166〕

民族煙草公司的市場地位和市場定位，決定了其廣告「從眾效應」和「經濟律」策略的廣泛性。揚子江煙草公司的一則廣告，除了訴諸民族主義之外，還說「強國牌香煙出世已半年多，凡我同胞人人愛吸強國煙……裝潢美麗價尤廉。」〔註167〕金飛煙草公司的金駝牌香煙，廣告詞是「芬芳馥郁，人人愛吸」。〔註168〕福昌煙公司的新至尊香煙，宣稱「人人愛吸，處處歡迎」。〔註169〕福新煙公司的名花牌和無敵牌兩種香煙，廣告詞誇張地寫道「名花香煙，天下無敵，社會歡迎，國貨之光，一枝在手，人人愛吸，齒鼻留芬，外貨自亡。」〔註170〕

這些香煙牌子大多曇花一現，其典範意義可能不足。因此，再以國內兩家最大的煙草公司為例進行討論。南洋兄弟煙草公司生產的大聯珠牌香煙，以每千支合銀兩規元進行年度平均計算，從 1925 至 1932 年的 8 個年度，上海批發市價分別為 4.023 元、4.284 元、2.908 元、3.344 元、3.365 元、2.894

〔註163〕《大公報》（長沙），1920 年 7 月 1 日。轉見仝群旺：《英美煙公司在華銷售研究（1902～1952）》，合肥：合肥工業大學出版社，2017 年，第 83 頁。

〔註164〕該廣告詞係直隸唐山警察局盧玉軒編寫，以寶塔形式載於《大公報》，轉自仝群旺：《英美煙公司在華銷售研究（1902～1952）》，合肥：合肥工業大學出版社，2017 年，第 83 頁。

〔註165〕后子善：《詠哈德門香煙詩》，《英美煙公司月報》，1926 年第 6 卷第 2 期。

〔註166〕朱先翔：《大號哈德門香煙歌》，《英美煙公司月報》，1926 年第 6 卷第 9 期。

〔註167〕《申報》，1923 年 8 月 12 日第 13 版。

〔註168〕《申報》，1926 年 1 月 1 日第 39 版。

〔註169〕《申報》，1929 年 9 月 23 日第 1 版。

〔註170〕《申報》，1928 年 10 月 12 日第 2 版。

元、2.974 元、2.973 元。而以同樣方法計算，從 1927 至 1932 年的 6 個年度，白金龍香煙的價格分別為 10.490 元、10.377 元、10.469 元、10.594 元、9.785 元、8.340 元。〔註 171〕可見前者價格低廉，還不到後者的一半。從前者的廣告看，「從眾效應」與價格低廉，恰好是其廣告文本的關鍵詞，而且針對低端市場的需求特點，採用溢價策略，亦即以贈品方式進行市場推廣。1923 年 6 月的一則廣告是「家庭宴客時，宜用聯珠牌香煙，以其價廉物美，且有稀品可以贈客也。每罐內均有美麗裝飾品一件。」〔註 172〕1925 年 9 月的一則廣告宣稱，大聯珠是「最流行之國貨香煙」，「老牌國貨，人人歡迎」。〔註 173〕1928 年 2 月的廣告以顧客的身份言說，「因為它價廉物美，又是道地的國貨」，「煙粗色黃，味好價巧」。〔註 174〕

　　華成煙公司相繼推出金鼠牌和美麗牌，並作為公司品牌運營的核心。據其總經理陳楚湘兒子陳其信的說法，這兩種牌子香煙銷量甚好，但都屬於中低檔香煙，上層人士依然青睞英美公司的香煙。金鼠牌雖然採用了一部分高檔煙葉，質量較好，包裝設計「結合中西理念，感覺頗為前衛」，但其售價低於大英牌。〔註 175〕兩種牌子大獲成功之後，為擴大市場覆蓋面，又相繼推出多種價格低於金鼠牌的香煙，如「也是」「生生」「天真」「玲瓏」等。〔註 176〕此類香煙實際上屬於華成產品的第三層級。從 1934 年刊載於《申報》的廣告詞來看，主要是兩種文案交替使用，分別為「質料高尚，售價低廉」與「貨真價實」。〔註 177〕

　　華成公司雖然試圖將金鼠牌香煙建構為「半精英」品牌，但從其價格策

〔註 171〕中國科學院上海經濟研究所、上海社會科學院經濟研究所：《上海資本主義典型企業史料：南洋兄弟煙草公司史料》，上海：上海人民出版社，1958 年，第 244、245 頁。

〔註 172〕《申報》，1923 年 6 月 7 日第 8 版。

〔註 173〕《申報》，1925 年 9 月 12 日第 17 版。

〔註 174〕《申報》，1928 年 2 月 26 日第 6 版。

〔註 175〕陳其信：《美麗牌香煙和湧泉坊的風風雨雨》（採訪及整理者：黃慧），竺劍、李堅、崔海霞：《海派生活小史》，上海：上海世界圖書出版公司，2017 年，第 104 頁。陳其信關於華成公司市場地位的描述與董事長戴耕莘兒子戴倫庠的觀點完全一致。參見戴倫庠：《華成煙廠史話》，中國人民政治協商會議上海市靜安區委員會文史資料工作組：《上海市靜安區文史資料選輯》（第 2 輯），1986 年，第 152 頁。

〔註 176〕《申報》1928 年 5 月 24 日第 4 版。

〔註 177〕《申報》1934 年 6 月 10 日第 4 版，1934 年 6 月 14 日第 2 版等。

略看，實際上也是面向大眾市場的「民眾化」香煙。其廣告詞「煙味好、價錢巧」，傳播力強，傳播面廣，借用時人的評價：「韻味順口，雖鄉村婦孺，傳頌如是，不可多得之佳構也。」〔註178〕該公司除了固定使用「煙味好、價錢巧」之外，還偶而輔以類似文案，如「金鼠牌，名兒好，煙葉揀來精，香味真高妙，人人愛吸如此多，只為價錢又公道」，〔註179〕「人人愛吸好香煙，金鼠經濟又夠味，煙味好，價錢巧」。〔註180〕「價錢雖十分低廉，煙味卻非常高妙，所以精明的上等人，也都愛吸金鼠香煙。」〔註181〕從消費社會學視角看，商品檔次將消費者劃分成各個層次，而低檔商品甚至成為普通大眾的「污名」。〔註182〕由於普通大眾收入相對偏低，其消費選擇往往秉持「經濟律」，對價格變動非常敏感，「看貨色，比價錢，處處打算」，希望以最少支出而獲得最大效用。〔註183〕華成廣告的價格與質量之組合，實則物美價廉的另一表達，契合了下層社會的消費偏好。

四、中檔產品的上下兼顧

以中層社會作為主要目標市場的中端產品，其廣告訴求以滿足中產階級的審美趣味和品味需求為主，往往淡化其價格特徵，而是經由「形象的表達方式」，試圖將「速度美學、真實再現、社會情懷和女性誘惑等多層內涵融為一體」。〔註184〕美國煙草營銷的這一模式，從其廣告可窺一斑 1922 年 6 月至 11 月的近半年之中，刊載於《申報》的大前門香煙廣告，均以「駐華英美煙公司有限公司總理」的名義，反覆宣稱該煙係「最先在中國製造之上等香煙」，並建議說：「請客須以大前門香煙，庶表款之誼」。〔註185〕而從當年 11 月底至翌年初，則重複使用「大前門牌香煙歌」：「大前門，大前門，煙葉好，煙味清，裝潢來得格鮮明，戲迷吸了唱唱小東人，喉嚨越唱越起勁；

〔註178〕 參見《廣告偶拾》，《上海生活》，1938 年第 2 卷第 2 期。
〔註179〕 《申報》，1927 年 7 月 15 日第 6 版。
〔註180〕 《申報》，1940 年 10 月 29 日第 3 版。
〔註181〕 《申報》，1939 年 3 月 15 日第 3 版。
〔註182〕 （法）尼古拉・埃爾潘：《消費社會學》，孫沛東譯，北京：社會科學文獻出版社，2005 年，第 84 頁。
〔註183〕 趙超構：《奢侈律》（1942 年 2 月 9 日），《趙超構文集》（第 2 卷），上海：文匯出版社，1999 年，第 159 頁。
〔註184〕 （法）迪迪埃・努里松：《煙火撩人：香煙的歷史》，陳睿、李敏譯，北京：生活・讀書・新知三聯書店，2013 年，第 180 頁。
〔註185〕 《申報》，1922 年 6 月 22 日第 1 版。

文豪吸了做做新言情，頭腦越想越清靈；倌人吸了唱唱小熟昏，曼聲一曲真醉心。大前門，前門大，中國製造的香煙大阿哥，請問誰人及得我。」〔註186〕市場定位明顯指向戲迷、文豪等群體。1923 年 4 月，一是直接運用蘇州一文人仿擬的詩詞：「作文時節神昏昏，眼暗心疲欲斷魂，借問名煙何處有，書童笑指大前門。」〔註187〕二是宣稱消費大前門香煙符合經濟理性原則，所謂「凡多才善賈者，必精算術，故能致富。吸大前門香煙者，必知其利，故不吃虧，蓋其味醇而價廉也。」〔註188〕刊載於《英美煙公司月報》的廣告詞，反覆宣稱「大前門牌香煙為交際應酬無上之珍品」。〔註189〕另外一首「寶塔」形排列的詩歌寫道：「大前門，煙味純，人人歡迎，世界稱佳品，上等煙葉製成，煙絲細嫩真愛人，中華全國普通銷行，甘涼清香獨一無比倫，試與他煙比較優劣自明。」〔註190〕

作為一家全球性的跨國企業，契合中國節日文化的本土化營銷手段，無疑不可或缺。譬如，1923 年新年前後，該公司在報刊向中國人「恭賀新禧」，落腳點當然在於推銷其產品，宣稱大前門香煙是「人人最歡迎之上等香煙」，因此也是「新年最佳禮品」，並且為了慶祝新年，對產品進行「特別裝潢」。〔註191〕1924 年的廣告宣稱，「特別裝潢之大前門，專供新年送禮之用」，「年節饋贈，欲人珍視君之禮物，並感念君之盛意，當以大前門香煙為最妙。」〔註192〕

英美煙公司在其高端香煙的營銷中，亦極力構建產品的社交功能和禮品價值，在中端產品中似乎採用了類似策略。但是，兩種產品面向的社會層級則明顯有別。並且，其高、中端產品也成為公司公共關係的介質。1947 年 11 月，上海頤中煙草公司運輸部行賄與其有聯繫的 11 名稅務員，行賄物品是 10 支裝的紅錫包香煙共計 22 紙盒。1948 年，上海頤中煙草公司備忘錄記載，送給直接稅局三炮臺 10 紙盒，絞盤牌 20 紙盒；送給敵偽產業處理局絞盤牌 10 紙盒，三炮臺 8 紙盒；送給上海市政府三五牌 2 紙盒，絞盤牌 10 紙盒。送給

〔註186〕《申報》，1922 年 11 月 28 日第 1 版。
〔註187〕《申報》，1923 年 4 月 14 日第 1 版。
〔註188〕《申報》，1923 年 4 月 18 日第 1 版。
〔註189〕《英美煙公司月報》，1925 年第 5 卷第 9 期。
〔註190〕陳郁卿：《頌揚大前門香煙》，《英美煙公司月報》，1926 年第 6 卷第 9 期。
〔註191〕《申報》，1923 年 2 月 2 日第 1 版。
〔註192〕《申報》，1924 年 1 月 28 日第 2 版。

蔣介石顧問沈昌煥三五牌 1 紙盒；送給汽油配給委員會及中國石油公司絞盤 4 紙盒，六更牌 8 紙盒。每一紙盒均為 500 支。〔註 193〕

圖片來源：《薰風》（遷京），1929 年第 9 期第 2 頁。

　　傅睿哲對華成煙公司營銷策略的細緻梳理表明，其廣告大多具有「魅力、優雅和田園的美學色彩」，其營銷本質是一種吸引了世界各地的消費者／廣告讀者的精英生活方式。其核心品牌的消費，傳遞的是一種以市民「精明和悠閒的精英主義」為特徵的社會意義。〔註 194〕訴諸民族主義雖然是南洋公司廣告營銷的長期和典型策略，〔註 195〕但它並非完全棄用消費主義策略。南洋於 1925 年相繼推出白金龍和紅金龍香煙，統稱為金龍牌。在廣告宣傳方面，往往將兩種產品並置，並以此與英美公司在中端市場展開競爭。當年的幾則廣告，主要是強調產品質量上乘，如「敝公司上月出的白金龍香煙，因為品質超群，早已有口皆碑」，新出紅金龍「貨色道地，恰和白金龍一般無二，味道卻是兩樣」。〔註 196〕「吸金龍牌香煙，能增精神上之愉快。此煙氣味芬芳，性

〔註 193〕上海社會科學院經濟研究所編：《英美煙公司在華企業資料彙編》（第 2 冊），北京：中華書局，1983 年，第 645 頁。

〔註 194〕David Embrey Fraser. *Smoking Out the Enemy: The National Goods Movement and the Adertising of Nationalism in China, 1880~1937*. University of California, Berkeley, Ph. D, Fall 1999, p.11, p.195.

〔註 195〕參見（美）高家龍：《中國的大企業：煙草工業中的中外競爭（1890～1930）》，樊書華、程麟蓀譯，北京：商務印書館，2001 年。

〔註 196〕《申報》，1925 年 4 月 9 日第 12 版。

質和平……誠香煙中無上之佳品也。」〔註197〕或者宣稱金龍牌香煙是「最名貴之國貨」,「送人自吸,兩俱相宜,布衣暖,菜根香,金龍煙味長。」〔註198〕1928年是舊曆龍年,新聞化的廣告宣稱:「南洋兄弟煙草公司所出之白金龍、紅金龍,質量高潔,異曲同工,向受高等社會熱烈之歡迎。今年歲支在辰,固俗所謂龍年也。公司主者為應歲支起見,特將該金龍煙改用頂上嫩葉,加重香料製成,藉答一般顧客愛護國貨之意。價目一仍其舊,並不增加分文,亦可謂龍年佳話矣。」〔註199〕當年中秋節,其廣告宣稱「秋節送禮,宜用此煙」,「裝潢華美,質量超群,以此為贈,人必歡迎」。〔註200〕

由此可見,上述廣告話語從未出現大聯珠牌所宣稱的核心語彙,而與華成公司美麗牌的精英主義策略完全一致。1936年10月,南洋公司總發行所遷移至新址,在《申報》大肆宣傳,其中萬乃鴻撰有《白金龍與我》一文,自稱吸食白金龍香煙三年有餘,並將白金龍香煙女性化,「白嫩而挺秀的煙枝,如少女之苗條,金黃高貴的煙絲,吸來適口而清香,既妙且美,可作孤獨之佳侶,能補益思想,增進健康。」〔註201〕

時人對美麗牌香煙「有美皆備,無麗不臻」的廣告詞,評價為「名副其實,流行最盛,誠傑作也」。〔註202〕與金鼠牌的廣告詞相比,明顯剔除了產品價格低廉的表達。儘管美麗牌香煙除了固定使用「有美皆備,無麗不臻」之外,也偶而輔以「人人愛吸」,但其廣告圖像則呈現或建構中產階級的生活場景。〔註203〕

因此,沉默的物品經由廣告而言說,為消費者設定了消費和使用的理由。「人人最歡迎之上等香煙」,此一代表性的中端產品廣告詞,雖然有違市場邏輯,但明顯透露出市場主體塑造品牌形象和擴大市場佔有率的二者兼顧或猶疑心態。岩間一弘在詮讀《新聞報》廣告時,強調了廣告形象的中產階級策略。雖然許多工人嗜食香煙,應係廣告的宣傳對象,但香煙報紙廣告中的工人形象比較罕見,遠遠少於職員和店員。據他分析,原因有二,一是工人並

〔註197〕《申報》,1925年4月26日第18版。
〔註198〕《申報》,1925年9月19日第17版。
〔註199〕《南洋公司出品紅白金龍之佳話》,《申報》,1928年2月9日第15版。
〔註200〕《申報》,1928年9月17日第6版。
〔註201〕萬乃鴻:《白金龍與我》,《申報》,1936年10月15日第16版。
〔註202〕《廣告偶拾》,《上海生活》,1938年第2卷第2期。
〔註203〕《申報》,1931年2月23日第1版。

非報紙的主要讀者，二是「一般認為工人出現在廣告中較難成為令人憧憬的消費領袖」。〔註204〕

五、符號價值與消費實踐

　　再對廣告賦予商品的符號意義與消費實踐之間的關係稍加探討。1945年，淦克超指出，抗戰以前的中國乃是「舶來捲煙暢銷之地」，無論「消遣或餉客」，非「三五牌」等煙「不足以維持高等華人之身份」。〔註205〕趙超構曾將法國貴族階級的狩獵特權視為法國大革命的原因之一，他又援引法國革命之後學術界的一種看法，認為狩獵權對當時農村經濟並無很大損害。因此在他看來，貴族狩獵特權的影響，「與其說是物質原因，勿寧說是精神刺激的結果」，「從前農民看見貴族們狩獵時的淫威逼人，貴婦們的奢侈豪華，便都要側目而視，這可以證明，精神的刺激有時較物質的迫害更能招致怨毒，激起不平。」他的論說意圖並非討論法國革命，而是暗諷抗戰時期精英階層的奢侈消費，「一盒三花牌脂粉，一聽三五牌香煙，在國民經濟上算不了多大的負擔；一個豔裝女人坐汽車，招搖過市，也許算不得什麼大浪費。多少人看見這個要疾首痛心扼腕歎息呢？這就因為我們是人，除了物質的計算以外，還有精神的感覺。而精神之刺激，有時比物質的壓迫還要深刻，還要痛苦。」〔註206〕

　　三五牌香煙的廣告反覆宣稱「以之敬客，無不歡迎」，極力將名貴符號植入香煙這一物質之中，而消費者亦接受了廣告植入的符碼，遵守廣告的意識形態邏輯。抗戰時期，孔祥熙在家享用通過飛機進口的高級香煙，但「在外開會時，手下拍馬屁者不便在他面前放一聽三五牌、茄力克，只好拿一個中國煙筒裝上三五牌香煙。」孔一面開會，一面吸煙，並經常批評他人喜吸外國香煙：「你們看這種國產煙絕不比外國煙差，不信你們抽支試試。」「大家接過煙，相視而笑，誰也不好意思戳穿他。」後來，盛升頤利用特權，在重慶

〔註204〕（日）岩間一弘：《上海大眾的誕生與變貌：近代新興中產階級的消費、動員和活動》，葛濤、甘慧傑譯，上海：上海辭書出版社，2016年，第120～121頁。

〔註205〕淦克超：《棉毛紡織、造紙、製麵、捲煙工業與後方各業概況》，《四川經濟季刊》，1945年第2卷第1期。

〔註206〕《狩獵權》（1941年12月7日），趙超構：《趙超構文集》（第2卷），上海：文匯出版社，1999年，第134頁。

一家華福煙草公司將三五牌煙「拆開回車」，用其煙絲製作華福牌香煙給孔吸，此舉使得孔更加「振振有詞」。〔註207〕陳誠最喜吸食三五牌香煙，常人都知曉他有「三五之癖」。陳誠一次晉謁蔣介石時，蔣在抽屜內拿出一支三五香煙給他吸，「平常軍人，吸食香煙都諱莫如深，豈敢在主席前隨隨便便。陳獲此際遇，恩寵之隆，可謂一時無兩。」〔註208〕

抗戰勝利之後，上海商業儲蓄銀行自渝遷滬，「瞬將兩載，同事相處甚為融洽，惟以事務冗繁向少集體遠足之舉。」業務處朱經理曾經組織全體同仁及眷屬，「共作滬郊遠足」，其間有「摸彩節目以助餘興」，獎品均由同仁自由捐贈，名目繁多。參與者在其遊記中記載，獎品之中「頗有名貴物品」，朱經理捐贈 Milk 奶粉和三五牌香煙，鄭襄理捐贈玻璃絲襪，李斌耀捐贈 S&W 咖啡。楊寶駿與張汝墊「煙量向稱宏淵，摸彩所獲為三五牌香煙一聽及克雷司香煙一條，正中下懷。」〔註209〕

二十年代中前期，陳布雷主持《商報》編輯部，撰寫文章常以「香煙、濃茶、饅頭」相伴。〔註210〕唐縱曾將陳布雷的性格和人格概括為「待人接物，真摯溫煦，書生本色，尤其極富正義感、是非感，堅持『和而不同』的真情至性。」此處不擬涉及陳布雷的評價問題，僅僅關注唐縱與陳布雷交往的一個歷史細節。唐在做出上述評價之後，敘及他與陳布雷的交往事實作為證據。唐之朋友贈送他幾筒「三五牌」香煙，而唐知曉陳布雷喜吸這個牌子的香煙，便轉送給陳。陳一再拒絕。唐向他說明：「布公知道我不吸煙，這是朋友送我的，並不是我為你花錢買來的，我又不是來向你有所干求，幾筒煙並不會有玷你的清操，你受了也是取不傷廉。」結果是陳「勉強收下」。〔註211〕

政治精英、知識精英和娛樂精英，不斷成為商標名稱或產品名稱。作為一種意識形態，廣告營銷充分利用和操控消費的社會區分功能，利用「上等人」「中上社會」「上流社會」等訴求方式的廣告俯拾皆是。民國時期的煙草

〔註207〕姜昆、王希耕、張朝清編著：《民國軼聞》（第 5 冊），瀋陽：春風文藝出版社，1993 年，第 99 頁。

〔註208〕中立：《陳誠愛吸三五牌，主席也敬一支》，《東南風》，1946 年第 4 期。

〔註209〕曜：《業務處同人郊遊散記》，《海光》，1947 年 11 卷 10 期，劉平編纂：《稀見民國銀行史料初編》，上海：上海書店出版社，2014 年，第 341～342 頁。

〔註210〕芝翁：《陳布雷澹泊寧靜》，陳布雷：《民國三大報人文集：陳布雷集》，北京：東方出版社，2011 年，第 295～296 頁。

〔註211〕唐縱：《從兩件往事看佈雷先生》，陳布雷：《陳布雷回憶錄》，長沙：嶽麓書社，2018 年，第 294 頁。

廣告，可以作為經濟精英利用消費示範效應的極佳個案。廣告主體往往根據其目標受眾的不同定位，而採用不盡一致的廣告策略。「勢力效應」和「從眾效應」是香煙廣告文本的兩種深層符碼，高端產品廣告大多運用勢力效應，低端產品廣告往往運用從眾效應，而中檔產品則上下兼顧，同時採用兩種策略。廣告賦予商品的符號意義與廣告受眾的消費實踐之間，的確存在一定程度的對應關係。

　　廣告有助於在社會消費背景下鞏固人與商品之間的關係，顯示產品獲得在日常生活中日益成為必要的組成部分。不同社會階層的「自我形象、社會視野和消費目標」存在根本差異，上—中階層的消費選擇聚焦於「質量」和「品味」，下—中階層是「體面」和「一致」，上—下階層是「現代性」和「數量」，下層社會是「即時滿足」，這一結論成為市場營銷理論和教科書中「公認的智慧」。〔註212〕當代廣告學的研究表明，「以上流社會對象的廣告強調勇敢、創新、出眾，主題是『傑出的人都穿著它』。以中下階層對象的廣告，則強調『每一個人都穿著它』」。〔註213〕近代中國的廣告符碼及消費實踐，顯然暗合於當代的廣告學研究結論。

〔註212〕 Richard P. Coleman. The Continuing Significance of Social Class to Marketing. *Journalof Consumer Research*, Vol.10, No.3, 1983, pp.265~280.
〔註213〕 張德勝：《社會原理》，臺北：巨流圖書公司，1984年，第491頁。

第七章　落實與落空：消費規制的精英悖論

　　本章以前面各章的討論為基礎，首節以「中山」牌商標為中心，聚焦於政治精英如何因應工商業對精英符號的商業利用問題。次節討論南京十年時期的公車私用問題，主要從社會期待與政治回應兩個視角切入。最後兩節分別以汽油節約運動和飲食節約運動作為個案進行討論，主旨仍然是為了梳理對精英消費進行政治管控的舉措，以及揭示其中的歷史困境。後面三節的討論，均以消費示範問題作為審視的理論視點。本章以「落實與落空」來揭示南京政府消費規制政策之初衷與實效的背離現象。

第一節　精英商標的政治管制與社會抵制

　　工商業運用上層社會示範效應來開拓市場和提升企業品牌，是近代以降消費社會的基本面相。麥肯德里克的企業史個案研究表明，18 世紀英國陶瓷企業韋奇伍德最重要的市場策略，即用宮廷和貴族等名稱命名商品，成功實現品牌塑造和市場區分之目的。〔註 1〕韓格理試圖解構消費主義的西方性或地域性，認為中國的品牌和商標觀念不僅早於歐洲，而且在市場營銷技術方

〔註 1〕他提供了諸多證據，譬如「皇后器皿（Queensware）」「皇家圖案（Royal Pattern）」「俄羅斯圖案（Russian Pattern）」「貝德福德、牛津和切特溫德花瓶（Bedford，Oxford and Chetwynd vases）」等產品名稱，目的是用來區別其他同類競爭者的陶器。參見 Neil McKendrick. Josiah Wedgwood: an Eighteenth-Century Entrepreneur in Salesmanship and Marketing Techniques. *Economic History Review*, Vol.12, No.3, 1960, pp.408~433.

面採用了與英國商人同樣的策略，也就是在商品上刻上「皇室御用」的標記，從而「身價十倍」。〔註2〕

不過，在 20 世紀上半葉消費主義逐步加劇的進程中，精英符號的商業化現象顯然比古代中國更加普遍，商界對孫中山符號的利用堪稱典型，陳蘊茜和瞿駿的相關研究呈現了諸多例證。〔註3〕陳、瞿兩人或從政治文化商業化角度運思，或由商業文化政治化角度立論，均係政治文化史研究的範疇。〔註4〕岩間一弘則將民國時期商業營銷與政治宣傳之間的關係，視為一種基於「共感與共鳴」，或稱「大眾公共性」的秩序原理，他所謂的「最容易理解」的例證，就是北伐以後國民黨利用國旗、孫中山像等政治象徵進行大眾動員，並將其「神聖化」。〔註5〕

知識精英和娛樂精英的商業化運作，很少遭到公權力干涉，而將政治領袖商業化，則不僅受到輿論批評，甚至遭到黨、政干涉和管控。上述成果雖然「深描」出政治精英符號商業化的歷史「復相」，也已或多或少觸及黨政力量對孫中山符號商業化的規制問題，但其中黨部與政府之間的互動、國家與社會之間的博弈，仍須細緻考量。另則，誠如王奇生的觀察，國民黨政權是中國史上第一個「黨治政權」，既標誌著中國政治形態由「帝政體制」正式轉向新型「黨國」體制，也標誌著中國進入「黨治時代」，國民黨自上而下設置了一套「垂直並行、黨政互動」的雙軌制架構。〔註6〕法理層面的制度設計雖然非常清晰，但在實際操作中則可能存在更加豐富的面相。

〔註2〕韓格理、黎志剛：《中國近世的「品牌」和「商標」：資本主義出現之前的一種消費主義》，黎志剛、馮鵬江譯，韓格理、張維安：《中國社會與經濟》，臺北：聯經出版事業公司，1990 年，第 283 頁。王子今則更加關注大眾化品牌的地域性特徵。《宛珠・齊紈・穰橙鄧橘：戰國秦漢商品地方品牌的經濟史考察》，《中國經濟史研究》，2019 年第 3 期。

〔註3〕分別參見陳蘊茜：《崇拜與記憶——孫中山符號的建構與傳播》，南京：南京大學出版社，2009 年，第 547～551 頁；瞿駿：《辛亥前後上海城市公共空間研究》，上海：上海辭書出版社，2009 年，第 101～154 頁。

〔註4〕參見李里峰：《孫中山形象建構與政治文化史研究：評陳蘊茜〈崇拜與記憶——孫中山符號的建構與傳播〉、李恭忠〈中山陵：一個現代政治符號的誕生〉》，《近代史研究》，2012 年第 2 期。

〔註5〕（日）岩間一弘：《上海大眾的誕生與變貌：近代新興中產階級的消費、動員和活動》，葛濤、甘慧傑譯，上海：上海辭書出版社，2016 年，第 237 頁。

〔註6〕王奇生：《黨員、黨權與黨爭：1924～1949 年中國國民黨的組織形態》，北京：華文出版社，2010 年，第 196、198 頁。

如果沿著上述兩種學術理路，對孫中山符號商業化的政治規制這一特殊個案進行微觀性審視，則既可檢驗「垂直並行、黨政互動」這一宏觀性的制度安排，也能進一步揭示「自下而上」，再「自上而下」的制度生成邏輯，以及由此而解析社會與國家之間的動態博弈軌跡。

一、由「黨」而「政」：政治精英商業化的治理模式

經濟精英在市場營銷中「在商言政」，根本目的在於操控廣告受眾，影響大眾的消費選擇。〔註7〕此種營銷方式不僅飽受輿論譏諷，且經國民黨黨部的推動，成為國民政府查禁的標靶。

民生公司的中山牌絲襪，即遭上海輿論的抨擊。1925 年 3 月 27 日的《時報》「小專電」指出，「某公司所發行之絲襪，近擬改名為中山牌，但襪子著在腳下，是否褻瀆中山，實為疑問。」〔註8〕而《幻報》則更進一步，直指此一商業營銷之惡俗，聲稱「襪是人人都要穿的，把中山做襪子的牌子，穿襪的人，穿著襪子，就可以想著中山，法子果然很好。然而中山所抱的主義，是扶助工人，說工人是神聖不可侵犯，那麼中山既然尊敬工人，工人應當尤其要尊敬中山才好。襪穿在腳上的，腳並且有惡氣，有人還要拿襪子來揩腳。」〔註9〕

早在北伐進程之中，上海商界將政治事件與市場營銷緊密勾連。但與此同時，國民黨人對孫中山遺像和遺囑的商業化現象，即已著手取締。1926 年 7 月，上海市黨部所屬「婦女節制會」，對孫文牌香煙表示強烈不滿，聲稱此事「事關法律」，雖然未便貿然阻止發行」，但致函上海黨部「詢問」，而黨部則認為孫文牌香煙與國民黨「名譽有關」，函請「孫中山先生喪葬籌備處」，希望「共同設法禁止，或令其改名」。〔註10〕同年 10 月，徐州因為相關取締行動，導致中山牌表「無人敢用」。〔註11〕

南京國民政府建立伊始，國民黨各地方黨部不斷籲請各方對孫中山名諱及遺像的商業化現象進行取締。1927 年 10 月，上海市黨部四區十一分部呈

〔註 7〕瞿駿：《辛亥前後上海城市公共空間研究》，上海：上海辭書出版社，2009 年，第 122 頁。

〔註 8〕元：《小專電》，《時報》，1925 年 3 月 27 日第 9 版。

〔註 9〕水水：《中山牌》，《幻報》，1925 年 4 月 6 日第 2 版。

〔註 10〕《民黨不滿香煙標名孫文牌》，《時報》，1926 年 7 月 8 日第 4 版。

〔註 11〕《小專電》（徐州），《時報》，1926 年 10 月 8 日第 9 版。

文商民部，認為商民濫用黨、國旗及總理遺像為商標，「殊屬侮辱黨國尊嚴，自應嚴加取締」。商民部為此致函農工商局，強調黨旗、國旗係「黨國之代表」，總理遺像為民眾之「矜式」，均應加以尊敬，希望商標註冊時進行嚴厲取締。〔註12〕上海市農工商局局長潘公展為此而徵求市黨部意見，後者認為「當可照准」，而潘又進一步函詢「究應如何辦理」。在當月召開的上海市黨部臨時執委會第23次常會上，議決函覆農工商局，「凡是國貨准許暫由黨國旗或總理遺像為商標，但外貨則一概不准」，而詳細條例則須照中央明令辦理。〔註13〕上海市黨部雖然將黨、國旗或總理遺像的商業使用，視國貨與外貨而區別對待，但同時將明細化規則的制定權推給國民黨中央。

廣西省黨部亦曾提出類似主張。1927年12月，其宣傳部向執委會呈文，提議禁止以孫中山名字及遺像為標識的「污穢」之物，「以免褻瀆而表遵從」。該部根據用途，將相關物品分為兩類，並主張區別對待。一是屬於潔淨而且帶有宣傳性或紀念性者，如信箋、中山表、證章、墨盒、秋扇等類，其用意是使民眾認識總理和紀念總理，「義尚可取」，自不在禁止之列。二是所謂「帶有污穢者」，如手巾、面盆等物。針對後者，該部言辭激烈，抨擊「奸商」「嗜利如飴」，僅圖其私人營業發達，「膽敢假借總理名字及遺像為商標或製造符記，不許他人模仿，以營其私」，對此「有意褻瀆」，若不嚴加取締，其流弊所及，必致污穢物品「爭相濫用不止」。省黨部執委會第51次會議議決，諮請廣西省政府，「凡商人之商標、招牌有褻瀆總理者，應予取締」。〔註14〕

中山牌火柴和中山牌香煙相繼成為地方黨部抨擊的具體標靶。1928年2月，上海縣黨部發現民生火柴廠以「中山」二字為火柴商標，認為「先總理豐功偉績」，乃是中華民國開國元勳，全國民眾「欽仰尊重」，均「不敢稱總理之名而稱中山先生」，但商人投機心重，竟以中山二字作為商標，「殊屬有褻總理」，故而訓令民生廠「迅將中山牌取消，更易名稱，免違黨紀」。〔註15〕同年5月，浙江省黨部致函上海市黨部，認為三興公司所出香煙以總理為商標，應該予以取締，「希查照核辦」，上海市黨部第11次常會議決，函請全國

〔註12〕《上海特別市黨部消息》，《申報》，1927年10月2日第14版。
〔註13〕《上海市黨部執委會常會紀》，《申報》，1927年10月13日第13、14版。
〔註14〕《廣西省執行委員會咨文：諮請省政府凡商人之商標招牌有褻瀆總理者應予取締文》（1927年12月9日），《中國國民黨廣西省黨部黨務月報》，1928年第8期。
〔註15〕《縣黨部取締商標》，《民國日報》，1928年2月25日第6版。

商標註冊局「核辦」〔註16〕。上海市黨部在其致全國商標註冊局的函件中，陳述了取締三興公司商標的原委，其取締理由，無外乎是「香煙紙包，隨意棄擲，跡近褻瀆」。〔註17〕商標註冊局於次月分別函覆上海市黨部及三興公司，強調「已呈請工商部嚴行取締」。〔註18〕除了省、市黨部之外，南京市長何民魂亦關注相關問題，於 1928 年 7 月呈請國民政府通令各省嚴禁貨品隨意印貼總理遺像或作商標，國民政府由此命令工商部「擬定劃一辦法，通行遵照」。〔註19〕

　　為了回應或順應各地方黨部的訴求，工商部於 1928 年 7 月 3 日以「工商部部令」的名義，頒行「總理遺像用作商標限制法」，共計 16 條。該法規定了總理遺像可以用作商標的商品類別及其法定程序，前面 13 條列舉了可以使用總理遺像的商品詳細類別，分別為農工器具（以不致穢褻者為限）、科學儀器（以不致穢褻者為限）、化學藥品（限於科學使用者）、絲織棉織布疋（以整疋者為限）、圖畫照片書籍（以有益於教育風化者為限）、樂器、陶瓷玻璃器（限於陳設之用者）、鐘錶、冠服（以不致穢褻者為限）、文具，並且將照相器具、留聲機、望遠鏡、眼鏡歸為一類，將珠玉寶石或其仿造物以及貴金屬或其仿造物分別歸類。除此之外，其他「足以表示尊崇或藉以喚起人民崇拜信仰之心且不致於穢褻之物品」，亦獲允許使用總理遺像。同時規定上列商品，凡是欲用總理遺像作為商標，須先呈請工商部核准後方得使用。〔註20〕

　　「總理遺像用作商標限制法」雖以部令形式頒行，但獲得國民政府同意，亦可視為政府法令。根據 7 月 6 日的國民政府第 608 號指令，工商部在請示行政院時，得到的「核示」為「由該部擬定劃一辦法，通行遵照」。〔註21〕另據 7 月 23 日的國民政府第 685 號指令，對於「工商部呈為遵令擬具各項商品

〔註16〕《市指委會第十一次常會》，《申報》，1928 年 5 月 25 日第 14 版。

〔註17〕《不准以總理像為商標（上海市黨部公函）》，《中央日報》，1928 年 5 月 27 日第 6 版。其中把三興煙公司誤為三星公司。

〔註18〕《市指委會第十六次常會紀》，《申報》，1928 年 6 月 24 日第 13 版。

〔註19〕《中華民國國民政府指令第 608 號》（1928 年 7 月 6 日），《國民政府公報》，1928 年第 73 期。

〔註20〕孔祥熙：《國民政府工商部令：茲制定各項商品印貼總理遺像作為商標辦法公布之》（1928 年 7 月 3 日），《工商公報》，1928 年第 1 卷第 4 期。

〔註21〕《中華民國國民政府指令第 608 號》（1928 年 7 月 6 日），《國民政府公報》，1928 年第 73 期。

印貼總理遺像作為商標限製辦法，列單呈請鑒核由」，認為「所議甚屬妥善，應准照辦，仰即由部令公布施行。」〔註22〕

但是，工商部對其所頒法令頗顯猶豫。在其訓令「商字第 535 號」中，工商部聲稱全國註冊局接到上海和浙江省黨部有關函件之後，即已對商標註冊嚴格把關，凡以總理遺像作為商標呈請註冊者，「除經總理生前特別允許，得有特別允許狀者外，所有新案，一概批駁不准」，但對 1927 年 5 月 1 日以前經由北京商標局註冊，並經國民政府註冊局「補行註冊」者，應否撤銷，則不敢擅自定奪，只能向上請示核准。工商部明確指出，國民政府「明定劃一辦法」的指令，係指無論何種貨品一律禁用，抑係「專對通常用品近於穢褻者，始予查禁」，並未「明白指示」。當工商部正擬備文呈請國民政府核示時，旋奉其第 608 號和第 685 號指令，因此才「奉令」制頒前述「總理遺像用作商標限制法」。〔註23〕由此可見，此一辦法顯係倉促出臺，其執行的內在困境在所難免，並已暗含執行中的操作難題。

前文已經提及，1927 年，上海市黨部曾將黨、國旗或總理遺像商業使用規則的制定權上交國民黨中央。1929 年 8 月 8 日召開的國民黨中央第 29 次常務會議，第一項決議案即為處理這一問題，決定「函國民政府轉令商標局，嚴行取締濫用黨徽為商標，並限制濫用總理遺像為商標，以及以『中山』為物品名之形容詞，以示尊敬而免褻瀆。」〔註24〕此後十天左右，福建建甌縣黨部呈報省黨部，認為上海天濟醫室發行的肺形草藥品，「濫用黨徽為商標」，並指出「近來時有各種商品，濫用總理遺像為商標及以中山為物品名之形容詞」，「轉請嚴令制止」。福建省黨部呈報國民黨中央宣傳部，國民黨中央根據其第 29 次常會決議案，由中央執行委員函知國民政府，國民政府則訓令工商部，要求工商部令商標局嚴予取締天濟醫室之商標，並切實限制相關「濫用」現象。〔註25〕由黨而政的類似邏輯也發生於青島。同年 11 月，青島市黨部委員會「秘字第 333 號」函稱，據市第六區籌備委員會呈報，各商家「為發達

〔註22〕《中華民國國民政府指令第 685 號》(1928 年 7 月 23 日)，《國民政府公報》，1928 年第 78 期。

〔註23〕馬超俊：《函廣州總商會、各縣市商會奉工商部令發擬定各項商品印貼總理遺像作為商標限製辦法請轉飭各行商遵照由》(1928 年 8 月 28 日)，《廣東建設公報》，1928 年第 3 卷第 4 期。

〔註24〕《中央第二十九次常務會議》，《申報》，1929 年 8 月 9 日第 10 版。

〔註25〕《國民政府訓令第 737 號》(1929 年 8 月 19 日)，《國民政府公報》，1929 年第 247 期。

營業以廣招徠起見，往往用總理之名為其商號或題為商標者，殊非紀念總理之道，請予取締」。市黨部第 40 次常會議決，函請市政府嚴行取締。市政府即令公安局「嚴查取締」，公安局則令總商會轉知各業「一體遵照」。〔註26〕

　　從根本上看，各地黨部不斷呼籲查禁中山名諱和遺像的商業化，理由無非是政治領袖不能世俗化，否則神聖性勢必遭到「褻瀆」。因此，工商部的法令雖然不能對相關世俗商業行為予以全部禁止，但是否「穢褻」顯然成為權衡標準或立法原旨，由此亦不難窺見「政」治背後暗含的黨權意圖。

二、由「政」而「黨」：政治化商標取締的社會應對策略

　　自上而下的行政治理，存在由「黨」而「政」的制度創設路徑，而自下而上的社會應對策略則恰恰相反，係由「政」而「黨」。此處僅以中山牌香煙為個案進行剖析。

　　三興公司的中山牌和孫文牌香煙商標，成為商標局的首要執法對象。1929 年 1 月 17 日，商標局根據新頒法令，著手處置三興的商標問題。該局首先函覆上海市黨黨部，強調該公司商標與「限製辦法」不符，復經呈請工商部審核，旋奉其指令，「撤銷註冊」。〔註27〕同日又向工商部呈文匯報遵辦結果，即根據工商部「限期改換，以示尊崇，而符法令」之指令，「撤銷商標，令飭將原註冊證呈繳註銷，並函上海黨部查照處理」。〔註28〕商標局同時命令三興將兩個註冊證送繳至局，「以憑註銷存案」，所繳註冊等費 37 元，除公費及印花稅共 11 元「例不發還」，其餘 26 元發還。〔註29〕28 日，工商部聲稱，對商標局「遵令撤銷三興煙公司中山牌及孫文牌兩商標」之呈文，「已轉函國府文官處查照」。〔註30〕

　　為了繼續持有中山牌和孫文牌兩商標，三興相繼進行法理抗爭和政治游

〔註26〕《函總商會：為奉市府令轉嗣後不得以總理之名為商號或商標希轉知各業遵照由》（1929 年 11 月 18 日），《青島社會》，1930 年第 2 期。
〔註27〕《商標局函上海特別市黨務指導委員會第 30 號》（1929 年 1 月 17 日），《商標公報》，1929 年第 13 期。
〔註28〕《商標局呈工商部第 22 號》（1929 年 1 月 17 日），《商標公報》，1929 年第 13 期。
〔註29〕《工商部商標局令第 7 號》（1929 年 1 月 17 日），《商標公報》，1929 年第 13 期。
〔註30〕《工商部指令商字第 2046 號》（1929 年 1 月 28 日），《商標公報》，1929 年第 13 期。

說。前者以同業團體的名義進行，後者則直至國民黨中執委。1929年3月8日，三興委託上海機制國貨工廠聯合會葉漢丞呈文商標局，「據情代陳，懇請令行免予撤銷」。葉之呈文清晰體現出企業界因應政府法令的策略，從中亦可窺見政府法令的制頒漏洞和執行難題，因而有必要細緻梳理。

首先，葉漢丞認為商標局誤解和誤用法令。他認為，捲煙不屬於「商標限製辦法」所列之13種商品的範圍，因此只適用於其中第14條，亦即「其他足以表示尊崇或藉以喚起人民崇拜信仰之心且不致於穢褻之物品」。倘若根據此條之文意，三興商標似不在限制之列。商標局與「限製辦法」不符的判斷，不無誤解條文之處。葉之理由是，捲煙並非穢褻之物，因為無論是中西各國外交盛會，還是民間普通宴會，甚至平常日用，「莫不需之」。他援引西方煙草業為證，「華盛頓牌」和「維多利亞牌」，均係捲煙或雪茄煙的著名商標，美之國父、英之女皇，其遺像均作為商標，而兩國政府並未視為「褻瀆」。據此，三興用總理遺像為商標，「猶是尊崇之意，不得謂為褻瀆」。他再以三興發展歷程作為證據，強調該公司曾於1926年4月間以中山牌捲煙呈經廣州市公安局長吳鐵城核准，吳發布布告，保護其銷行。此舉充分說明，國民黨黨員以及普通民眾並未將中山牌香煙視為褻瀆，反而視為尊崇。他進一步論證說，三興公司的商標有助於「喚起人民崇拜信仰之心」，因為捲煙已經普及於「資產社會及勞動社會」，吸煙者「時時目睹總理遺像」，「頗足藉以喚起其崇拜信仰之心」，對國民黨宣傳工作不無裨益。他又以中山牌和孫文牌捲煙行銷香港、南洋等處作為證據，說明此地僑民非常歡迎總理遺像與國貨。殖民地政府對三民主義宣傳往往「橫加干涉」，但對香煙銷售則否，「似可為宣傳之一法」。因此他極力聲稱，三興商標符合「限製辦法」第14條，商標局措置失當，源自對法規原文之解釋「未足謂為允當」。他因此進一步籲請工商部對第14條「指示正確之解釋」，俾便機制國貨工廠聯合會及其所屬各公司均能「有所遵從」。〔註31〕

其次，葉漢丞認為商標局誤解工商部指令，前者命令三興「撤銷註冊」，實與後者「批飭限期改換」不符，故而籲請工商部進行「覆核」。再次，葉委婉批評當局過河拆橋，因為三興在北京「反革命勢力尚盛之時」，即在北京註冊中山牌和孫文牌兩商標，「不啻表示其傾向國民黨、尊重總理之意」，

〔註31〕《工商部令商標局商字第2520號》（1929年3月8日），《商標公報》，1929年第14期。

「實為人之所不敢為」。以此而論，該公司本當受到「黨國領袖之嘉許」，但而今北伐告成，「論者不嘉其從前註冊之敢於觸犯北伐軍閥之忌諱，而反以今之繼續用此商標為跡近褻瀆，似不得謂為篤論」。葉最後強調，撤銷商標將對三興造成巨大打擊，「一旦將迭經核准之商標撤銷，損失不可勝計，勢將發生歇業之恐」。他聲稱該公司雇用工人 800 餘人，「如使一旦歇業」，則全部工人皆將「同感失業之苦」。因此保留其商標，有利於社會穩定與經濟發展。〔註 32〕

　　工商部強硬堅持既定措置，強調該公司所用商標因與「限製辦法」不合，既經商標局撤銷，並「呈准本部有案」，對機聯會「免予撤銷」的訴求，則命令商標局「應毋庸議」。〔註 33〕但是，葉所陳數端理由，其中暗含的邏輯，重點在於質疑商標局用法不當，次則質疑商標局誤解上司指令，再則訴諸情感策略，可謂法、理、情三者並用。雖然其中所謂「800 餘工人」之說，似有誇大之嫌〔註 34〕，但其法理依據則相當充分。三興的法理抗爭雖然暫無實效，但仍然多方設法，甚至利用國民黨中執委向政府部門施加壓力。

　　1930 年上半年，三興商標一案似現轉機，官方態度由既有「撤銷註冊」改為「限期改換」。3 月 28 日，財政部批覆三興蔣蘭亭「報運中山等牌捲煙」之呈請，稱其捲煙統稅處因該牌商標註冊既已撤銷，本應「照章辦理」「著令停卷以示尊崇」，但又接到國民黨中執委秘書處函奉常務委員會批示，將三興原呈交由國府轉飭遵辦，並已由該公司分呈工商部轉飭商標局遵辦，自應「靜候核示」。〔註 35〕財政部此一批覆說明三興曾經呈文國民黨中執委常委會，並獲得轉圜之機，但捲煙統稅處認為，在商標局未准恢復三興中山牌和孫文牌香煙商標註冊以前，「未便遽行通令准予繼續報運，致涉分歧」。〔註 36〕4 月 12

〔註 32〕《工商部令商標局商字第 2520 號》（1929 年 3 月 8 日），《商標公報》，1929 年第 14 期。

〔註 33〕《工商部令商標局商字第 2520 號》（1929 年 3 月 8 日），《商標公報》，1929 年第 14 期。

〔註 34〕至 1935 年，三興公司男女工人超過 300 人。亦敏：《三興煙公司》（工商史料之三十三），《機聯會刊》，1935 年第 132 期。

〔註 35〕《財政部批中國三興煙草公司蔣蘭亭呈：據請報運中山等牌捲煙在商標局未准註冊前未便照准由》（1930 年 3 月 28 日），《捲煙統稅公報》，1930 年第 1 卷第 3 期。

〔註 36〕《財政部批中國三興煙草公司蔣蘭亭呈：據請報運中山等牌卷菸在商標局未准註冊前未便照准由》（1930 年 3 月 28 日），《捲煙統稅公報》，1930 年第 1 卷第 3 期。

日，行政院在發往工商部的指令中，也聲稱接到中執委的同一指示。〔註37〕由此可見，國民黨中執委批准了三興公司保留既有商標的訴求，但工商部不同意「准免撤銷註冊」，因而向行政院「詳陳經過及困難情形」，行政院又將工商部函呈轉交國民政府。

三興公司保留商標一案在南京黨、政機關之間公文流轉，暫無結果，而該公司在此期間，又函請江蘇捲煙統稅局發給中山牌、孫文牌捲煙「運照」，聲稱「兩牌出品停止運銷為時已久，客家需貨至急，堆存之貨，在此黴時，又不能久藏，急待銷售，以免黴壞，致有損失。為特函請貴處查照部令，懇予即速發給運照，以利行銷而恤商艱。」江蘇捲煙統稅局於8日復稱，「靜候工商部核示」。〔註38〕三興公司所持理由當屬實情，但捲煙統稅局在未能獲得工商部明示之前，自不能貿然解禁。

此案於當年7月終獲轉圜之機。工商部遵照國府文官處和中央秘書處的批覆，亦即予以適當期限，改換商標，訓令三興公司於1930年12月31日前遵令改換商標，並具報備查，同時強調此次再予「展限寬給時日，係屬特別體恤」，希望該公司「仰副斯意，務於限前遵辦，毋得延誤。」〔註39〕幾經波折，三興公司的兩個商標由此前的撤銷註冊轉變為「限期改換」。江蘇捲煙統稅局亦遵照工商部新令，於7月11日函覆三興公司，「依限遵照改換商標」，同時轉飭該公司屬地的煙草管理員和駐廠人員，「准予該公司依限繼續卷製，一俟限期滿足，即行著令停卷，以杜取巧。」〔註40〕

但是，對於工商部的折衷方案，三興公司並未「仰副斯意」而按期改換，仍舊設法保有原來的商標。1931年1月，該公司向新設的實業部呈請「准予維持原有商標繼續卷製」。實業部嚴厲批斥其呈請「實屬有意延玩」，要求上

〔註37〕《指令第1188號》（1930年4月12日），《行政院公報》，1930年第143期。

〔註38〕《訓令江蘇卷菸統稅局：准發三興菸公司孫文中山牌運照令仰轉飭管理員駐廠員准予依限繼續卷製由》（1930年7月11日），《捲煙統稅公報》，1930年第1卷第7期。

〔註39〕《訓令江蘇卷菸統稅局：准發三興菸公司孫文中山牌運照令仰轉飭管理員駐廠員准予依限繼續卷製由》（1930年7月11日），《捲煙統稅公報》，1930年第1卷第7期。

〔註40〕《訓令江蘇卷菸統稅局：准發三興菸公司孫文中山牌運照令仰轉飭管理員駐廠員准予依限繼續卷製由》（1930年7月11日），《捲煙統稅公報》，1930年第1卷第7期。

海市政府「嚴令其停止使用」。〔註41〕2 月，行政院亦跟進此案，嚴令實業部將三興公司改換商標一案「酌核辦理具報」。〔註 42〕

　　1935 年，時人亦敏在敘述三興公司創業歷程時，認為中山牌香煙銷路極佳，因此「引起一部分人的嫉妒，藉口侮辱中山先生」，呈請政府弔銷該廠商標，同時指出，此舉對該公司造成較大打擊，但由於蔣蘭亭措置得當，改銷別種牌號，市場業績持續發展。〔註 43〕在近代機制捲煙業市場競爭極其激烈的背景下，同行嫉妒的歸因可能並非捕風捉影。

三、餘響與餘論

　　國民黨對中山商標問題的整治，並非針對三興公司一家，由黨而政的治理模式也完全一致。1931 年查禁一款使用孫中山遺像作商標的打印臺，其生產廠家為上海的東亞製造廠。〔註 44〕此事係由浙江湯溪縣黨部向浙江省執行委員會呈報，省執委上報國民黨中央執行委員會〔註 45〕，中執委常委會要求實業部查禁，實業部發文要求各省、市政府「諮請查照，轉飭所屬一體嚴禁行銷」。〔註 46〕浙江、天津、青島等各省、市政府亦相應要求遵令查禁。〔註 47〕中央黨

〔註41〕《上海市政府訓令第 6945 號，為實業部諮請嚴令三興煙公司停止使用中山孫文兩商標轉行遵辦由令社會局》（1931 年 1 月 9 日），《上海市政府公報》，1931 年第 78 期。

〔註42〕《行政院令實業部第 621 號》，《行政院公報》，1931 年第 228 期。

〔註43〕亦敏：《三興煙公司》（工商史料之三十三），《機聯會刊》，1935 年第 132 期。

〔註44〕經過多方檢索，惜未發現該公司的更多資料，以上所引資料均來自官方的查禁文件。

〔註45〕張難先：《浙江省政府訓令秘字第 1321 號：令建設廳準實業部諮以 C. S. East asiatic maufactory 發行之打印臺用總理遺像作商標請飭屬嚴禁由》（1931 年 3 月 7 日），《浙江省政府公報》，1931 年第 1154 期。

〔註46〕孔祥熙：《諮各省、市政府商字第 1465 號：C. S. East Asiatic Manufactory 發行之打印臺用總理遺像作商標，諮請飭屬嚴禁營銷由》（1931 年 2 月 25 日），《實業公報》1931 年第 9 期；孔祥熙：《函中央執行委員會秘書處商字第 1466 號》（1931 年 2 月 25 日），《實業公報》，1931 年第 9 期。

〔註47〕張難先：《諮各省、市政府浙江省政府訓令秘字第 1321 號：令建設廳準實業部諮以 C. S. East asiatic maufactory 發行之打印臺用總理遺像作商標請飭屬嚴禁由》（1931 年 3 月 7 日），《浙江省政府公報》，1931 年第 1154 期；《奉市府訓令準實業部諮開嚴禁營銷發行之打印臺用總理遺像作商標等因仰飭屬禁銷由。》（1931 年 3 月 11 日），《公安月刊》，1931 年第 4～6 期；《訓令各縣縣長奉省政府令準實業部諮打印臺用總理遺像作商標請飭屬嚴禁營銷仰遵照查禁由》（1931 年 3 月 20 日），《福建建設廳月刊》，1931 年第 5 卷第 3 期；《青島市政府訓令第 1645 號：令社會局：為準實業部諮請飭屬嚴禁用總理遺

部亦曾單獨致函上海市政府，要求「飭屬一體禁止行銷」。〔註 48〕廣東揭陽縣執行委員會常務委員鄭明理根據第一區監委陳惠田的彙報，向省執委呈稱：「孫中山遺像，端嚴慈愛，眾流共仰，萬國同欽。在本黨領導下民眾，自應恭敬。商標問題，中央禁止有案。有澳門東興火柴廠，以總理遺像製為火柴商標，實屬有違禁令，非嚴予取締，無以儆效尤，備文及火柴盒一套，呈鈞會查核。」廣東省執委致函省政府，而省政府則命令建設廳「查照成案，切實取締」。〔註 49〕

1932 年以後，各地黨部仍然不斷關注這一問題。南京市黨部常務委員會曾向中央執行委員會轉呈其第 7 區執委會的呈請，呼籲「取締各商號以黨徽及總理遺像為商標」，中執委會秘書處例行公事函覆，相關問題已於 1929 年8 月 10 日函請國府轉令商標局遵辦。〔註 50〕1935 年 5 月，陸軍第 57 師特別黨部以向中央宣傳委員會呈請「嚴禁商標用總理名諱、遺像及國貨全用洋文標名」，宣傳委員會即呈請中央「轉請國民政府通飭取締」，內政部則聲稱「所請雖早經分別取締，誠恐商肆工廠日久玩生，容有尚用此等商標情事」，要求實業部「通飭取締」。〔註 51〕根據內政部和實業部指令，各省市地方當局相繼發文，要求所屬部門「查照辦理」。〔註 52〕

像為商標之打字臺令仰遵照嚴辦由》（1931 年 3 月 11 日），《青島市政府市政公報》，1931 年第 20 期。

〔註 48〕《查禁擅用總理遺像作商標》，《民國日報》，1931 年 3 月 26 日第 7 版。

〔註 49〕黃子信：《嚴禁用總理遺像製為商標由》（1931 年 7 月 16 日），《汕頭市市政公報》，1931 年第 71 期。

〔註 50〕《函南京特別市執行委員會——各商號以總理遺像為商標，早經由國府令商標局取締矣》，《中央黨務月刊》，1932 年第 52 期。

〔註 51〕《取締以總理名諱遺像為商標及國貨不得全用洋文標名——諮各省、市政府》（1935 年 5 月 18 日），《內政公報》，1935 年第 8 卷第 15 期。

〔註 52〕分別參見：《取締以總理名諱遺像為商標及國貨全用洋文標名案》，《南京市政府公報》，1935 年第 153 期；《通令取締以總理名諱為商標及國貨不准全用洋文標名》，《河南省政府公報》，1935 年第 1357 期；《青島市政府訓令第 4841號：令社會、公安局：准內政部諮請取締以總理名諱遺像為商標及國貨不得全用洋文標令仰遵照由》（1935 年 5 月 23 日），《青島市政府市政公報》，1935 年第 70 期；《本府訓令秘字 4487 號：令漢市府、四廳、各區專員：准諮轉取締以總理名諱遺像為商標及國貨不得全用洋文標名一案囑查照辦理等因令仰遵照並飭屬嚴行取締》（1935 年 5 月 29 日），《湖北省政府公報》，1935 年第 103期；《浙江省政府訓令建字第 537 號：令各縣市政府、浙江全省商會聯合會：准內政部諮請嚴行取締以總理名諱遺像為商標及國貨不得全用洋文標名等由仰遵照辦理由》（1935 年 6 月 4 日），《浙江省政府公報》，1935 年第 2357 期；

　　作為中國的工商業中心，上海才是上述問題的重心所在。上海市政府訓令各機關「令仰遵照取締」。〔註53〕市社會局遵奉指令，規定自當年 6 月 1 日之後，嚴禁國貨商標使用總理遺像，並限各商家於 6 月底以前一律更正，「否則一經查出或被告發，予以嚴厲制裁」。〔註54〕在此背景下，上海大明眼鏡公司前經呈准註冊之總理遺像中山牌商標，亦只能被撤銷。同年 10 月，上海社會局援引實業部對於商標禁用總理名諱遺像的解釋，即：「凡違背商標法第二條第二款之規定者，雖經註冊有案，自應予以撤銷。」「倘蒙總理生前承諾得有證件者，依商標法第二條第八款之規定，自可准予註冊使用。」「『中山』二字已用作地名，但既係總理別號，依商標法第二條第二款之規定，自不得作為商標。」因此，大明眼鏡公司的中山牌商標雖經實業部核定，顯與商標法第二條第二款之規定相牴觸，「為尊重總理遺像及遵守法律起見，由部令行商標局撤銷此項註冊」。〔註55〕11 月 14 日，商標局審查員蒯毅對大明眼鏡公司的第 16098 號中山牌及總理遺像商標請求評定，評定結果是商標撤銷。商標局承認大明眼鏡公司的中山牌商標係根據舊商標法施行細則而合法取得，但認為該商標之呈請及審查時日雖在現行商標法施行以前，而註冊則在現行商標法施行以後，顯與現行法令相牴觸，不能准予作為商標專用，法理依據是該商標所用之文字圖形，有違反商標法第二條第二款之規定，因此「應予撤銷」。〔註56〕此外，社會局不僅派員調查，甚至征人密告有無採用總理名諱遺

《江西省政府訓令民二字第 18351 號：令南昌，九江市政委員會、水上公安局、省會公安局、各區行政督察專員公署：准內政部諮請取締以總理名諱遺像為商標及國貨不得全用洋文標名等由令仰遵照》（1935 年 5 月 29 日），《江西省政府公報》，1935 年第 207 期；《本廳訓令第 2143 號：令全省各縣縣長、濟南市市長、煙臺龍口公安局局長：奉省府交下內政部諮准中央宣傳委員會函以據五十七師特別黨部呈請取締以總理名諱遺像為商標及國貨不得全用洋文標名等情轉行嚴予取締等由諮請查照辦理奉批交民政廳通行取締等因令仰飭屬嚴予取締由》（1935 年 6 月 17 日），《山東民政公報》，1935 年第 233 期。

〔註53〕《上海市政府訓令第 14118 號：令本府所屬各機關為準內政部諮取締以總理名諱遺像為商標及國貨不得全用洋文標名令仰遵照取締由》，《上海市政府公報》，1935 年第 157 期。

〔註54〕《一周間國貨界新訊》，《申報》，1935 年 6 月 6 日第 15 版；《社會局嚴禁商標用總理名諱遺像暨國貨商標全用洋文》，《申報》，1935 年 10 月 24 日第 9 版。

〔註55〕《社會局嚴禁商標用總理名諱遺像暨國貨商標全用洋文》，《申報》，1935 年 10 月 24 日第 9 版。

〔註56〕《商標局評定書第 157 號》（1935 年 11 月 14 日），《商標公報》，1935 年第 106 期。

像作為商標的現象。〔註57〕

全面抗日戰爭爆發之前數年,「領袖第一」曾一度甚囂塵上,中南煙公司的「領袖」牌香煙,顯然與政治生態變動密切相關。但是,對於「領袖」二字的商業利用,與中山牌商標一樣,亦被當局查禁。首都警察廳函請民國政府實業部取締領袖牌商標,而內政部亦致函實業部,「查近來商店出品,有以領袖二字命名,如領袖牌香煙於煙盒畫片及所登廣告,均印有蔣委員長肖像,並於畫片背面,刊載蔣委員長格言。似此投機商人,採用領袖字樣,企圖漁利,有失崇敬,亟應嚴予取締,以肅觀聽。」內政部則分別諮令各省市政府、威海衛管理公署、首都警察廳等,「轉飭各報社不得登載此類廣告,藉資取締」,並要求實業部「轉飭商標局注意糾正」。因此,實業部於1937年6月16日發布「商字第56672號」,飭令商標局撤銷領袖牌商標,並規定「嗣後此類商標,一律不得核准」。〔註58〕

南京政府雖欲嚴格取締孫中山符號的商業利用,但無法做到完全禁止,國旗、孫中山像等繼續被運用於商品設計和商業廣告。〔註59〕國民黨既試圖利用商業行為實現其黨義的社會化,但又意欲嚴格規定其邊界和範圍。雖然商業營銷與政治動員之間存在深層的共生同構關係,但商利與黨義之旨趣又顯然有別,兩者之間存在神聖性與世俗性的張力,因而難免始而耦合、終則衝突的歷史命運。從商業文化政治化角度審視,西方一直存在國家元首這一符號的商業利用,民國商人亦以此為據與國家抗爭,但終究不被認可。這一現象說明中、西政治文化之間存在巨大差異。

1937年3月7日,《金鋼鑽》刊文指出:「近年以來,政府當局,頗注意於微末之事,故社會人士,往往有動輒得咎之感。經營善業者,尤難於措置也。近聞某煙草公司所出之領袖牌香煙,尚未問世,已為當局所禁止。蓋領袖尊稱,不容商人加以玩褻,理由固極正當也。且香煙牌號,何物不可稱,何必要用此元首之尊稱耶。」〔註60〕作者雖然對政府過度管制社會頗有微詞,並對政治管制給商業造成的困擾亦有同情,但對商人利用「領袖尊稱」也並

〔註57〕《社會局嚴禁商標用總理名諱遺像暨國貨商標全用洋文》,《申報》,1935年10月24日第9版。

〔註58〕《實業部指令商標局取締領袖牌商標》,《商標公報》,1937年第142期。

〔註59〕(日)岩間一弘:《上海大眾的誕生與變貌:近代新興中產階級的消費、動員和活動》,葛濤、甘慧傑譯,上海:上海辭書出版社,2016年,第237頁。

〔註60〕平凡生:《領袖牌香煙被禁》,《金鋼鑽》,1937年3月7日第4版。

不贊同。由此可見，南京政府的政治文化有其社會基礎。

孫中山符號商業化的治理，無論是地方層面還是中央層面，分別暗含著王奇生所揭示的「垂直並行、黨政互動」制度邏輯。但是，政治領袖商業化問題與一般性治理對象並不完全相同，因而除了遵循宏觀原則之外，還表現相對不同的治理邏輯。也就是，地方黨部才是中央政府治理對策的動力源頭。除了地方層面的黨、政互動之外，黨部訴求大抵由地方「自下而上」到國民黨中央，經中央層面的自「黨」而「政」，形成治理之策，再由中央政府「自上而下」實施。若從社會與國家的關係看，相關企業對政府治理的因應策略，與政策生成路徑顯然截然相反，呈現出由「政」而「黨」的博弈軌跡。博弈雙方雖有弱、強之別，但社會層面的抗爭也並非毫無成效，國家層面終有一定的妥協退讓。這一個案似可作為國民黨威權政治「弱勢獨裁」的輔證。

第二節　公車私用的社會期待與政治回應

本節以南京十年時期為時段，以首都南京為中心，首先梳理公車使用存在的弊端，次則重點探討社會輿論關於公車正當性的分歧，最後則從消費示範的視角，對南京政府整治公車私用問題的困境予以簡略剖析。

一、公車私用的類型

南京建都以後，交通事業發展迅速，「尤以汽車為首屈一指」，因為「各機關官長之代步，公務人員之乘坐，以及往來接洽事件之各地遊客，多以汽車為交通工具」，1928 年為 144 輛，1929 年 764 輛，1930 年 819 輛，1931年 1088 輛，1932 年 1121 輛，1933 年 1396 輛，1934 年 1464 輛，1935 年則超過 1500 輛〔註 61〕。政府機關公車佔有南京全市汽車總量的較大比重，至1929 年底，南京的中央機關汽車為 427 輛，而至 1930 年 7 月底，則增加到500 輛，〔註 62〕分別占全市汽車總量的 55.89% 和 61.05%。據南京市工務局的調查統計，1933 年 7 月，南京市各機關公車共計 430 輛，〔註 63〕占當年

〔註 61〕鳳侶：《首都之汽車消費》（南京通信），《禮拜六》，1935 年第 606 期。據 1935年統計，南京約有汽車 2500 輛，包括輕便汽車和載重汽車。何乃民：《現代汽車來源概況》，上海：商務印書館，1946 年，第 241 頁。
〔註 62〕音青：《數百萬元的汽車開支》，《生活》，1930 年第 5 卷第 40 期。
〔註 63〕《首都各機關汽車統計》，《中央日報》，1933 年 7 月 3 日第 7 版。

全市汽車總量的 30.8%。另據 1934 年 3 月的南京市工務局統計，各機關公車價值超過百萬元。〔註64〕全國經濟委員會公路處 1936 年底的調查表明，南京汽車共計 2247 輛，其中小客車 1568 輛，大客車 222 輛，貨車 385 輛，其他車輛 72 輛，雖然實際數字可能「略多」〔註65〕。

　　1928 年，時人周珠彝對太原和廣州兩地汽車的觀感是「寥寥無幾」，「所有者不過公家汽車而已」。〔註66〕1933 年，有人描繪太原的城市交通：「雖然有幾條瀝清塗石子的馬路，然而不常修，都已不十分平坦了。其餘部分，依然是地道國貨三尺的馬路。行人除了步跑以外，有的是大批的洋車，電車沒裝設，汽車到有，不過是僅屬幾個特殊的闊人罷了。」〔註67〕江西南昌自訓政開始，建設事業有如「旭日初升」，南昌地方當局「孜孜所務之建設事項，厥惟修築馬路最有成效」，汽車初駛之日，「人民參觀者，無累千萬，一片歡聲，響入雲霄」。至 1929 年，南昌僅有公家購置之汽車數十輛，私人汽車，「聞近已有向滬採購者」，駕駛員亦由滬聘請。〔註68〕

　　下表是南京政府審計院對中央機關汽車保有數量和汽車支出的統計，可以管窺公車數量及其支出的一個側面。

首都各機關汽車平均價目及其消耗表（1929 年 5、6 月）

機關名稱	輛數	每輛平均買價	汽油費			每輛平均汽油費		
			五月	六月	平均	五月	六月	平均
訓練總監部	18	1494	1003	1003	1003	77	77	77
外交部	7	未詳	663	947	805	95	135	115
國府參軍處	11	3045	598	553	576	54	50	52
海軍部	7	4800	572	992	782	143	142	143
首都衛戍司令部	8	2333	720	720	720	90	90	90

〔註64〕《京各機關汽車數額》，《新聞報》，1934 年 3 月 12 日第 4 版。
〔註65〕何乃民：《現代汽車來源概況》，上海：商務印書館，1946 年，第 242 頁，表1。1936 年，炎言指出，「南京為政治中樞，籍貫淋漓，達官貴人，摩肩接踵，於是各機關之汽車，亦逐漸俱增，據最近統計已達 2000 餘輛。」炎言：《航空救國與機關公用汽車》，《民鳴週刊》，1936 年第 3 卷第 2 期。炎言的表述不夠清晰，其中 2000 餘輛當非專指公務車輛，而係南京市的汽車保有總量。
〔註66〕周珠彝：《太原廣州兩地汽車觀想感》，《申報》，1928 年 1 月 28 日第 25 版。
〔註67〕薇：《太原市鱗爪》，《大公報》（天津版），1933 年 1 月 18 日第 9 版。
〔註68〕吳雲高：《述江西之汽車與道路》，《申報》，1929 年 5 月 7 日第 28 版

考試院	2	3598	350	350	350	175	175	175
建設委員會	4	2703	719	267	493	180	67	124
衛生部	4	3629	337	374	356	84	94	89
司法行政部	3	2434	264	250	257	88	83	86
教育部	4	3169	208	205	207	52	51	52
審計院	1	1513	35	70	53	35	70	53
賑災委員會	1	500	77	56	67	77	56	67
禁煙委員會	1	1900	96	48	72	69	48	72
中央國術館	3	2112	61	48	55	61	48	55
監察院籌備處	1	3346	77	8	43	77	8	43

續上表

機關名稱	修理費			每輛平均修理費			備　考
	五月	六月	平均	五月	六月	平均	
訓練總監部	1178	1178	1178	91	91	91	左係 3 輛平均價，內有 5 輛消耗係假定數。機油包括在汽油欄內。
外交部	641	945	793	92	135	114	機油包括在汽油欄內。
國府參軍處	575	276	426	52	25	39	4 輛買價共銀 8770 兩，以 7 錢 2 分折合 1 元計，如左數，其餘 7 輛買價未詳。2 輛汽油及修理費無。
海軍部	210	156	183	53	22	38	自 6 月起，始改為部。內有 6 輛買價未詳。機油包括在汽油欄內。
首都衛戍司令部	240	240	240	30	30	30	3 輛買價未詳，其餘 5 輛買價共 8400 兩，以 7 錢 2 分折合 1 元計，如左數。
考試院	250	250	250	125	125	125	
建設委員會	171	43	107	43	11	27	
衛生部	249	218	234	62	54	58	1 輛，買價未詳。機油包括在汽油欄內。

司法行政部	83	94	89	28	31	30	機油、電、水包括在汽油欄內。
教育部	46	64	46	11	11	11	1輛，修理費無。
審計院	94	36	65	94	36	65	
賑災委員會	58	31	45	58	31	45	
禁煙委員會	1	40	21	1	40	21	機油、電、水包括在汽油欄內。
中央國術館	9	4	7	9	4	7	2輛未用，汽油及修理費無。
監察院籌備處							修理費無，機油包括在汽油欄內。

原表附注：內有建設委員會係將每月所購之汽油買價填入，未將實在消耗指數填入，但兩月平均則與實在消耗之數相去亦不遠。因在 6 月中，該機關購入汽油甚少。

資料來源：《首都各機關汽車平均價目及其耗費表（1929 年 5、6 兩月）》，《審計院公報》，1929 年第 2 卷第 1 期。

汽車「價格廉省，交通利便」。〔註69〕但是，據南京某部之調查報告，各機關汽車全為公事者，其實不多，「泰半是被『揩油』」，所謂「揩油」，即指公車用途並非公事，主要有五種，一是公務人員本人並非執行公事的往來接送；二是接送公務人員子女上學；三是公務人員應酬娛樂和購物；四是公務人員陪伴眷屬親友遊覽名勝；五是「每屆夏令，在中山道上大兜其風」，此舉「尤為常見」。〔註70〕南京基層黨部將首都機關專車用途分為三類，即「辦理公務」「半公半私」和「假公濟私」。〔註71〕實際上，可以劃分為兩種形式，一是公務人員用於非公事務。二是公務人員家屬使用公車。

一是公務人員用於非公事務。顧維鈞夫人黃蕙蘭回憶說，其「府第裏有很多的院落，因而常常有好多外國客人住在我家，每天我們都安排出遊。我們也許去野餐，也許去逛商店、買東西，也許去訪問長城。這一切活動都氣派十足。常有將軍們和其他政府要員乘坐公家的汽車參加。」〔註72〕浙省機

〔註69〕周珠彝：《太原廣州兩地汽車觀想感》，《申報》，1928 年 1 月 28 日第 25 版。
〔註70〕音青：《數百萬元的汽車開支》，《生活》，1930 年第 5 卷第 40 期。
〔註71〕《機關汽車弊端，十區九分部呈請中央裁減》，《中央日報》，1930 年 5 月 10 日第 8 版。
〔註72〕黃蕙蘭：《沒有不散的筵席：外交家顧維鈞夫人自述》，天津編譯中心譯，北

關庶務主任王某，因公家備有汽車二輛，「恒為宅眷乘往西子湖畔遊玩」。〔註73〕1936 年舊曆新年，著名坤伶章遏雲在南京大戲院演出，《中國日報》揭露其豔史，並且在其登臺當日，派人把假公濟私、乘坐公車去看戲的公務人員的汽車號碼，暗中抄錄，於次日發表，結果都是各院、部、會、府的汽車，「這些坐車的要人、次要人，以及三四等的要人們都大喊乖乖，厲害了。」輿論認為，民眾已經不應該娛樂，更何況是公務員，盛讚《中國日報》的舉動確係「大快人心」。〔註74〕

　　對於公務員乘用公車出入娛樂場所的現象，社會輿論辛辣地諷刺說：「各大戲院的門口，天天堆著許多公家汽車，真是滿坑滿谷，大約是借戲院開會議吧，也許是在那裡做紀念周，不然，還不是裝了白屁股、血嘴唇在那裡賞識外國風光。公家汽車除了拜客、上下辦公之外，天天還要兼著許多差使，你看功高不功高。」〔註75〕

　　公車私用現象也遭到愛國學生的痛斥。九一八事變之後，學生抗日救國運動蓬勃激昂。10 月 6 日中央大學抗日宣傳隊每隊 20 人，逐日分赴各娛樂場演講日軍暴行及救國要旨，發現公務員乘用公車遊玩者，即將車照扣留，並推派代表赴其所屬機構「質問」。〔註76〕10 月 15 日，中大抗日救國會電呈國府：「值此國難方殷，應上下一心，發憤惕厲，何暇恣意尋樂。乃據本會宣傳隊報告，在京各遊戲場所，發覺多數公務人員，乘坐公家汽車，容與享樂其間，當經面加勸勉，並將各該汽車牌照摘下為證。本會同人憑愛國之熱忱，僅能責以大義，而繩以法紀，責在鈞府。用將各該汽車牌照檢呈，請即分飭各部處局具領。」〔註77〕學生並無執法權，只能秉持愛國大義，從道德層面予以譴責。

　　即使是盧溝橋事變爆發後，公車出於娛樂場所仍然不絕如縷。譬如，1937 年 7 月 21 日，南京陸軍獸醫學校即曾建議當局禁止公車私用，「公務員正當娛樂、私生活，不應該靡費公帑。首都各處娛樂場所，如戲院、劇場、茶社等，

京：中國文史出版社，1988 年，第 171 頁。
〔註73〕《舊貨自杭州寄》，《晶報》，1930 年 5 月 30 日第 2 版。
〔註74〕瘦秋：《章遏雲在京觸黴頭，中國日報揭載其趣聞與豔史，調查坐公家汽車看戲的號碼》，《上海報》，1936 年 1 月 31 日第 3 版。
〔註75〕漫茶：《勞苦功高的公家汽車，署長老爺大兜圈子，機關公物也兼差使》，《東方日報》，1933 年 2 月 21 日第 2 版。
〔註76〕《抗日救國運動》，《申報》，1931 年 10 月 7 日第 7 版。
〔註77〕《制止公務人員尋樂》，《申報》，1931 年 10 月 16 日第 8 版。

恒見掛有機關牌照之汽車，密集門前。此類汽車，悉為公務員所乘，無疑為以私費公。」故而函請主管當局「設法限制」：「值此國難嚴重之時，為公節省一文，即多作一文之事。前方將士浴血，為守土拼命奮鬥，若輩公務員，因消閒而損失公帑，何以激發人心而紓國難。故請由各機關、學校、新運會，各自分別禁止，並制定標語或木牌，張貼或豎立於娛樂場所，以期節省公帑，轉移風氣。」〔註78〕

二是公務人員家屬使用公車。首都南京的公車私用問題比較突出。1929年的《圖畫京報》配有公務人員家屬出入娛樂場所的插圖，並指出此舉有違「黨治」：「黨政機關的汽車，原給工作人員辦公乘坐的，但是，在熱鬧的戲院門前，居然看到有不少掛著某某機關牌子的汽車停著，並且多是太太小姐們上下，還有身著制服的勤務兵，被她們暫時委做娘姨工作，這個恐怕是黨治下不應有的現象啊。」〔註79〕

1935年，上海的《禮拜六》刊發了記者鳳侶發自南京的通信，認為南京汽車消耗「驚人」，因為南京汽車屬於機關者極多，而機關汽車實際用於辦公者究係少數，除了司長、秘書、科長和參事的接送「兜幾次圈子」之外，還用於他們太太看戲、少爺小姐上學、傭人買點心，以及小姨子的「訪情侶」。作者指出，公務人員家屬都「揩公家之油」，公家汽車怎能不「頻忙」。當時一般小科員出外辦公，則只能乘坐公共汽車和人力車。〔註80〕

中五認為存在公車資源浪費和濫用的現象。「某次部內人員因公出外，總務司說是部內無車，要打電話到汽車行裏去雇，而同時庶務科長的車卻停著沒人用。」「該部某參事到部，因為沒有雇著黃包車，便拉長了兩隻腿在街上走，天是陰陰的下著微微的雨，地是一片泥。忽然間一部汽車衝來，某參事慌忙的讓開，衣服上卻已濺上了多少點泥漿。睜眼看車裏坐著的是一個提著菜籃上市去買菜的江北老媽，號碼則與總務司長的車相同。」該參事入部後，笑對同事說：「焉有參事而不及總務司長之老媽者乎！」其友某君曾任某部總務司長，本可有汽車坐卻不坐，聲稱「良心上說不過去」，「無怪他的官老做不大，後來竟稱病還鄉，告別了新都。」〔註81〕

〔註78〕《公務員應節省公帑》，《中央日報》，1937年7月21日第7版。

〔註79〕《圖畫京報》，1929年第54期。

〔註80〕鳳侶：《首都之汽車消費》（南京通信），《禮拜六》，1935年第606期。

〔註81〕中五：《說汽車》，《論語》，1936年第79期，本社編：《百味人生》，上海：
　　　　上海書店出版社，1997年，第291～292頁。

南京政府行政院參事陳克文在其《日記》中的所記所感，亦證明了輿論所議基本符合事實。1937 年 2 月 20 日的記載：「羅君強秘書因秘書長夫人乘其所乘汽車，過十二時未返院，大發脾氣，罵庶務科長，不應以他人汽車巴結上官。」〔註 82〕這說明了兩個事實。一是行政院秘書長有專車，二是秘書長夫人使用公車。同年 4 月 7 日，他又記：「院中同事常因坐車問題至生芥蒂。今日徐道鄰參議言：張平群（參事）乘車，寧願同事不便，必先為公家省汽車油著想；吳景超（秘書）則寧願公家多耗汽車油，必先為同事利便著想；鄭道儒（秘書）則既為公家著想，亦為同事著想，故情願自己犧牲，不坐車；他自己則既為公家著想亦為朋友與自己著想；張伯勉（參事）則既不為公家著想，亦不為朋友著想，專為自己著想。所言雖未必盡當，同事中確有種種不同之人格，乘車問題，確常常發生糾紛，則固為事實也。」〔註 83〕其中為朋友著想，恐多係公車私用。

二、公車問題的輿論分歧

美國政治學者古德諾早在 1900 年即指出，「不能指望那些熱心於黨務管理和政府工作的人從純粹無私的動機出發，貢獻出必要的時間和精力來從事這項艱巨的工作。……必須以某種方式給予他們報酬。」〔註 84〕黨政人員的公車配置，可以視為現代政黨政治中利益驅動這一公認原則的體現，尤其是國民黨本本來就不是一個意識形態吸引力很強的政黨，〔註 85〕實際利益驅動尤為重要。但是從二三十年代的輿論看，關於公車正當性問題並無政治學家一樣存在共識，而是歧見迭出，大致持有三種觀點，可以分別稱之為「肯定論」「否定論」和「折衷論」。

一是否定公務車的正當性，將其譏為中國特有的「偉大」和「氣魄」。時人中五曾經留學英倫，對英國工黨領袖麥克唐納（Ramsay Macdonald）出任首相之後的平民作風讚譽有加，他認為，麥克唐納「由窮酸一躍而為顯貴」，但能保

〔註 82〕陳方正編輯、校訂：《陳克文日記》（1937～1952）（上），北京：社會科學文獻出版社，2014 年，第 36 頁。

〔註 83〕陳方正編輯、校訂：《陳克文日記》（1937～1952）（上），北京：社會科學文獻出版社，2014 年，第 54 頁。

〔註 84〕（美）F. J. 古德諾，《政治與行政》，王元譯，北京：華夏出版社，1987 年，第 59 頁。

〔註 85〕王奇生：《黨員、黨權與黨爭：1924～1949 年中國國民黨的組織形態》，北京：華文出版社，2010 年，第 258 頁。

持「平常風度」,「每夜十一點從國會辯論完畢出來,他沒有汽車可坐,依舊像未上臺前一樣的走進地道車站裏,忍著疲勞回到漢蒲特斯的家裏去。」麥克唐納一位實業家朋友「看不過意,買了一部汽車送給他,又恐怕他沒錢請汽車夫和買汽油,還送了一點股票給他作維持費。」麥克唐納才免乘坐地鐵之麻煩。麥克唐納的事蹟流傳於英國,被民眾視為「政治清明的一個證據」。中五認為,行政機關的人有公車乘坐,「是中國的偉大處,世界上沒有其他的國家能有這樣氣魄」。他指出,「某部最初汽車是公用的,後來進化到部長有部長車,次長有次長車,總務司長有總務司長車,甚至庶務科長有庶務科長車。」他還指出,國民政府中央另一部門雖然各司長皆有汽車,但其中有一部是新而漂亮的車,為了避免各司長爭奪,該車由各司長按月輪流使用,他譏諷說,「這好比幾個人合討一個老婆,又好像一個人同時有了幾個老婆。」〔註86〕1936年,何乃民針對德國汽車展覽會寫道:1914年德皇威廉所乘汽車,「車底又高,輪胎又狹,其舒適美觀,不及現在南京科長所乘之汽車。」〔註87〕

　　第二種觀點是承認高級公務員有必要配備公車,但不能範圍過寬。1936年,《民鳴週刊》刊載炎言的「航空救國與機關公用汽車」一文,將中、日兩國的公車問題進行了對比。他指出,日本官署除內閣大臣及主管官、次官、次長之外,「多乘街市電車赴公,無官備汽車之事」。即使是內閣總理大臣,在休息之日亦「罕乘用公家汽車」。由此可見日本政界「愛惜國帑,潔己奉公」。我國則不然。他認為各機關汽車除「政治領袖及主管者,確有縮地之需要者」外,其餘不免用之過濫,實際則「以國家有用之錢財,供無謂之逸樂」。他主張,值此「全國上下,臥薪嚐膽,復仇雪恥之時」,公車濫用現象「非所宜有」,應該「加以取締」,而將此巨額金錢用之於國防。〔註88〕1931年,有人以俄國為例,認為俄國普通公務員的衣、食、住、行比不上俄國工人,中央委員除非因公乘坐公車外,處理私事仍然徒步或乘坐電車。我國經濟狀況並未強於俄國,但是我國公務員的生活則好於俄國,所謂「要人」自不待言,薦任以上的文官和中校以上的武職,都是「坐汽車、穿洋服、吃大餐」。〔註89〕

〔註86〕中五:《說汽車》,《論語》,1936年第79期,本社編:《百味人生》,上海:上海書店出版社,1997年,第291～292頁。

〔註87〕何乃民:《現代汽車來源概況》,上海:商務印書館,1946年,第329頁。

〔註88〕炎言:《航空救國與機關公用汽車》,《民鳴週刊》,1936年第3卷第2期。

〔註89〕迅逐:《令人悲觀的國情》,《大公報》(天津版),1931年8月8日第11版。

　　第三種觀點是肯定機關公車的必要性。「肯定論」主要從汽車的工具性著眼，認為公務汽車既能提高工作效能，又可減輕公務人員經濟負擔。1933 年《中央日報》刊文「機關公共汽車——南京素描之一」。文章認為，大都會每天早、中、晚三個時段的交通非常擁擠，因為「洋行小鬼」、機關公務人員，以及商店、公司、銀行、錢莊的跑街和捐客，大學、中學、小學的「通學」學生，由一個學校到另一學校兼課的教授，都必須來回往返。首都南京的交通狀況亦大致相同，與其他城市的不同之處，是機關公共汽車眾多。文章寫道：「大型的，小型的，素色的，五彩繽紛的」，車身漆印上機關名稱，或是前面加一琺瑯磁牌，「常如乳燕在花陰柳陣飛過」。乘客或是「武裝同志」，或是「西裝少年」，又或為長衫外加馬褂或長衫外加背心的人員，「怡然自得地談笑著，或不談不笑靜默地想他們夫子廟前所眷愛的姑娘，和某夜某時的賭賬」。作者最後根據相關機構的空間布局，認為路途遠隔，有些機關位於首都一隅，如果職工安步當車，足以耽誤工作時間，「至少在簽字簿上落了後」，而倘若每天來去，自己花錢雇車，則「幾個仰瞻俯蓄都不夠的緊縮著的薪俸，尤其要顯得躇蹰」。由此可見，公車實為「賢明的長官，體貼下情，增進工作效能」，於是南京的早中晚，街道上「平添了富麗堂皇的許多活動衙門——誰說不是衙門，那上面不都坐滿了官兒嗎？」〔註 90〕《中央日報》係國民黨中央的機關報，所陳理由顯然不能排除其自我辯護或者說自我「合法化」的立場。

　　1930 年公車問題的一次公開辯駁，反映了社會輿論與政府之間關於公車問題的分歧所在。當年出版之《統計彙刊》，載有國民政府審計院關於中央機關汽車的開支問題。該文係審計院統計科科長陳其鹿根據南京工務局提供的數據，相關數據截止於 1929 年底。署名「音青」、自稱記者的南京人撰文「數百萬元的汽車開支」，發表於鄒韜奮所辦上海《生活》雜誌。因為此文涉及教育部的汽車問題，教育部秘書周淦撰文「關於教育部的汽車問題」予以「辯正」，該文同樣刊載於《生活》雜誌。下面對兩文進行詳細梳理。

　　音青一文，首先估算了南京中央機關的汽車支出。陳其鹿的統計報告指出，在京中央機關共有汽車 427 輛，每輛購價平均為 2808 元，每輛每月平均消耗汽油 79 元，修理費 43 元。其車輛數據來自根據工務局的報告，而汽油及修理費均係根據中央機關之收支報帳而進行統計。音青認為此項統計雖然

〔註90〕蔣蔣：《機關公共汽車》（南京素描之一），《中央日報》，1933 年 1 月 14 日第 8 版。

「正確可靠」，但遺漏汽車夫薪水和臨時雇用之汽車費兩項支出。因此，他以陳其鹿的數據為基礎進行估算，截止1930年7月底，中央機關共有汽車500輛，每輛購價平均3000元，共計150萬元。以每輛每月耗費汽油100元、修理費50元、車夫薪水50元計算，則每輛每年之耗費共為2400元，五百輛車每年之耗費總數為120萬元。京國民政府成立後的三年，中央機關汽車購置費及消耗費共500萬元。音青的估算數據明顯大於陳其鹿的統計，對此音青解釋說，一是陳的統計口徑，時間係以1929年底為止，而其後半年多各機關新購汽車為數不少，並且自己的估算包括了臨時費用。二是金價暴漲之後，汽車、汽油以及零件等無不漲價。三是根據自己的近期調查，各機關汽車均雇用二人，一司開車（俗稱大車夫），每月薪水均在50元左右，一司「招呼及洗車」（俗稱小車夫），薪水每月約在20元左右。因此，音青認為自己的估算數據，雖係略數，但應該低於實際支出。他進而指出，相關統計所涉中央機關，均僅指中央直轄者而言，其數不到五十，而耗費之大「誠足令人驚奇不已」。

　　二是討論公車的必要性及其使用問題。關於前者，他直接援引陳其鹿的看法，即「中央各機關之汽車購置，已屬太多，或謂京中路途遼闊，乘坐汽車則遇開會接洽，可以節省時間，殊不知開會接洽之事不常有，現在中央常委及政務官之外，普通機關汽車有備至七八輛以上者，究非政府提倡節約之旨。吾敢言京中各機關汽車，即減少一百輛，未必於辦事之效率上有所減損。」音青認為，陳係政府中之中級官吏，「所言當較臆推者為可信」。他又根據南京某部調查報告的結論，即機關汽車用於非公務者甚多，因此其看法是，「以有用之金錢，作此無益之消耗，實令人寒心。」

　　三是結合教育經費緊張問題討論教育部的汽車支出。音青撰文前一日媒體報導，教育部籌設的中央教育館及教育班究所，因經費無著而停頓。他據此推論，假設教育部少購汽車5輛，則三年來可以節約5萬餘元，而以此款舉辦大規模事業，或有不足，但用於興辦中央教育館，「當不難先期成立而後逐漸擴充之」。他根據審計院一名職員的說法，中央研究院備有汽車11輛，三年來之耗費已經超過10萬元，但同時又苦於沒有經費興辦院址。他說，如以此款作為建築費，則「不難建一塔樓」，若以此款用於招收研究生而培植之，既可解決「金貴銀賤聲中無力出洋者之求學」難題，又可為國家造就有用之人才，「誠一舉而兩得之事也」。他批評該院「計不及此，反染普通行政機關

之腐化行為，實亦深可歎息者也。」

　　音青進一步對政府機關甚至社會機關的陋習進行抨擊，認為我國無論何事，「一為公辦，往往用人即不注意效率，用錢即不注意經濟，故苟為私人自營之業務，常能認真緊湊，蒸蒸日上。一為公辦事業，無論為政府機關，或為社會機關，往往即馬虎鬆懈，易趨腐化。」他強調，此種心理不改，較大規模之組織未有不奄奄無生氣，或不免完全失敗者。」〔註91〕

　　周淦擔心音青的「高論」，憑藉「銷路最廣」的《生活》週刊而傳遍全國，「難免不使大家對教育部發生誤會」，故而「不得不加以辯正」，「藉以答覆不署真名的音青君」。周淦「很贊成」音青的汽車節約論，聲稱「在此金貴銀賤的時候，如果大家都不坐汽車，仍然回覆到從前『四人大轎』時代，免得利權外溢，倒也來得痛快。」但對音青有關教育部的批評，則極力予以澄清。他說，教育部在三年以前係大學院的一部分，當時大學院一共只有兩輛破舊汽車。1928 年底，教育部成立，購置兩輛新車，大學院的兩部舊車也移交到教育部，但兩輛舊車「好像兩個病人，雖然勉強撐持，掙扎，實在不中用了。走在路上總沒有別的那麼『風馳電掣』。只好由上海運來半新半舊的福特車一輛補缺，把最舊的一部停止不用。」他特別強調，該舊車「實在是五癆七傷走不動了」。在他看來，管理全國教育的機關，僅有 4 輛汽車，「不能算多」，如果教育部一輛汽車也沒有，部中各高級職員每天赴各機關接洽公事或參加會議，由城北到城南，一來一往，路上所耗時間，若按照他們的時得薪折算，則所省經費不一定多於所損經費。根據他的計算，教育部高級職員 3 人參加中央黨部會議，如果乘坐洋車前往，往返至少損失 40 分鐘。他們每人薪水每月 3 百元，每天 10 元，每天以 8 小時計算，每小時 1.2 元有餘。每 40 分鐘折洋 8 角，三人共計 2.4 元，再加上來往車費每人 4 角，共 1.2 元。則此次開會，公家須擔負 3.6 元車費。如用部中汽車往返，只不過耗費汽油費七八角，加上車夫薪工、汽車修理費等，公家大約擔負 1.6 元。兩相比較，可為公家節省 2 元。

　　周淦進一步辯稱，教育部「向來極力節省」。他以組織架構為依據，認為教育部共設五司，應該有 5 個司長，但實際只有 3 個司長支俸，其餘兩個司長係由部員兼任，「分文不支」，但「工作是一樣的做，並不因為人少就少做事」。他自稱只要「能夠體貼公家，不事妄費，省下一筆錢來，拿去供給 4 輛

〔註91〕音青：《數百萬元的汽車開支》，《生活》，1930 年第 5 卷第 40 期。

汽車之用」，實際上秉持了節約原則，「總可以得其平了」。〔註92〕

　　鄒韜奮刊發周淦一文時附有較長按語，指出周淦一文係為教育部「辯正」的一封來信，同時指出自己與音青「素昧生平」，對其真實姓名負有「代守秘密的責任」，但又聲稱其文稿係由南京外交部寄來。鄒韜奮根據音青一文所引證據，認為其所論「當非捕風捉影之談可比」，故而「採登」，並且認為文中所引陳其鹿對政府的委婉指責，倘非「大部分『實情』」，「以置身政府中人的陳君不應作此語」。他又根據教育部的「辯正」，認為教育部不屬「大部分」之內，音青對教育部的批評，認為是「城門失火，殃及池魚」，並對教育部「致其歉忱」。鄒韜奮順帶闡述了自己的「節約」觀，認為自己一向主張「節約運動應從上而下」，他也批評國人在節約方面的公、私有別現象，強調國人「對私的方面也許還能善於『節約』，對公的方面則往往善於不『節約』，所謂慷他人之慨者是也」。他呼籲服務於政府機關和社會機關者「注意與改革」。他特別強調，「為公辦事，用人要注意效率，用錢要注意經濟」，用人注意效率，並非只管盲目省錢而不要用人，用錢注意經濟，亦非只管盲目省錢而不講效率，不講效率便不配稱為經濟。因此他不贊成周淦所主張的回歸到「四人大轎」時代，也反對國人「時間不算錢」的普遍傾向。〔註93〕

　　鄒韜奮反對回歸「四人大轎」時代，這與其對汽車工具性的認識密切相關。1930年，曾有「一位熱心讀者」向他「報告」，有人指責《生活》編者「大發其財，有了洋房汽車」。鄒韜奮撰文予以澄清，闡明了自己的物質生活觀點。他首先指出，《生活》雜誌的編者個人有無洋房汽車，只要不是「藉本刊作弊弄來的作孽的錢，原不成問題」。他以美國為例，認為美國木匠、泥匠去做工時，來回都用自備汽車，他們住房內有地氈、書房。如果像他自己以編者「這樣一個窮酸書呆子，居然也勉強能和美國的木匠泥匠比得來，那正是我國發達的好現象，正求之而不可得者，無庸諱言也」。他針對雜誌社的洋房汽車問題指出，如果擁有洋房，可以給為該刊「努力辦事的同事以良好的工作環境」，擁有汽車，「可以使為本刊努力辦事的同事有較速的效率」。因此，洋房汽車恰恰是雜誌社「所希望的」，「但目前尚未足以語此」。

〔註92〕周淦：《關於教育部的汽車問題》，《生活》，1930年第5卷第43期，韜奮基金會、上海韜奮紀念館編：《韜奮全集增補本》（第3冊），上海：上海人民出版社，2015年，第220～221頁。

〔註93〕韜奮基金會、上海韜奮紀念館編：《韜奮全集增補本》（第3冊），上海：上海人民出版社，2015年，第221～222頁。

該刊「現在完全經濟獨立」，辦公室係由該刊自己出錢租賃而來，雖然「似乎有點像洋房，但辦公室里人多地小，辦公桌的中間走不過並排走的兩個人，簡直好像在牛角尖裏周旋。」至於汽車，雜誌社職員主要乘坐公共汽車，只有雜誌「自第五卷第一期起每星期乘著汽車揚長駛到郵局」。從前《生活》雜誌是「鑽在許多大麻袋裏，乘著八九輛黃包車，搖搖擺擺的蜿蜒過市，途中印度阿三看見滿滿的高高的堆著不知什麼，常常舉著警棍和我們為難，所以為免麻煩及省時起見，自第五卷起已極力設法使《生活》每星期乘一次汽車，讓它闊一下！不過還是租來的。」〔註94〕

　　1936 年，薛民高戲擬「官吏乘坐公用汽車條例草案」14 條，比較系統地反映了社會輿論對於公車問題的設想或期待。同時，他對其所擬條款逐條說明理由，稱為「理由說明書」，從眾可以管窺近人對於公車弊端的觀察和理解。這是頗為罕見的公用汽車問題材料，茲將兩份材料製成下表。

薛民高：《官吏乘坐公用汽車條例草案》，《是非公論》，1936 年第 11 期。	薛民高：《官吏乘坐公用汽車條例草案》（理由說明書），《是非公論》，1936 年第 11 期。
國民政府為辨別公私維持廉恥起見，制定本條例。	現在國民政府屬下之官吏，其有資格乘坐公用汽車或機關汽車者，不僅其本人享受此項權利，即其朋友、親戚、公子、小姐、愛妾、情人、僕役、走狗等亦常得揩油；不僅因公出差時享受此項權力，即赴宴會，遊陵園，上戰場（指雀戰）及上衙門回公館時，亦得享受此項權利；公私混淆，廉恥喪盡，亟應加以取締，故制定本條例。
本條例所稱官吏，指凡服務於國民政府及其所屬各級機關之人員。	乘坐汽車之官吏，不應以特任、簡任、薦任、委任為限。各機關所雇庶幾錄事以及茶房等等，苟因要公出差，亦應乘坐汽車，以增行政效率，而符平等原則。故第二條關於官吏之定義，採取廣義解釋。
本條例所稱公用汽車，指凡中華民國公用汽車總管理處所自置或委託服務之汽車。	現在統制二字，非常時髦，故公用汽車應設管理處。該處附設於內政部。為事實上之便利起見，總管理處不必自設車行，亦可委託營業汽車行代為服務。

〔註94〕編者：《〈生活〉的洋房汽車》，《生活》，1930 第 5 卷第 8 期，韜奮基金會、上海韜奮紀念館編：《韜奮全集增補本》（第 5 冊），上海：上海人民出版社，2015 年，第 464～465 頁。

管理乘坐公用汽車，須能證明其合下列各款之一：一、自本機關因公出差而出差地距該機關一公里以上者；二、自出差地回本機關，而其距離在一公里以上者；三、因公得病須自辦公處送回本寓或醫院者。	管理多會說謊，且頗長於假公濟私，故官吏乘坐公用汽車，除打電話與簽名外，尚須備有證明文件。官吏之因公出差，情形至不一律。今如有一內政部科長，在昨晚預奉司長之命，今晨赴教育部開會，而其公館適在成賢街一帶，即無乘坐公用汽車之必要。又如教育部有一司長，奉部長命赴行政院，步行數分鐘即到，坐人力車只須銅元十五枚，亦無乘坐公用汽車之必要。故官吏乘坐公用汽車，雖屬因公，亦應限定其出發地與出差地，並須規定最低限度之距離。在辦公處突然患病，其原因不一，有為昨晚未眠而致此者，然為重視人道起見，可一律作因公得病論，得病之人，不必全送醫院，因有深信中醫及硬挺主義者也。
官吏若命公用汽車停候，須有下列各款情事之一：一、出差地電話不通者；二、停候時間不逾十分鐘者。	官吏出差，多為開會，而中國人之開會，往往開談半天，如今車夫停候，殊不經濟，故須規定停候條件。
凡月俸在六百元以上而又加領辦公費之官吏，不得享受乘坐公用汽車之權利。	此條之道德意義，至為明顯，無庸申說，此等大人物而不自忖汽車費，即可視為貪污之確鑿證據。
凡因兼職而月領兼薪或車馬費六十元以上之官吏，無論在何情景之下，不得享受乘坐公用汽車之權利。	同前。
官吏乘坐公用汽車，以其本人為限，並須穿著制服，佩戴本機關徽章。	本條規定，亦極普通而明顯。
國民政府及其所屬各級機關現有之公用汽車，應即一律移交中華民國公用汽車總管理處或其指定之車行。	統制以集中管理為必要之條件，故各機關不得自置汽車。
財政部應即扣留國民政府及其所屬各級機關現因自備公用汽車而多領之經費，以其一部分作為中華民國公用汽車總管理處之經費，另一部分作為籌設中華民國汽車製造廠之經費。	實行統制之後，關於公用汽車之開支，至少可省二分之一。如果監察嚴密，管理得當，或可節省十分之七，苟以所省之費按月交付實業部籌辦製造汽車工廠，必無經費不足之虞。
凡違反本條例之官吏應處罰；罰則另訂之。	不罰不足以防弊，故應另訂罰則。
中華民國公用汽車總管理處之組織法及其服務細則另訂之。	本條所說之組織法與服務細則，餘將另擬草案。

本條例以民國二十五年七月一日至二十六年六月三十日為試行時期，其通用範圍以在首都服務之官吏為限。	我以為任何法制，都應經一試行時期，方可推行全國而無弊。首都為中外觀瞻所繫，且為「怨聲載道」「行人側目」之地，自應首先試行。
本條例試行期滿後由立法院斟酌修正，呈請國民政府公布全國施行。	無庸解釋。

　　《是非公論》雜誌刊發薛民高所擬《草案》時，有一「按語」，認為中國政治上至少存在其他國家沒有的兩種「怪現象」，分別是「官吏發通電」和「官吏坐公家汽車」。針對後者，編輯按語指出，「各國皆有官吏，官吏皆有妻子愛好，但未見官吏的太太小姐們粉紅黛綠者坐著有公家牌照的汽車，馳驅於電影院、跳舞場之間的」，認為薛民高一文「用心良苦」，故而「代為披露」。〔註95〕薛民高自稱其所擬「草案」及「理由說明書」，認為「雖係個人私擬，然尚似能代表一般國民之公意」，並且認為「為練習總理遺教中之創制權起見」，特附「假投票單」，呼籲讀者「勿以小事而忽之」，「無論贊成與否，各投一票」，並計劃將投票結果發表於《是非公論》，「謹備黨國要人及立法院諸公參考」，同時認為其條文細節「自然尚多可以修改之處」，但此「實為立法委員之未來責任」，讀者可以「姑置不問，僅注意其大體可也」。而《是非公論》為了確保讀者能夠做到公正投票，故而對「草案」以「薛民高」的筆名刊發，以免「姓名一經宣布，容易引起少數投票者之對人情感與一切揣測用意之辭」，同時呼籲讀者投票亦用不記名式，「但請各對自己之良心負責」。〔註96〕

　　《是非公論》在同年第 13 期公布了此次民意調查的粗略結果，收到讀者投票 210 張，由信封地址判斷，投票人包括新聞記者、大學教授、商店經理、公務員、黨務人員，以及所謂的「今之賢人」。其中有一讀者甚至聲稱，「不但贊成」，並且「十二萬分的至誠贊成」，同時呼籲「設法提倡實行」，其本人「誓當擁護」。《是非公論》認為，儘管對於「真投票向無訓練」的中國，對於「假投票的初度嘗試」「不像美國總統選舉投票一樣活躍，惹人注目，煞有介事」，但是「區區的結果，起碼足以證明《是非公論》讀者群體的熱忱」，

〔註95〕針對前一種現象，編輯「按語」譏諷說：「各國皆有政府，政府皆有官吏，但未聞一個政府的官吏，隨時可以發一通電，遍寄全國，高談政見，然後繼之以自由行動者。」《是非公論》，1936 年第 11 期。
〔註96〕薛民高：《官吏乘坐公用汽車條例草案》，《是非公論》，1936 年第 11 期。

並且認為贊成其主張者，肯定超過 210 人。〔註 97〕

三、公車私用的整治措施

面對公車私用問題以及輿論的激烈批評，南京國民政府以及各地方政府也試圖進行整治，主要從以下三個方面著手。

首先是清查公車的保有量及其配備權限。1929 年 7 月 3 日，國民政府審計院院長于右任和副院長茹欲立為了審計工作的需要，曾對中央機關公車數量和日常耗費著手進行調查，聲稱「中央各機關購置自用汽車者甚多，但現有車輛數若干，最近每輛每月消耗汽油費與修理費若干，敝院無從知悉，以致審核各機關計算書時發生種種窒礙，茲為便利審核起見，特製就調查表一種，隨函奉上。」〔註 98〕當月 8 日，南京市長劉紀文根據審計院要求，訓令所屬各機關報送當年五、六兩月份的調查表，以便「呈覆匯轉」。〔註 99〕前文所引表格，實際上就是此次統計的結果。1930 年 2 月，南京市政府又頒發了「限制各局備用汽車案」，聲稱「本市庫款支絀極應節流，所屬各機關允宜共體時艱，力事減政。汽車一項，各局處所備不少，消費至巨，應即減除。」除各局局長因公使用「準備汽車」一輛外，要求其餘各局處之汽車，應於三日內一律「開送來府，聽候驗收，勿違此令」。〔註 100〕

其次是禁止公車私用。國民政府行政院於 1930 年 6 月 4 日頒發「為各機關汽車非因公務不得濫行使用案」：「國民政府文官處第 3652 號函開：準中央執行委員會秘書處 8648 號函開，奉交南京特別市執行委員會轉請函，國府通令各機關將不必要之汽車概行裁汰，盡作公共交通之用，以利民行一案，奉批交國民政府，即煩查照轉陳等由。主席諭交行政院。各機關對於公家所置汽車，非因公務原不得濫行使用。值此厲行節約之際，尤應加以取締，

〔註 97〕《官吏乘公用汽車條例草案假投票結果報告》，《是非公論》，1936 年第 13 期。

〔註 98〕于右任、茹欲立：《國民政府審計院公函》（1929 年 7 月 3 日），《審計院公報》，1929 年第 2 卷第 1 期。

〔註 99〕劉紀文：《令飭查填審計院汽車調查表案：訓令所屬各機關為準審計院函送汽車賣價及其費用調查表請將本年五六兩月份經過查填見復仰即查填呈覆匯轉由（訓令第 2123 號）》（1929 年 7 月 8 日），《首都市政公報》，1929 年第 40 期。

〔註 100〕劉紀文：《南京市政府限制各局備用汽車案指令第 370 號》（1930 年 2 月 1 日），《首都市政公報》，1930 年第 54 期。

以減消耗而重公帑。」〔註101〕軍政部於 6 月 6 日向該部各署廳長、首都衛戍司令、各警備司令頒發訓令，「奉行政院令，各機關汽車非因公務不得濫行使用，令仰取締，以減消耗」，「轉令遵照」〔註102〕。教育部亦命令國立中央大學、南京特別市教育局「轉飭遵照」〔註103〕

　　行政院頒令整治公車私用濫用，起因來自基層黨部的呼籲。1930 年 5 月 9 日，南京市黨部十區九分部呈報市黨部，請其轉呈中央黨部「函諮國府通令各機關裁減汽車」。九分部的呈文首先分析了南京公車的發展狀況，「竊查汽車代步，原為交通上必須之工具。自首都奠定以來，無論何種機關設立伊始，必購汽車多輛，以應辦理公務之需要，為省時省事起見，用意至善，但事實上因公乘用者固多，然僅供少數人私用者，亦不在少數。查南京在未定為首都以前，全市汽車不過百餘輛，自改為首都以來，道途馳騁之汽車牌號，已達一千七八百之數，其間除少數黑牌係營業性質外，大多數為各機關專用之白牌車輛，似有繼續增加之趨勢。其購入時之價額，僅為一次之支出，因國貨無代用物品，所費亦有限。近聞汽車用油，每加侖已漲至四元，則此多數汽車之經常費用，常年損失，實為無限。若不急圖彌補，漏巵正大。先總理所謂我國受經濟之壓迫，將至於國亡滅種而後已。」該呈文將首都機關專車用途分為三類，並對各自用途進行了估算。一是辦理公務，此為各機關購買汽車之目的，亦即購置汽車的「唯一理由」。儘管此種理由已「造成罪惡不少」，但真正因辦理公務而使用汽車者，「亦僅十之一二耳」。二是「半公半私佔用汽車」，此為最「普通情形」，「視公物為私有，不論公務私事，行必汽車，如晨夕辦公之送往迎來，以及子女入學個人應酬等等」，此類實占十之六七，「均使公家受意外之損失」，而享受者僅少數機關高級職員。三是「假公濟私使用汽車」，此為「僅見之事實」，雖然不敢「明目張膽」，但「事實甚多」，約占十之一二。

〔註101〕《訓令第 2148 號：令各部會：為各機關汽車非因公務不得濫行使用案由》（1930 年 6 月 4 日），《行政院公報》，1930 年第 158 期。

〔註102〕何應欽：《軍政部訓令：令本部各署廳長、首都衛戍司令、各警備司令等：為奉行政院令各機關汽車非因公務不得濫行使用令仰取締以減消耗等因轉令遵照由》（1930 年 6 月 6 日），《軍政公報》，1930 年第 70 期。

〔註103〕《訓令字第 597 號：令國立中央大學，南京特別市教育局：為奉令各機關汽車非因公務不得濫行使用仰取締以減消耗轉飭遵照由》（1930 年 6 月 14 日），《教育部公報》，1930 年第 2 卷第 25 期。

該呈文總結說，僅就舉舉大者而言，即足以證明汽車之使用僅為少數人之享受，並非為「大眾謀利」。此種現象的直接危害，或因汽車增加，引發洋車夫失業之社會問題，「亦為必然之事實」，或至「汽車馳騁道途，肇事興端，斬喪人命，作孽更多」。而「恒見茶樓酒館遊戲場所，皆停有白牌汽車，亦為明顯之事實」，此輩「濫用公物，益覺肆無忌憚，公私不分，是非不明，其道德淪亡，廉恥喪盡，積久則貪贓，始自枉法，營私必定舞弊，事雖微細，影響極大」。「此皆非本黨指導之下所以宜有此奇形怪狀」，「茲經屬部第二十七次黨員大會決議，呈請上級黨部轉呈中央，函諮國府通令各機關，將不必要之汽車即行裁減，盡作公共交通之用，以利民行，直接的節省行政支出，化消費為生利。間接的減輕人民負擔，更為多數人民謀幸福。一舉而數善兼備，洵為刻不容緩之要圖。」〔註104〕

三是公車遵守交規。1928年3月1日召開的上海公安局第十九次局務會議，局長孫伯文「臨時提議廢除各機關自備汽車所插旗幟案」，認為各機關汽車插旗，原意不過「藉示區別」，但流弊所及，不僅導致公車汽車夫、馬弁及崗警等「玩忽業務」，而且造成「一般不明了者」產生「階級之謬見」。為了力避「誤會」，應即廢除旗幟，出入城門，另發「免查證」。二是馬弁站立公車兩旁，「觀瞻不雅，最易滋事」，應令其改坐車之前端。由秘書撰擬議案，提呈市政會議，〔註105〕並於3月3日召開的第26次市政會議討論通過，「交公安局另擬替代辦法」。〔註106〕

1929年9月，廣州公用局局長上呈廣州市長，「轉請通令各機關，如有公用車輛在本市行駛者，一律照章駛車赴局查驗，領用牌照，以免危險，而資取締。」而廣州市公安局局長歐陽駒上呈廣東省政府：「邇來各軍政機關公用汽車，在市面行駛，每有不依照定章領照懸牌，或有在車上插豎該機關小旗，即不依路線，任意馳驟，交通警察執行干涉，置之不理，似此情形，不獨於定章有違，尤恐歹徒利用含混影射，影響公安」，故而「備文呈請鈞府察核，俯賜轉飭各軍政機關一體遵照，嗣後對於機關公用汽車，一律不准在汽車上插豎某機關名稱小旗，並嚴令該汽車所屬機關及駕駛司機，依照定章，前赴公

〔註104〕《機關汽車弊端，十區九分部呈請中央裁減》，《中央日報》，1930年5月10日第8版。
〔註105〕《公安局第十九次局務會議》，《申報》，1928年3月13日第21版。
〔註106〕《第二十六次市政會議紀錄》，《申報》，1928年4月3日第18版。

用局領取汽車牌照、司機執照，懸掛牌號片，方准行駛，如係軍用汽車，應懸掛軍用汽車牌號片，以前發出軍用汽車牌號共有若干，並懇飭該發給機關，將領用機關名稱地址、軍用汽車牌號數，列冊發交職局，以備查考。嗣後如再有發出，亦需繼續列送，俾分發各區知照，以便分別取締保護。」廣東省政府於 11 日頒布訓令，「應准照辦」，「分別函行各機關依照辦理」。〔註107〕

　　1930 年 5 月，南京警察廳督察處長李進德指出，「邇來各機關公用汽車，車後紅燈，夜間多不燃點，以致號牌號數，一無所見，倘或發生事端，無從辨別」，認為車後紅燈本係「專為表示該車號數而設，自應照章燃點」，因此通知各機關，「一律燃點」。〔註108〕1932 年，南京第十區黨部上呈市執委會，認為「本京各機關汽車，每恃機關威名，任意疾馳，橫衝直撞，肆無顧忌，以致司機偶一失慎，非傷即斃，時有所聞，若不從嚴查禁，將何以利行旅，而維公安」。市執委會函轉市政府，而市政府要求警察廳進行整治。首都警察廳一是飭令工務局轉飭車輛稽查人員「隨時注意」，二是「飭屬嚴密取締」，「轉令城廂內外各警局，傳知所屬各崗警，遇有前項情事，無論其為任何機關，應即一律從嚴取締，毋稍疏懈」。〔註109〕

四、公車私用整治的歷史約束

　　國民政府曾因中央黨部之決議而下飭屬節省汽車之開支，但命令煌煌然下來，一般官吏仍是依舊假公濟私的做去，其為效亦不過一紙具文而已。〔註110〕據中五所記，「某市長為了要整頓惡習，叫警察干涉以掛有機關牌子的車送學童上學，可是結果是在距學校大門較遠的地方下車，學童再多走幾步到學校。」他諷刺說，「教小孩子們作假與舞弊，是我們這一個時代最良好的公民教育。」〔註111〕

　　1934 年，傅斯年對國民黨政府鼓吹禮義廉恥的復古現象有一批評：「憑藉

〔註107〕《公用汽車不准插豎起機關名稱小旗案》，《廣東省政府公報》，1929 年第 24 期。
〔註108〕《各機關汽車夜間須燃紅燈，警察廳昨通知各機關》，《中央日報》，1930 年 5 月 28 日第 7 版。
〔註109〕《各機關汽車如有橫衝直撞，決即從嚴取締》，《中央日報》，1932 年 10 月 21 日第 7 版。
〔註110〕音青：《數百萬元的汽車開支》，《生活》，1930 年第 5 卷第 40 期。
〔註111〕中五：《說汽車》，《論語》，1936 年第 79 期，本社編：《百味人生》，上海：上海書店出版社，1997 年，第 291～292 頁、第 291～292 頁

居高臨下的地位者，時機好，運用巧，有時真能移轉風氣。不過，若想行得通，必先自己做個榜樣，即孟子所謂『帥天下』，決沒有自己向東，大勸人向西，而人肯聽的。現在若以政治的力量提倡民德，真有好多事可以做，愛國心，服務心，廉潔的行誼，憂勤的勞作，一切等等，數不盡的。只是這些好東西又都不是空口勸人便能做到的，必須自己立個榜樣。以我所見，自北平至南京，是不是有開代的氣象，我愧不敢說。我只見天下熙熙，天下攘攘，若不想到國難之深，民困之極，只見到公務機關汽車之多，公務員應酬之繁外賓招待之周，不相干的事計劃的得意，也真夠太平景象了。如此的政治的榜樣，是能鍛鍊人民道德的嗎？如果一面如此『帥天下』，一面又以制禮作樂，昭顯德化，我恐所增進者，只是偽善與鄉愿，希意與承旨，所沒落者，轉是國之四維禮、義廉恥耳。」〔註112〕直至1937年2月，「參謀本部新生活運動委員會」仍然聲稱，每逢星期六及星期日，南京各娛樂場所「門首兩旁各機關長官乘坐之汽車停放甚多」，認為各機關所備汽車，旨在「便利處理公務」，而赴各娛樂場所係屬私事，自應不准乘坐公用汽車，以免「消費公帑」，因此特請新運總會「設法使各機關高級長官不乘坐公家汽車赴娛樂場所」。〔註113〕

　　汽車是征服時間和空間的現代工具，其工具性價值難以否認。姚穎所記的一則趣聞，可以為證：「三月十二日，立法院委員於上午七時在院舉行，總理逝世十週年紀念後，復須於十時往陵園體育場路參加中山文化教育館二週年紀念。顧以道途窵遠，於是無汽車委員率多就有汽車者而揩油焉。但以有限之油，不敷多人之揩，在此情況之下，失望者群中，頗多慷慨之士，紛紛雇白牌營業汽車前往，初以儀式簡單，一點鐘當可完畢，不料屆時演講者多，王世杰君演講凡半點鐘，已足使人歎氣，而李石曾君更東拉西扯，達一點鐘之久，尤令人為之焦急。蓋營業汽車一小時須大洋兩元，王李兩先生未嘗吃過此苦頭，不知雇車者心中之酸甜苦辣也！當王李兩先生『大放厥詞』時，有某友頻頻看表，斷斷續續曰，『損失大洋一元』『又損失大洋一元』，厥狀至為有趣。予曾戲為小說回目曰：『李石曾信口開河，周××提心弔膽！』周亦雇車朋友之一也。或曰，『以後喜作長篇演說者，罰他坐白牌汽車！』『我最

〔註112〕傅斯年：《政府與提倡道德》，1934年11月25日的《大公報》星期論文，舒靜盧主編：《一個書生：傅斯年作品精選》，東營：《中國石油大學出版社》，2017年，第149～153頁。

〔註113〕《娛樂係私事，請勿用機關汽車》，《中央日報》，1937年2月5日第7版。

贊成，不識讀者以為如何？」〔註114〕

但是，乘坐公車意味著政治地位，甚至公務人員家屬乘用公車，亦表徵著「榮耀」。汽車具有交通工具與社會地位的雙重功能。1936年《汗血週刊》的一篇小文《汽車與身份》，也明確指出汽車的社會功能，「自從立法院訂立通姦罪以後，一般頂兒尖兒的爺們，用姨太太來陪襯身份的念頭，總算打倒了。可是身份問題，在我國是十分重要的，不管家中蓋帳子，外面的排場卻不能少。所以在現今，汽車便成為陪襯身份的主要事物，這也是汽車大量輸入的一個重要原因。身份在中國，真是萬惡淵藪，民族意識的墮落，國民經濟的破產，政治秩序的紊亂，社會奢侈欲的高漲，沒有一件不是身份問題作祟，希望致力於政治文化運動的朋友，注意這個！」〔註115〕《論語》刊載的一篇文章，直接點明「要人豈可無汽車」。作者指出，南京的「飛機救國運動」甚為熱烈，但歷時數月，「積款甚微」，有一日報副刊撰文認為，京中各院部公家汽車「置備過濫，費用浩瀚」，主張每一機關除最高主管長官外，一律不准乘坐汽車，將此項節約經費用於購置飛機，「一時讀者稱快」。但是也有人反對，理由是孔子說過「以吾從大夫之後，不可徒行」。因此作者嘲諷說：「假使一律不准坐汽車，那麼要人與常人有何區別？所以坐汽車也可以說是尊孔。」〔註116〕

據媒體披露，兵工署長洪中家住南京梅花巷，與楊將軍巷的兵工署相隔僅「一箭之遙」。他每天由公館到署，「坐汽車吧，自己說不過去，因為太近了，不坐汽車吧，又好像失去了署長身份。」因此採取「背道而馳」的方法，即由其家門口上車，安排汽車司機開出南京市，經罵駕橋，繞國府西街，經石板橋，再轉進楊將軍巷的另一頭，直到兵工署下車，「累得那四個橡皮輪子，跑了許多冤枉路」。「勞苦不勞苦，但這是公事」。「不見有許多公家汽車，還要兼職到公館裏，太太雖有錢，也不雇野雞車，綴上一塊機關的牌子，是多麼榮耀啊。」〔註117〕中五1922年在漢口生平第一次看見汽車，後來在北京，「夏日黃昏時，常同幾個朋友在道旁樹蔭裏散步，一天的熱悶得了消解。」「當汽車馳過時，每每引起一大陣塵沙，再經一陣風的吹播，視線與呼吸器

〔註114〕姚穎：《京話》，南京：南京出版社，2018年，第197～198頁。

〔註115〕千算：《汽車與身份》，《汗血週刊》，1936年第6卷第2期。

〔註116〕穎：《要人豈可無汽車》，《論語》，1933年第14期。

〔註117〕漫茶：《勞苦功高的公家汽車，署長老爺大兜圈子，機關公物也兼差使》，《東方日報》，1933年2月21日第2版。

官都得遭受暫時的阻礙」，這使其「感到不安」。他聽人說，「那坐著汽車在街上橫衝直撞的大部分是官」，這使他「無形中明白了官的威嚴」。〔註 118〕《大公報》載文指出，職位較高的官員以為不坐汽車，不足以表示「威壯」，上行下效，職位稍低者「終日鑽營，不問職司，只力求達到他們『上司』的『地位』」。作者以自身經歷為例，他的幾位上司雖然只有百數十元的薪水，可是即使有電車行駛的路段，仍然乘坐汽車，「橫豎是辦公費裏開支，樂得裝裝威風」。作者嘲諷道：「電車上是些什麼人，也配和我同坐？」，他們雖然「口裏每天叫幾十個以至幾百個『到民間去』」，但實際上則與民眾隔離。〔註 119〕

1931 年，南京市政府為提倡國貨，於 11 月 6 日至 12 日舉行提倡國貨運動周。「宣傳貴通俗」，「標語中發人警惕者甚多」，至如「愛用洋貨，即是賣國」，「洋米粒粒都是攻擊農人的炮彈」，則「不獨警惕而用幽默」，因為「愛用洋貨，莫大人先生若，大人先生之西裝及汽車，非洋貨耶？准此意以言之，則大人先生幾無時而不在賣國也。至謂洋米為攻擊農人的炮彈，其意若曰農人不能吃洋米，非農人固亦可吃洋米也。」又一部長國民大戲院演講，「歷數我人所著之衣料、所食之米麥、住屋之木材、道路之車輛，無一而非洋貨，言時憤激異常」，但有聽眾冷笑說：「然則部長的汽車呢？」〔註 120〕1937 年是「公務員國貨年」，《實用英文半月刊》以中英文對照的形式，刊載一篇《坐汽車與提倡國貨》的社論。文章主要是討論經濟理性與愛國運動的關係問題，以交通工具為例，反問道：「一個闊官僚受愛國心驅使只買中國貨，會得把他的美國製造的轎式汽車去換輛國貨單輪小車嗎。凡有常識的人所給的答案，必定的是個絕對的『不』字」，並且認為強迫一個高級官員出門不坐轎式汽車，「這是辦不到的」。〔註 121〕

1931 年南京的《民眾週報》載有吳韻玫的「從路政說到公家汽車」，揭示了公務汽車的囂張氣焰。文章指出，南京路況不佳，如果下雨，行人不僅被公務汽車「添上無量數量不等的花朵」，而且被其汽車夫斥責為「豬玀」。行人只能忍氣吞聲的挨罵，否則反而徒惹禍端。吳韻玫抱怨說，「要想人民安寧，除非汽車滅亡」，但在物質競爭時代，「因噎廢食」，又有違天演論。

〔註 118〕中五：《說汽車》，《論語》，1936 年第 79 期，本社編：《百味人生》，上海：上海書店出版社，1997 年，第 291～292 頁。

〔註 119〕迅逐：《令人悲觀的國情》，《大公報》（天津版）1931 年 8 月 8 日第 11 版。

〔註 120〕姚穎：《京話》，上海：上海書店出版社，2000 年，第 36 頁。

〔註 121〕《坐汽車與提倡國貨》（社論），《實用英文半月刊》，1937 年第 2 卷第 2 期。

他嘲諷說，汽車不但不該滅亡，且有增加必要，尤其是公家汽車。「一般所謂吃公事飯的，常常出現於世界大戲院、中央飯店等遊戲場，莫不大坐汽車以經濟時間，或者攜其內務部，權充女秘書逍遙於歌場舞樹。」他提及上一年南京基層黨部限制乘坐公車問題，「不久前有一個不知趣的幾區幾分部的小黨員，竟大膽地在他們黨部會議上，提出遞呈中央，請限制公務人員乘坐公家汽車的議案來，倒也通過；據說，中央已經採納，限制乘坐公家汽車，但是現在怎樣？」〔註122〕

　　三十年代上半期，經濟恐慌甚囂塵上，但「汽車之置備，則轉大景氣而特景氣」，杭州通衢黑牌汽車數量之多，即可證明。各廳、處均有汽車，各廳之附屬機關，如建設廳之電話局、民政廳之杭縣政府、財政廳之地方銀行，莫不有汽車，其中以地方銀行的汽車「最為漂亮」，而以教育廳長與浙大校長的兩車「最蹩腳」。省黨部各委員多僅備包車，甚至有安步當車者。省公路局曾將一「老爺汽車」撥給省黨部，「俾應急需」，而省黨部因汽油價格昂貴摒置未用。〔註123〕邵力子在任職《民立報》以及《生活日報》和《民國日報》時，僅有舊包車，1928年擔任蔣介石秘書時才有汽車，但屬公家所有，「甚為破舊」，蔣介石送邵一輛新汽車，車在南京。他在上海沒有汽車，近處叫黃包車，遠處叫汽車，是中法、中南和祥生等出租汽車公司的老主顧〔註124〕。1947年，青年黨陳啟天擔任經濟部長，嫌棄衙署內部裝修簡陋，手諭撥款1億8千萬元另行裝修，而陳在國府委員任內，配有汽車一輛，經濟部亦有華貴汽車供其乘坐，成為「雙車階級」，「派頭非同小可」〔註125〕。

　　相對政治精英而言，知識精英的物質觀可能比較超脫。翁文灝執掌地質調查所時，該所一直沒有公務汽車，同仁勸他購置一輛，翁堅決不肯，理由是一輛汽車的費用至少可以聘請兩個練習生的薪水，認為為了自己舒服而少用練習生，非常不妥。〔註126〕梅貽琦執掌清華大學時月薪不足600元，大致相當於國民政府簡任三級文官待遇，「有專車但輕易不用」。〔註127〕抗戰時期，

〔註122〕吳韻玫：《從路政說到公家汽車》，《民眾週報》，1931年第174期。
〔註123〕如絲：《杭州的汽車》，《越國春秋》，1933年第49期。
〔註124〕昭實：《談談邵力子的汽車》，《小日報》，1933年6月19日第2版。
〔註125〕勤孟：《陳啟天的汽車》，《飛報》，1947年6月18日第2版。
〔註126〕國連傑：《丁文江、翁文灝與地質調查所的科學文化》，《科學文化評論》，2012年第3期。
〔註127〕劉昀：《孤帆遠影：陳岱孫與清華大學》，北京：商務印書館，2017年，第209頁。

浙江大學西遷貴州遵義湄潭，校長竺可楨配有一輛福特牌汽車，為了公事經常往來於重慶、貴陽。〔註128〕1929年，「忠厚如泥」的中央大學校長張乃燕獲得一位「精明強幹」的副校長，中央大學校長是省政府委員，省政府委員「是非坐汽車不可的」，所以校長擁有公車，副校長相當於「亞」省政府委員，若無汽車「未免太自貶」，於是花費2700元購置一輛福特汽車，輿論頗為不滿：「本大學的經費太充足了，然而學生免費額的增加卻因預算不敷而辦不到，然而副校長二千多元的汽車卻辦到了！嗚！嗚！看，來了，又漂亮，又舒適，好不威風的副校長！」〔註129〕

　　從南京十年時期的討論來看，社會輿論對公車私用問題關注較多，批評甚厲，而國民黨基層黨部整治公車私用的呼聲也反饋到國民黨上層，國民政府為了回應輿論和基層訴求，亦發布禁令，但流於形式。1936年《是非公論》刊載的「官吏乘坐公用汽車條例草案」，雖然具有實際操作性，但同年成立的「行政院行政效率研究會」，其「暫行規程」仍將消費汽車的研究納入提高中央與地方行政效率的內容之一。〔註130〕王奇生曾經指出，黨員對黨組織的向心力，一般源於「意識形態的忠誠信仰」和「個人現實利益的考慮」。革命政黨在執掌政權以前，黨員及其追隨者面臨「艱難困苦甚至生命危險的考驗，非具有堅強信仰者不為之」，而執掌政權之後，多數黨員抱有「功利目的」，會算計種種實際利益，包括「政治錄用的優先權」「政治內幕知悉權」「政治決策參與權」「社會地位的優越感」「經濟上的實際利益」等等。〔註131〕黨政官員配置公車，大抵屬於王奇生所指「社會地位的優越感」和「經濟上的實際利益」。總體而言，南京政府並無整治公車問題的內在驅動力。

第三節　汽油節約運動的效度與限度

　　汽油作為一種液體燃料，無論在平時抑或戰時，都是關係國計民生的重要物資。「汽油節約」也是抗戰勝利後國民政府消費節約運動的一環。對於民國

〔註128〕參見《竺可楨日記》（第1冊），北京：人民出版社，1984年。

〔註129〕劍秋：《副校長的汽車》，《極光》，1929年第3期。

〔註130〕《行政院行政效率研究會暫行規程》（1936年2月5日），韓君玲點校：《中華民國法規大全1912～1949》（10卷，補編，上），北京：商務印書館，2016年，第66頁。

〔註131〕王奇生：《黨員、黨權與黨爭：1924～1949年中國國民黨的組織形態》，北京：華文出版社，2010年，第257頁。

時期的汽油問題，學界雖然有所涉及，但或側重於梳理國民政府在全面抗戰時期解決汽油問題的相關政策，或側重於探究南京國民政府時期的汽油進口，尚未有對戰後國民黨政府的汽油政策和汽油管控進行專門的考察。〔註 132〕本節將以上海為中心，對 1947 至 1949 年南京國民政府開展的「汽油節約」運動進行初步探討。首先分析上海開展「汽油節約」運動的背景，進而爬梳此次運動的主要舉措，最後則審視其歷史限度。

一、汽油限額進口與厲行消費節約

全面抗戰時期，汽油作為一項重要戰略物資，曾有「一滴汽油一滴血」的比喻。抗戰勝利後，社會對汽油的需求並未有絲毫下降。儘管戰後國產汽油的產量具有顯著的提高〔註 133〕，但遠遠滿足不了社會的需要，仍需從外國大量進口，由此所消耗的外匯數額巨大。1946 年 3 月，行政院院長宋子文基於各種現實的考慮，實行「開放外匯市場」〔註 134〕，導致「無限制的供給外匯，汽車汽油十分便宜」〔註 135〕。爾後國民政府意識到外匯流失嚴重，於 1946 年 11 月份修訂《進出口貿易暫行辦法》，對進口物資實行輸入許可制度。汽油這一項物資，雖作為許可進口之物，但同時也受到限額規制，「其限額由輸入臨時管理委員會訂定，交由分配處分配之」〔註 136〕。由此「全國油料分配之機構，不得不限制使用」〔註 137〕。汽油開始從不限量的自由進口轉變為限額進口〔註 138〕。1947 年 2 月上海爆發「黃金風潮」，物價上漲，搶購成風。汽油恐慌頻發，「路邊列隊等候加油之汽車長蛇陣到處可見」〔註 139〕。

〔註 132〕參見吳志華：《抗戰時期國民政府汽油問題及其解決》，《甘肅社會科學》，2003 年第 3 期，以及孔慶泰：《國民黨政府時期的石油進口初探》，《歷史檔案》，1983 年第 1 期。

〔註 133〕戰後初期國內的汽油產量，計 1946 年為 5057000 加侖，較 1945 年增加 34%，1947 年為 8744000 加侖，較 1945 年增加 130%。參見《我國汽油產量漸增》，《交通部公路總局第六區公路工程管理局月刊》，1948 年第 1 卷第 10 期。

〔註 134〕關於戰後「開放外匯市場」，可參閱宋佩玉、張向東：《宋子文與戰後「開放外匯市場」政策》，《史學月刊》，2009 年第 7 期。

〔註 135〕變公：《從汽油荒說到上海市交通社會化》，《寰球》，1948 年第 33、34 期。

〔註 136〕《修正進出口貿易暫行辦法》，《財政評論》，1946 年第 15 卷第 5 期。

〔註 137〕《汽油限制使用》，《申報》，1947 年 1 月 11 日第 7 版。

〔註 138〕孔慶泰指出，油類限額進口管理制度僅針對民用油品，對於軍事所需用油，可以「專案訂購」，不受此限。見孔慶泰：《國民黨政府時期的石油進口初探》，《歷史檔案》，1983 年第 1 期。

〔註 139〕《汽油並不缺貨，用戶何必恐慌》，《申報》，1947 年 2 月 8 日第 5 版。

南京、廣州等地之汽油更是有貨無市，油價飛漲。〔註140〕儘管該風潮最終得以暫時平息，但由於汽油進口的限制性規定，加上諸多經濟政策和戰後社會環境對油價的影響，國民政府意識到對汽油使用進行管控日益顯現重要性和緊迫性。

汽油作為燃料，其最重要的用途在於為汽車等交通工具提供動力能源，此外部分工業亦以此作為燃料或輔助用料。上海作為民國時期著名的「銷金之窟」，汽車數量龐大。「開放外匯市場」後，上海無疑首當其衝。進口汽車大量湧入，「真有『車滿為患』之勢」。〔註141〕1946 年 12 月底，上海全市擁有汽車為 19000 餘輛，1947 年 2 月增至 20836 輛。〔註142〕至 9 月底，已登記的各類汽車達到 26000 餘輛。據《和平日報》記者張乃敏估算，假定每輛汽車平均每月需消耗汽油量為 150 加侖，則全市汽車每月需耗油量將達到 390 餘萬加侖，不禁感歎「這數字確已是驚人」。〔註143〕

1947 年秋，為適應「總動員」之需要，國民政府醞釀推出若干節約消費辦法。1948 年 9 月，蔣介石又以「國民一分子」的資格發起「勤儉建國」運動。無論是「厲行消費節約」還是「勤儉建國」，提倡和實行「汽油節約」都是計劃中的重要內容。上海之汽車數量如此龐大，所消耗之汽油量如此巨大，通過若干政治手段對上海的汽油使用進行管控，已成為必然。「實行節約應從上海做起」〔註144〕。「汽油節約」運動之目的，當在「於少數之限額中，須供給本市工廠汽車，公用事業等之消耗」，且「不消耗外匯」〔註145〕。

二、汽油節約運動的開展

首先是限制私人使用汽車。汽車是汽油最主要的使用載體。就上海而言，據從歐美遊歷回來的人描述，上海汽車數量之多甚至可以比肩於當時的倫敦和巴黎。〔註146〕汽車一物，「一般下層老百姓與之無緣，故不必說，即連中人

〔註140〕《汽油鬧荒》，《申報》，1947 年 2 月 10 日第 2 版。
〔註141〕變公：《從汽油荒說到上海市交通社會化》，《寰球》，1948 年第 33、34 期。
〔註142〕《上海汽車多，已逾兩萬輛》，《申報》，1947 年 2 月 5 日第 5 版。
〔註143〕張乃敏：《節約聲中看上海汽油的消耗》，《和平日報》，1947 年 10 月 21 日第 4 版。
〔註144〕《節約運動應先從上海做起！》，《申報》，1947 年 9 月 26 日第 2 版。
〔註145〕《汽車汽油檢查小組，今日召開首次會議，將討論節約檢查辦法》，《大公報》（上海版），1947 年 11 月 13 日第 5 版。
〔註146〕董時進：《中秋話節約》，《大公報》（上海版），1948 年 9 月 17 日第 2 版。

以下也都無法享受」。〔註147〕汽車成了上層社會炫耀性消費的象徵，消費汽車是「一種擁有財富的證據」。然而不適當的汽車消費也是「下賤與罪過的標誌」〔註148〕。因此，在南京國民政府及上海當局看來，限制私人使用汽車是節約汽油消耗的有效手段。也正如時人所說，「實施汽車節約，第一步先要取締私人的過量汽車」，上海富人一人擁有數輛汽車相當常見，所以「應該先將這些過剩的汽車取締後再設法淘汰其他汽車」。〔註149〕

　　1947 年 9 月行政院出臺的《私人使用汽車限製辦法》規定除醫師、工廠礦場、新聞報社等行業得使用私人汽車之外，私人自用或營運車輛將被限制，即實行「分期抽籤核減」。隨後上海市政府依據此法制定《限制私人汽車及公務用車各項規定》。相對於行政院之汽車限制方法，上海當局的規定更為嚴格。該規定共分為兩部分：在限制私人汽車方面，一年之內新車「不得加發牌照」，私人汽車在未經行政院批准前「一律暫停過戶」，但救火車及救護車等公用事業經核實後可發照。非特殊情形，私人不得自國外攜帶汽車進口。「凡有閒階級之汽車，當在取締之列」〔註150〕。在公務用車方面，該法對市政府各部門添置小客車作若干限制性規定。〔註151〕12 月，上海當局擬實行汽車分級配油，屬行節約，出臺《公私汽車登記領照暫行辦法》，對公私汽車之申請登記程序進行具體規範。「合乎行政院頒布的節約辦法內准許備用的私人和私法人的車輛，明年 1 月起可繼續申請登記，並可發出牌照。」〔註152〕也就是說，醫師、工廠、礦場、新聞報社等使用之小汽車或大汽車將重新准予登記。

　　1948 年 9 月行政院頒布之《減少汽車節約汽油辦法》，規定上海汽車按照 8 月 19 日登記數量減少三分之一。〔註153〕10 月份，上海市府制定的汽車

〔註147〕　《節約汽油》，《中央日報》，1948 年 9 月 23 日第 2 版。
〔註148〕　（美）凡勃倫：《有閒階級論——關於制度的經濟研究》，蔡受百譯，北京：商務印書館，2011 年，第 81 頁。
〔註149〕　《汽車節約影響營業》，《大公報》（上海版），1947 年 10 月 22 日第 5 版。
〔註150〕　《節約聲中——有閒階級汽車市府決予取締》，《立報》，1947 年 10 月 18 日第 3 版。
〔註151〕　吳國楨：《上海市政府公布關於限制私人汽車及公務用車各項規定》，《金融週報》，1947 年第 17 卷第 22 期。
〔註152〕　《限制公私汽車辦法明年元旦宣告無效，私人車輛又可領取牌照》，《大公報》（上海版），1947 年 12 月 31 日第 5 版。
〔註153〕　《減少汽車節約汽油辦法》，《金融週報》，1948 年第 19 卷第 14 期。

汽油節約辦法,決定除公共汽車、市政用車、受外交優待及領有正式執照之營運貨車外,其餘汽車採用「四去一」或「二去一」的方式進行核減。〔註154〕即凡機關使用的汽車滿四輛抽去一輛,私人汽車兩輛去掉一輛。〔註155〕除醫生及新聞記者外,「逢星期日及非辦公日,市民一概不得使用自備汽車」,而醫生出診,以是否隨身攜帶診具為標誌。〔註156〕至1948年,對汽車使用的種種限制規定愈加嚴格。

其次,從汽車憑證購油轉變到分級配油。1947年8月底,上海市政府公布《本市汽車憑證購買汽油辦法》,並定於9月5日起實行憑證購油。該法案共6條,具體規定憑證購油的適用對象、流程、甚至於軍車用油的辦法。該法強調「如未領購油證者,加油站拒絕供應」。縱觀全文,該法僅強調要將汽油直接灌入汽車油箱內,由加油站人員將購油量及日期填入購油證,〔註157〕卻並沒有對每輛汽車的購油量作出限制性規定。正如公用局方面所宣稱,該法施行之目的在於「防止汽油私運『匪區』及便於統計汽車實際用油數量」〔註158〕。

憑證購油實行之初,各加油站「加油情形,良好如舊」。然而9月5日,行政院亦頒布《私人使用汽車限製辦法》,規定工廠礦場、民營企業、新聞報社等不予限制之車輛的加油限額。「小型車每月加油以60加侖為限,大型車每月以100加侖為限」,〔註159〕此舉一出,各車主深恐汽油一經限制,便難以獲得,「爭相至加油站購貯大量汽油」,由此造成各加油站缺油及擁擠現象。面對此嚴峻態勢,上海當局出臺規制汽車加油相關條例,規定各種機動車輛每次加油,必須加入油箱,最多每三天加油一次,機器腳踏車每次加油不得超過1加侖,小汽車每次加油不得超過10加侖,貨車則為20加侖。〔註160〕亦即小汽車每月加油限額100加侖,貨車限額200加侖。此限額加油辦法的出臺既在於響應厲行中央「消費節約」的號召,也是為緩和當時上海的市場

〔註154〕吳國楨:《為實行節約汽車汽油經決議各項暫行辦法即日實施公告周知由》,《上海市政府公報》,1948年第9卷第16期。

〔註155〕《私人汽車以「二去一」辦法核減》,《大公報》(上海版),1948年9月22日第4版。

〔註156〕章三:《汽車節約之新辦法》,《飛報》,1948年10月2日第2版。

〔註157〕吳國楨:《本市汽車憑證購買汽油辦法》,《金融週報》,1947年第17卷第10期。

〔註158〕《答覆參議會第四次大會質詢案》,《公用月刊》,1948年第27期。

〔註159〕《私人使用汽車限製辦法》,《上海市政府公報》,1947年第7卷第13期。

〔註160〕《訂定限制汽車加油暫行辦法》,《公用月刊》,1947年第25期。

態勢，故上海設定的限額標準相對於行政院的規定而言較為寬鬆。自10月份開始實行後，汽車加油站情形「已逐漸恢復常態」〔註161〕。

為更好厲行中央規定的汽車汽油節約，上海當局在節約委員會下設立汽車汽油檢查小組。該小組由公用局召集，警察局、汽車商、出租汽車業、運輸汽油業及各汽油公司等共同參與，旨在取締囤積及非法黑市買賣，以及檢查私人汽車使用情況等。「如查得囤積及黑市買賣情形，將按取締日用品緊急措施辦法處罰」〔註162〕。1947年12月，為統籌汽油分配工作，上海當局組建「汽油分配委員會」，下設車輛汽油分配組及輪船工商業汽油分配組，分別負責汽車及輪船工商業汽油使用額度的分配事宜。〔註163〕上海市的汽油節約及汽油分配工作日益組織化和專門化。

設立汽油分配委員會是實行分級配油的先聲。1948年1月1日，上海汽油分配委員會實施《本市機動車輛分級配油辦法》，標誌著上海正式實行汽車分級配油。依照該辦法，自用汽車依據空車重量被分為四個等級，分別對應四級不同的配油量，最低30加侖，最高75加侖；營業汽車不分等級，每月限額100加侖。而自用貨車亦分為三級，同樣對應三個檔次的加油量。同時，該辦法重申「至多每三天加油一次，且須直接灌入汽車油箱內」及各種車輛每次加油之限額〔註164〕。1948年7月，中央重定各地汽油配額，上海全市配油總額核減為150萬加侖，汽車分級配油標準隨之修改。以小汽車為例，最高60加侖，最低24加侖，營業汽車則為80加侖，〔註165〕且外埠車輛此後「概不給油」〔註166〕。10月，「勤儉建國」運動期間，國民政府推行「減少汽車節約汽油」，上海市配油額「按8月19日前一個月汽車實際用油量減少三分之一」〔註167〕。市政府即出臺核減車輛節約汽油之措施。按照「四去一」與「二去一」相關規定，應予核減之車輛按「大型車20加侖，小型車10加侖」的基本油量

〔註161〕《答覆參議會第四次大會質詢案》，《公用月刊》，1948年第27期。
〔註162〕《限制汽車浪費汽油》，《新聞報》，1947年11月11日第4版。
〔註163〕《組織汽油分配委員會》，《公用月刊》，1948年第28期。
〔註164〕趙曾珏，楊齡：《上海市汽油分配委員會公布本市機動車輛分級配油辦法》，《金融週報》，1948年第18卷第2期。
〔註165〕《汽車用油本月核減，市府規定新配給量》，《申報》，1948年7月1日第4版。
〔註166〕吳國楨：《為重訂汽車登記配油辦法公告周知由》，《上海市政府公報》，1948年第9卷第6期。
〔註167〕《減少汽車節約汽油辦法》，《金融週報》，1948年第19卷第14期。

暫予繼續配油，應予保留之車輛，仍然按每月分級配油方法配油。而根據 10 月份配油標準，自用汽車最高配油量為 42 加侖，最低則為 17 加侖。〔註 168〕

　　三是試驗節油新技術。上海當局還試圖通過技術手段節約汽油。技術的改進主要體現於兩種方法。第一種方法在於研發和推廣節油器。公用局公共交通公司籌備委員會曾奉命會同中央化工籌備處等機構，聯合研討製造節省汽油所需之「炭清氧晶體」，然後交通公司運用其自制節油器，並於公共汽車上實驗。若成功，則將其推廣至其他繁忙線路。該節油器主要功效體現在，「對經過鬧區之公共汽車，有特殊成績」，然而對於經過紅綠燈不多的區域，「其節省效力，並不顯著」〔註 169〕。

　　第二種方法，即汽油中摻酒精。酒精同樣也為一種燃料，相對於汽油，國內酒精產量頗為可觀。不僅「臺灣各糖廠酒精生產量極多」，而且「粵，閩，渝，贛等省製造糖蜜時亦均能生產大量酒精」。〔註 170〕若「汽車用汽油加十分之二無水酒精，及百分之一到四的丁醇，則上海每年可節省 360 萬加侖汽油」，不僅節省下之汽油可以供應工業生產需要，而且可以「刺激臺灣糖業增產」。此外，使用摻用酒精的汽油不但汽車耗油量不增加，且引擎發動更為平滑，價格也較為低廉，「有立即促其實現的必要」，因此上海工商輔導處建議全國經濟委員會召集有關機關會商實施辦法。〔註 171〕

三、汽油節約運動的限度

　　根據各油公司報告，上海全市工業和汽車汽油消耗量，1948 年 1 月份為 1959253 加侖，2 月份為 1843219 加侖，相比而言減少 11 萬餘加侖。從以上的數據或可看出，在上海當局的強力推動下，「汽油節約」運動不失為「已收節約用油之實效」。〔註 172〕然而，僅從零星的數字出發並不能一窺運動之全貌。如同戰後初期國民政府將「節食」運動之「節食」責任轉嫁於群眾一樣〔註 173〕，

〔註 168〕吳國楨：《上海市政府公布實行汽車汽油節約各項暫行辦法》，《金融週報》，1948 年第 19 卷第 14 期。

〔註 169〕《汽油節約器製成》，《大公報》（上海版），1948 年 9 月 13 日第 4 版。

〔註 170〕《汽油配量減少將以酒精代替》，《申報》，1948 年 4 月 27 日第 5 版。

〔註 171〕《輸入數量減少，汽油應節省》，《新聞報》，1948 年 5 月 21 日第 5 版。

〔註 172〕《節約用油收效，二月份減少十一萬介侖》，《申報》，1948 年 3 月 24 日第 4 版。

〔註 173〕此種觀點，見宋可偉、鄭雪健：《荒政與民心——1946 年國統區的節食救災運動評析》，《廣東第二師範學院學報》，2018 年第 6 期。

「汽油節約」運動的對象亦是以群眾為主。而從群眾的角度自下而上地考察運動的過程可知，限制私人使用汽車收效欠佳，限額配油制度弊病明顯，「汽油節約」運動效果甚微。

首先是限制汽車效果不彰。「滬上汽車數量並不因節約方案而減少」〔註174〕。上海作為一座「揮金如土的不夜城」，每當夜晚11點鐘，舞廳影戲院散場以後，絡繹不絕的小汽車依舊在街上「風馳電掣」。〔註175〕1948年8月後，南京國民政府要求上海汽車數量核減三分之一，然而每月經市長特准發給汽車牌照之車輛，「竟有百餘輛之多」，而汽車發照審核委員會每月嚴格審核也僅是批准10餘輛。〔註176〕1948年10月上海的汽車汽油節約辦法規定了具體的核減汽車方案，但該方案對應核減之汽車亦僅限制汽油的配給，並不弔銷車照。因而領取汽油配售證者，連日來在市府門口「排成數條蜿蜒長蛇陣」，長達200米，可見上海汽車之眾多。雖然汽油配量減少，但「固有辦法之四輪階級，仍可於黑市中求得汽油，照樣使用汽車」〔註177〕。雖然新汽車無法領得新照，但富戶們「買進了新汽車，換上執照，再把舊汽車賣去」，彷彿「摩登小姐們一年年更換新式時裝」。這樣，「當可更顯出他們的豪華富貴」。〔註178〕有車階級的「花前蜜約」不僅依舊，而且還可得到基本量10加侖的汽油配給「外快」。〔註179〕可見，即使在高喊「限制汽車」的環境中，私人汽車的使用並未受到影響，節約運動流於表面文章。

此外，限制汽車的措施雖對汽車商行造成一定影響，但並不妨礙汽車的進口和消費。汽車限制過戶與停發新照，畢竟於汽車買賣有所衝擊，因而最先站出來反對的，當然是汽車商行和汽車經售公司。該兩行業要求市府「放寬尺度，使他們得以維生。」〔註180〕雖然看似行業生存艱難，但社會上的汽車消費似乎也大有人在。早在1946年11月，小汽車已被列為禁止進口商

〔註174〕《四輪階級有辦法，節約汽油車未減少》，《力報》，1948年10月3日第4版。
〔註175〕《上海，揮金如土的不夜城，莊嚴難掩蓋住罪惡，節約兩字更談不到》，《大公報》（天津版），1948年10月13日第5版。
〔註176〕《汽車牌照限制聲中市長特准百餘起》，《申報》，1948年8月27日第4版。
〔註177〕《四輪階級有辦法，節約汽油車未減少》，《力報》，1948年10月3日第4版。
〔註178〕胡述：《一面高喊節約節約一面汽車進口進口》，《立報》，1948年10月6日第2版。
〔註179〕《曉風殘月，屠門客滿，水漲船高，煙民硬傷》，《前線日報》，1948年10月4日第3版。
〔註180〕《汽車節約影響營業》，《大公報》（上海版），1947年10月22日第5版。

品〔註181〕，然而雖然私人進口自用受到限制，但是車行進口依舊，此類車行「可以說是豪富大戶們的唯一買辦」。1948 年 9 月，上海美通汽車公司進口一批一九四九式新型福特和謀克利汽車，《大公報》記者前去採訪，問及「買了汽車如何領得新照會」，只聽旁邊一位西裝革履的客人說道「買了，不一定在上海用」。〔註 182〕普通車行尚且如此，又何況孔家的揚子公司這樣與政府高層有諸多聯繫的利益集團。1948 年 10 月蔣經國在上海「打老虎」的無果而終，或許也早已預示著限制私人使用汽車無果而終的結局。

其次是限額配油存在諸多弊端。戰後上海汽油恐慌的氛圍一直存在。汽車汽油節約辦法甫一出臺，無疑加劇了這種氛圍。各種各樣的囤積行為和加油方式層出不窮。若干車輛往返油站多次加油，或者在加完油後另以高價收購者，「遂得囤積，需要以外之油量，不虞匱乏」〔註183〕。在每個加油站，市民爭相搶購，「買得多的過剩，少的不夠用，因而影響純厚守法的市民」〔註184〕。儘管上海當局採取相關措施暫時平息事態，但在此後，由於汽油不斷漲價，加以汽油限量使用，汽油恐慌一直持續，與「汽油節約」運動相伴而存。

汽油漲價除了因本國貨幣膨脹和貶值外，也有外匯變動及加徵關稅等因素的影響。1947 年 10 月，國民政府為「力謀平衡預算，節約靡費」，對汽油從價加徵關稅 50%，〔註185〕當月油價即飆升至每加侖 25500 元，相較於之前漲幅超過一倍。〔註 186〕此後，汽油漲價不斷。1948 年 1 月，每加侖 48000 元〔註 187〕；1948 年 6 月 10 日，每加侖 40 萬元〔註 188〕，6 月 19 日漲為每加侖 58 萬元。6 月 29 日國民政府輸出入管理委員會又調整為每加侖 82 萬元，一

〔註181〕1946 年 11 月頒布的《修正進出口貿易暫行辦法》，將「容七座以下之載客汽車其出廠價格超過美金一千二百元或相等幣值者及其車臺」列入附表四「禁止進口貨品」。

〔註182〕《全面節約聲中美國新車運滬》，《大公報》（香港版），1948 年 9 月 15 日第 1 版。

〔註183〕《汽油節約後竟弊端百出》，《益世報》（上海版），1947 年 9 月 19 日第 4 版。

〔註184〕《汽車配油發生流弊，市民爭購守法的不夠用，油商採不合作方法抵制》，《大公報》（上海），1947 年 10 月 23 日第 5 版。

〔註185〕《汽油柴油及煤油恢復徵收進口稅》，《新聞報》，1947 年 10 月 2 日第 5 版。

〔註186〕《汽油上漲刺激物價參議員請立即糾正》，《新聞報》，1947 年 10 月 10 日第 4 版。

〔註187〕《汽油將再漲價》，《申報》，1948 年 1 月 14 日第 4 版。

〔註188〕《汽油漲逾六成，油站擁擠稍減，後至向隅仍多》，《申報》，1948 年 6 月 10 日第 4 版。

月三漲。社會各界對該會屢次調整售價，而未致力於疏導來源以解決恐慌「頗表反感」。〔註189〕儘管油公司一直表示「本市汽油存底頗豐」，但恐慌的氛圍未能由此減少，「若干車輛在黎明前即開至加油站預先等候」。購油行列中占最大多數的營業性車輛購油氣氛更加緊張，出差汽車及大卡車司機甚至直接「臥宿車上」，通宵排隊。晨早時分，油站前早已「停成長龍一條」，油量「瞬息告罄」〔註190〕。如此般供不應求的市場狀況亦催生出一批倒買倒賣者，「軋汽油」的黃牛們買到了汽油，便以黑市價格出售，「一天可軋汽油10加侖到20加侖」，「可以賺1000萬元以上。」〔註191〕此等囤積居奇的行為，真乃「不但需求者不足應用反而挑了一批人發財」〔註192〕。更有甚者，「若干車輛由身穿制服之軍人駕車，或由軍人乘坐車上冒充軍車，持強迫令加油」。〔註193〕油價的不斷上漲導致購油氛圍的日趨緊張。在此情境下，用油者對汽油需求的投機心理與「汽油節約」的限額配給互相矛盾，「如不寬放供油數量，擁塞紛擾情形將永遠無法改善」，如若寬放油量，「汽油節約」不啻於一紙空文。這一矛盾貫穿「汽油節約」運動始終，無法調和。

　　從相關行業對汽油限額分配的態度中也可一窺該制度的流弊所在。配油制度出臺後，汽油公司因感到該制度「不完備，很影響配油」，因而採用消極不合作辦法，「多數汽車不但可配油，且可直接購油」，這無疑助長了黑市流行之風。〔註194〕汽油分配量過少而未能滿足實際需要，也導致與汽車相關的行業面臨生存危機。1947年10月，小汽車每月最多配油100加侖，其實該配油量「比實際量相差很多」，不僅汽車銷售頗受影響，紛紛要求政府按目前油量加配一倍，「如果不准，只好被迫停業」〔註195〕，而且對出租車行業而言，亦是「實感不敷應用，影響營業殊巨」，同樣要求政府增加配售量，「若用油限量再不寬放，不但營業既受限制，公司勢將瀕於絕境」。〔註196〕1947年10

〔註189〕《輸管會調整油價各方面表示不滿》，《申報》，1948年6月29日第4版。
〔註190〕《汽油恐慌變本加厲》，《申報》，1948年6月17日第4版。
〔註191〕《「軋汽油」有黃牛一天可賺千萬元》，《大公報》（上海版），1948年6月26日第4版。
〔註192〕小舟：《汽油節約竟有黑市出現》，《誠報》，1948年1月23日第1版。
〔註193〕《汽車強行加油將吊銷購油證》，《申報》，1948年10月29日第4版。
〔註194〕《汽車配油發生流弊，市民爭購守法的不夠用，油商採不合作方法抵制》，《大公報》（上海版），1947年10月23日第5版。
〔註195〕《汽車節約影響營業》，《大公報》（上海版），1947年10月22日第5版。
〔註196〕《出差汽車商公會請放寬汽油限制》，《前線日報》，1947年10月22日第4版。

月的汽油限額尚且如此，往後限額不斷縮減，其情形便可想而知了。1948 年
10 月，隨著上海全市配油額進一步縮減，私人小汽車的限制更為嚴格，汽油
價高且配量不足，使廣大出租車司機入不敷出，「大小車行均告虧蝕」，最後
不得不「每日應召出差，以用完一日平均配給油量為限」，免得一月之汽油配
量「在兩三日即全部用罄」。〔註 197〕不僅給需要遠行之人帶來諸多不便，而
且三輪車夫「趁機漫天討價」。正如時人余一所說的，「自備汽車的數量不妨
減少，節省下來的汽油，供應給出差的汽車，這才是個合理的辦法，也是無
人不盼望的。」〔註 198〕

　　不僅本國國民對汽油限額配售多有怨言，甚至連外僑也是一片質疑之聲。
住在虹口一帶的美僑，他們經常用自備汽車接送子女上學，若汽油供給受限，
而又無直達公共交通車輛，將對其接送子女造成影響。因此對當局節約汽油限
制汽車的規定，「提出警告」。〔註 199〕限額分配雖然減少了汽油供給，但也使得
人民生產與生活大受影響，恐怕也未必能稱為「已收實效」。誠如時人所言，借
緊縮配額的舉措以達到限制用油之目的「已完全失去」〔註 200〕。

　　概而言之，作為戰後國民政府所倡導的消費節約運動的一環，「汽油節
約」運動是「國民政府嘗試解決國家危機的一項辦法，也是進行現代國家構
建的重要基礎和準備」〔註 201〕。戰後，上海作為「車滿為患」的大城市，
被視為理所當然的「汽油節約」運動肇始之地，為節省外匯、厲行節約、撙
節汽油而實行之「汽油節約」運動，其效果顯然並不盡如人意。通過頒布限
制私人使用汽車辦法、實施汽油限額配給制度及試驗相關節約汽油技術，表
面上看，上海的汽油似乎有所「節約」。然而，深入考察「汽油節約」運動
整個過程，卻可看到，限制使用私人汽車的效果並不明顯，限額配油制度自
身具有諸多無法迴避的侷限性，「汽油節約」運動似乎並非「已收實效」。誠
如運動初始時人所言，「抑專為節省外匯，以限制用油，從而使若干車輛，
棄置不用，坐減其運輸力量，則不免限於因噎廢食的錯誤。」〔註 202〕戰後

〔註 197〕《出租汽車虧蝕，限制應差次數》，《申報》，1948 年 10 月 17 日第 4 版。
〔註 198〕余一：《節約汽油苦了無車人》，《東方日報》，1948 年 10 月 17 日第 2 版。
〔註 199〕《外僑反對汽油節約》，《大公報》（上海版），1948 年 10 月 5 日第 4 版。
〔註 200〕《汽油恐慌變本加厲》，《申報》，1948 年 6 月 17 日第 4 版。
〔註 201〕孫欽梅：《國民政府時期的節約運動與國家構建》，《江西社會科學》，2016 年
　　　　　第 10 期。
〔註 202〕《從限制使用汽車看節約》，《益世報》（上海版），1947 年 9 月 9 日第 2 版。

國民黨政府為其「最大限度集中全國人力物力」之目標，試圖繼續沿用戰時做法，通過法規條令和社會運動等方式，對人民群眾消費行為及社會生活進行規制。由此觀之，其可謂並不成功。

第四節　飲食消費的政治規制與精英約束

消費政治化是近代中國的重要現象之一。南京國民政府一直試圖對消費行為進行政治規制，起於 1930 年的節約運動，或起或伏，時顯時隱，綿延未絕。政治權力深度介入國民消費這一道德領域，誠可視為「教養身體的政治」，並能透視民族國家構建的某些面相〔註203〕。不過，國民政府自上而下改塑消費行為的治理策略，始終難以破解消費示範效應的精英悖論。

凡勃倫提出的「炫耀性消費」原創性概念，由杜森貝利發展成為「消費示範效應」，並成為社會經濟史研究的重要分析工具。此種分析框架，實由個體主義轉向「社會」主義，著重關注消費行為生成與傳導的社會機制，將消費視為社會位次的博弈。馮爾康的社會上層「風尚嚮導」論，李長莉的洋貨形象「消費符號」說〔註204〕，亦大抵借用或暗合消費示範效應的理論資源。一般而言，炫耀性消費的對象往往是在公共場合能夠被他人看見的產品，〔註205〕而「外出就餐」一直是精英階層非常重要的「消費標誌」〔註206〕。為了討論相對集中，此處將論域重點聚焦於抗戰勝利之後的筵宴節約問題，以便透視政治規制的精英指向及其悖論。

〔註203〕（日）深町英夫：《教養身體的政治：中國國民黨的新生活運動》，深町英夫譯，北京：生活・讀書・新知三聯書店，2017 年。孫欽梅認為國民政府時期的節約運動是透視現代國家構建的一個重要窗口，但由於自身諸多困境，節約運動難以發揮應有能量。參見孫欽梅：《國民政府時期的節約運動與國家構建》，《江西社會科學》，2016 年第 10 期。

〔註204〕馮爾康：《清代社會史論綱》，上海：上海古籍出版社，1987 年，第 96 頁；李長莉：《晚清「洋貨」消費形象及符號意義的演變》，天津社會科學院主辦：《城市史研究》（第 29 輯），天津：天津社會科學院出版社，2013 年。

〔註205〕衣服、汽車、手錶、客廳家具、口紅是人們熟知的社會地位的體現，而火爐、床墊、臥室窗簾、粉底、銀行賬戶卻不是。造成此種差異的原因，是使用它們的地方不同。參見（美）朱麗葉・斯格爾：《過度消費的美國人》，尹雪姣等譯，重慶：重慶大學出版社，2010 年，第 61 頁。

〔註206〕Shinobu Majima; Alan Warde. Elite Consumption in Britain, 1961~2004: Results of a Preliminary Investigation.*Sociological Review*, No.56, Iss.1, 2008, pp.210~239.

一、政治規制與精英指向

全面抗戰時期曾有「前方吃緊，後方緊吃」的諷刺性現象，而抗戰勝利之後，戰時一度受到抑制的消費欲望得到有效釋放並強烈反彈，社會上層的奢侈之風，較前更加嚴重，「道德之淪喪與人心之萎靡，為前史所未見」。〔註207〕上海享樂主義盛行，流行「苦盡甘來」的錯誤觀念，以致於首次來華的外國人不認為中國是一貧窮國家〔註208〕。東歸上海者競相「陶醉於物質享受」，追求「新裝、汽車、洋房」〔註209〕。1946年上半年，筵席稅一度躍居上海財政收入之首，被譏為「建築在筵席上」。〔註210〕筵席捐在杭州市府收入中也占較大比重。〔註211〕據廣州「節約委員會」1945年底的調查，茶樓酒樓每日消耗「誠足驚人」，但「緊急救濟會」平均每日掩埋貧民屍體超過20具，死因多係「顛連困苦，營養不足」〔註212〕。湖南災情異常「慘重」，甚至「演出了吃人肉的一幕」，而長沙的「大人先生依然酒食征逐」，省府改組之際，「冠臺雲集，往來酬酢，一席動輒數萬金，或一二十萬金」，形成「民間吃人肉，官場人吃肉」的荒誕怪象。〔註213〕因此，即便《新運導報》亦承認：大量民眾「在飢餓線、死亡線上掙扎」。」〔註214〕蔣介石強調「風俗頹衰，於今為極」〔註215〕，而社會輿論則嘲諷道：「等到原子彈一丟，矮子們縮成了矮矮子，慶祝『勝利』，吃『禁』大開。恢復舊習慣，莫提『新生活』」，節約運動「換了幾位委員大人」，再度應時而起，而筵席又「首當其衝」。〔註216〕

此次節約運動大致從1946年開始。4月中旬，蔣介石要求還都要員「切

〔註207〕社評：《節約必須自上做起》，《立報》，1947年8月19日第2版。
〔註208〕社論，《節約運動應先從上海做起！》，《申報》，1947年9月26日第2版。
〔註209〕《首都紀念盛況，附錄：推行節約的意義》，《新運導報》，1947年第14卷第1期。
〔註210〕柯九思：《上海建築在筵席上》，《上海警察》，1946年第3期。
〔註211〕儲裕生：《西子湖畔周象賢市長一席談》，《申報》，1948年2月23日第5版。
〔註212〕梁風：《廣州片段》，《申報》，1946年1月6日第1版。
〔註213〕《吃人肉》（1946年5月16日），桐鄉市政協文教衛體與文史委員會編著：《嚴獨鶴雜感錄》，上海：上海遠東出版社，2009年，第58頁。
〔註214〕《我們為什麼要節約》，《新運導報》，1946年第13卷第2期。
〔註215〕蔣中正：《新運十三週年主席告全國同胞書，負責守法篤實勤儉，振衰起頹自強建國》，《蒙藏月報》，1947年第19卷第3期。
〔註216〕若庵：《論節約筵席》，本社編：《百味人生》，上海：上海書店出版社，1997年，第277頁。

實提倡節約，為僚屬示範」。〔註217〕在 5 月 5 日的首都各界慶祝還都大會上，蔣再次強調「戒浪費」「尚節約」〔註218〕。根據蔣的訓示，行政院相繼頒行一系列節約法規，試圖管控朝野雙方的消費行為。現代國家係以專業官僚與「合理的法律」為基礎，後者具備形式主義特徵，有如「機械般可以計算」〔註219〕，而隨著工商業的迅速發展，以「數目字化管理」為特徵的工具理性成為「社會生活的通則」〔註220〕。若據此而進行梳理，節約法規的筵席條文主要涉及菜肴數量、價格和品類三個方面。

　　1946 年的《復員期間節約筵席消費辦法》規定，中餐每席十人以上者不能超過六菜一湯，十人以下、六人以上者不能超過四菜一湯，五人以下者不能超過三菜一湯。西餐則每客不能超過超過一湯、兩菜、一點心。〔註221〕1947 年的《筵席消費節約實施辦法》規定中餐不能超過六菜一湯，西餐不能超過兩菜一湯，中餐至少以八人為一席，不足一席之聚餐，則以一人一菜為標準，並由當地政府根據屬地物價而限制每席或每客的最高價格，餐館內不准銷售政府禁止輸入的飲食品，要求飲食業同業公會制定公約，以及主管機關發動社會力量進行監督，「以收輿論制裁之效」〔註222〕。1948 年的《飲食消費節約辦法》更為細緻和嚴格，「除因為國家慶典及慰勞將士、公務機關法團招待外賓及舉行重要會議之宴會和慶弔節約實施辦法中允許而開辦的宴會外」，其他一律禁止，「俾收官導民遵之效」〔註223〕，同時規定「設立經濟食堂，不准新設餐館」，政府禁止輸入之飲食品一律禁止銷售。〔註224〕

　　1947 年上海頒行的地方法規，要求中西酒菜業同業公會將節約筵席價格表呈報社會局核准，同時自定同業公約，包括執行筵席標準、禁售進口飲食品、各會員單位一律添設小吃部等。〔註225〕酒菜業公會自定中菜筵席最高限

〔註217〕《對每一還都要員，蔣主席曉以三事》，《申報》，1946 年 4 月 17 日第 1 版。
〔註218〕《主席告全國同胞》，《申報》，1946 年 5 月 6 日第 1 版。
〔註219〕（德）馬克斯・韋伯：《經濟通史》，姚曾廙譯，上海：上海三聯書店，2006 年，第 217～225 頁。
〔註220〕（德）馬克斯・韋伯：《學術與政治：韋伯的兩篇演說》，馮克利譯，北京：生活・讀書・新知三聯書店，2013 年，第 3 頁。
〔註221〕《央法規命令摘要：復員期間節約筵席消費辦法》，《臺灣省行政長官公署公報》，1946 年。
〔註222〕《中央法規：筵席消費節約實施辦法》，《湖北省政府公報》，1947 年第 751 期。
〔註223〕《飲食節約官導民隨》，《大眾夜報》，1948 年 12 月 31 日第 2 版。
〔註224〕《法規匯錄：飲食消費節約辦法》，《金融週報》，1948 年第 19 卷第 26 期。
〔註225〕《節約筵席價錢定出來了》，《和平日報》，1947 年 10 月 19 日第 4 版。

價為 120 萬元、最低 60 萬元，西菜筵席分別限價每人 12 萬元和 10 萬元，經濟客飯一菜一湯，分為每客 2 萬元、15000 元和 12000 元三個等級。所列價格均為最高限價，各菜館只能視其營業狀況而逐漸降低。〔註 226〕禁止輸入飲食物品的範圍，可從 1946 的《修正進出口貿易暫行辦法》一窺端倪，其附表「禁止進口貨品」列有「鮑魚、海參、燕窩、魚翅」等奢侈品〔註 227〕。1948 年所擬《取締進口奢侈品銷售辦法》，魚翅和洋酒仍為主要管制對象。〔註 228〕上海勤儉建國運動指導委員會也要求中餐不銷售魚翅、海參等「名貴菜」，西餐不銷售洋酒和咖啡等消耗品。〔註 229〕新疆對「不可避免之筵席、宴會」，要求以該省出產之蔬菜和肉類為限，若係維族筵席羊肉抓飯，則「不備他菜」。〔註 230〕

央、地兩級的節約法規，均強調各地行政首長之宴會尤應以身作則，為民表率，俾收官導民遵之效，並且對公務員的筵宴以及必要的接待宴會，均予以細緻規約，凡此種種，清晰透露出主政者對精英階層示範效應的體悟與考慮。消費節約運動應該指向精英階層，這也是社會各界的最大共識。經濟學家趙乃摶認為，除了軍閥、豪門和姦商之外，多數民眾的生活程度「不如戰前遠甚」，如果政府明瞭消費之「真銓」，並能為多數民眾福利著想，則應該提高而非節約消費。他抨擊京、滬奢風「為全國冠」，一席之費動輒數百萬，並非百姓所能希冀，惟有「豪門奸商揮金如土，毫不介意」。他諷刺道：「試執一草履之夫而告以勿穿尼龍襪，或對一啃窩窩頭者而囑以勿多食黃油奶粉，他們真是受寵若驚，瞠目不知所答。」〔註 231〕崔敬伯強調，兵戈擾攘、民生凋敝，平民業已「求生不能，求死不得」，勤儉建國應該指向「社會上層尤其

〔註 226〕 《節約筵席價目議定，中菜每席最高廿萬元，明起全市菜館一律遵行》，《申報》，1947 年 10 月 19 日第 4 版。

〔註 227〕 《加強管制貿易政策全貌，修正進出口貿易暫行辦法》，《財政評論》，1946 年第 15 卷第 5 期。

〔註 228〕 《本年八月一日開始禁售奢侈品種類包括食用食品等卅餘種》，《申報》，1948 年 5 月 22 日第 1 版。

〔註 229〕 《本市成立勤儉節約運動指委會推行勤儉公約十項採用宣傳勸導檢查命令方式》，《天津市》，1948 年第 11 期。

〔註 230〕 《新疆省屬行勤儉建國運動節約筵席宴會及慶弔應酬實施辦法》（1948 年 12 月 14 日），新疆維吾爾自治區檔案館編：《民國時期新疆省組織、人事制度檔案史料選編》，烏魯木齊：新疆人民出版社，1997 年，第 182 頁。

〔註 231〕 《評節約消費綱要》，趙凱華、趙匡華編：《趙迺摶文集》（紀念先父誕辰 110 週年），2007 年，第 220～221 頁。

是少數都市裏的上層人物」，呼籲「政治上層的人物做樣子」。〔註232〕

　　社會輿論亦大聲疾呼消費節約「從上做起」。上海《立報》強調，厲行節約係「自力更生、發奮圖強的唯一出路」，但中下級公務員、商人以及一般平民，「終年辛苦，不獲溫飽，羅掘俱窮，節無可節」，而豪門巨富、達官貴人則「一席百萬，了無難色」，「上層人物本身墮落，原不足惜，惟影響所至，為害至烈」，因此呼籲上層社會「公忠體國」，「尤望政府當局採行強迫上級節約的有效政策」，一改積弊已久的政治作風，「以挽回人心，補救危局」。〔註233〕《中國評論》強調，權貴階層的奢侈行為「足以影響多數人的信仰」，如果上層人物「口是心非」，老百姓則「陽奉陰違」，呼籲當局從整頓上層著手，務使顯宦豪門「先自檢束」，養成勤儉風氣，則風氣所趨，必將事半功倍。〔註234〕《時事新報晚刊》指出，政府技術人員、大學教授或一部分自由職業者構成的中間階層，「旦夕勤勞、夙夜匪懈」，但月入所得不足以維持「合理生活」，「已經衣無可節，食無可約，更無待國家三令五申的強迫施行」。節約運動固然需要政府與人民合作，但「最要緊的，還是在上者以身作則的來身體力行，方能收到上行下效的效果。」〔註235〕

　　從空間而言，「節約應從上海做起」。上海開埠以後造成「驕奢淫逸的風氣」，不僅「崇尚奢侈，而且道德墮落，淪為萬惡的淵藪」，「表面繁榮遠甚於戰前，人力物力的浪費，可謂達於頂點」，「自應首先切實施行節約辦法」，上海市政當局以及社會領袖應該「身體力行，實行節約，為民表率」〔註236〕。與此相似，《新聞報》也認為，上海的「酒食爭逐、婚喪鋪張、甜歌恒舞、交際饋贈」，「一切的昏天黑地與一切海派作風」，如果不能進行徹底改造，則不但全國節約「無從談起」，而且「戡亂與建國，也無可著手。」「前方的士兵，到上海來一看，他們決不願再上前線去了，全國的有志青年，到上海來一看，他們不再願回到研究室與圖書館去了，全國刻苦的工農，到上海來一看，他們必然望洋興歎，不願再回到田野或機器房中去努力了。」〔註237〕

〔註232〕《烽火話節約》（1948年10月3日），《崔敬伯財政文叢》（下），北京：中央編譯出版社，2015年，第1186頁。

〔註233〕《節約必須自上做起》（社評），《立報》，1947年8月19日第2版。

〔註234〕止一，《勤儉運動須從上層做起》，《中國評論》，1948年第10版。

〔註235〕《節約要從上而下的做起》（社評），《時事新報晚刊》，1947年8月20日第1版。

〔註236〕《節約運動應先從上海做起！》（社論），《申報》，1947年9月26日第2版。

〔註237〕《節約從上海做起》（社評），《新聞報》，1947年8月17日第2版。

二、剛性規制與消費投機

「六菜一湯」的制度設計，暗含著政治理性對可計算性的崇拜，但其語義指向並不清晰，中、西餐的差異性規定亦遭詬病。時人揶揄性地指出，其「含糊籠統」之處有二，一是「湯」並無清晰規定，因為所指至少有三，「酸梅湯」為冷飲，「清湯」「原湯」以及成都「高湯」是無菜湯汁，而「鮑魚湯」「腰片湯」「母雞湯」「金銀蛋花湯」和「西紅柿牛肉湯」則為一菜。「六菜一湯」所涉「一湯」顯非冷飲，但如係清湯，則與一人一菜的規定相較，七人反而比八人可多食一菜。二是中、西餐的數量規定並不對等，吃西餐者「太佔便宜」。如果八人採用西菜中吃的方式，則八人可共享二十四菜。〔註238〕制度設計的形式理性與國人消費的實質理性之間明顯存在矛盾，時人若庵指責消費節約辦法「不切實際」，「八人一席」終非「十全十美」，如果多出一至二人，則只能「挨餓或看吃」，客人既感「招待欠周」，主人更要「負疚良深」。「六菜一湯」也不夠「明朗化」，對於冷盆、熱炒和大菜的安排，未曾學過代數、幾何的廚子，恐怕求解不出正確答案〔註239〕。

筵席節約恐非一種「將經營活動政治化、道德化的治理方式」〔註240〕，而是基於道德問題政治化的治理邏輯。官員生活的奢、儉與其職業腐、廉密切相關，但民眾消費的奢儉則僅關乎道德，治理方式理應有別。在趙乃摶看來，勤儉建國運動包括政治運動與道德運動，前者指向整飭吏治，須有「強制性」，後者關乎公民教育，「可示範而不可苛擾」「不宜有強制性」〔註241〕。但既以政治力量規制消費行為，根據科層制的邏輯，則必須進行數目字化的剛性規約，否則執行者缺乏操作的圭臬準繩。消費行為本質上是「炫耀自己所能承擔的最昂貴的信號」，而可靠的信號傳達要求存在某種程度的炫耀「浪費」「精度」「聲望」或「稀缺」，其中炫耀浪費是「最簡單、最流行的信號形式」。〔註242〕因此，消費投機主義成為因應節約運動的基本策略。

〔註238〕海戈：《節約三題》，《論語》，1947年第138期。

〔註239〕若庵：《論節約筵席》，本社編：《百味人生》，上海：上海書店出版社，1997年，第278頁。

〔註240〕鄧麗蘭：《飲食政治：抗戰勝利後的上海酒菜業治理》，《南開學報》（哲學社會科學版），2019年第4期。

〔註241〕《讀〈勤儉建國運動綱要〉》，趙凱華、趙匡華編：《趙迺摶文集》（紀念先父誕辰110週年），2007年，第295頁。

〔註242〕（美）傑弗里・米勒：《超市裏的原始人：什麼是人類最根本的消費動機》，蘇健譯，杭州：浙江人民出版社，2017年，第119～127頁。

　　抗戰期間的消費節約運動，雖然政府三令五申，但結果欠佳〔註243〕。陳克文在日記中寫道：「1938 年 10 月 27 日，孔院長忽然要宴請參政員駐會委員，時間便是今天晚間，地點是本院的禮堂。時間這樣的忽促，許多人不見得都能夠接到請柬，也不見得他們沒有先定的約會。果然到了晚間七時半，所請的四十二個客人中，有十個來電話不能來，來到的不過十七人，其餘都沒有消息。本來這一次參政員集會，曾有規定不參定〔加〕宴會的，不知道為甚麼還是要宴請。院長自己說，是參政員的希望。他們怨行政長官對他們太冷淡，沒有機會大家交換意見。說到酒饌，院長說，不要太好，也不要太壞，新生活運動規定每桌八元，我們可以要每桌十二元的；節約運動禁止使用的材料如海參、魚鰭〔翅〕之類全不要；酒要用川產的橘酒和大麯。我們不要請了他們（參政員），反受他們的罵。不過事實上庶務科定的菜饌每桌還是十六元的。」〔註244〕

　　再以著名報人徐鑄成的經歷為證。1942 年底，日軍試圖打通「大陸交通線」，前線戰事緊張，而重慶市面卻日益繁盛，飯莊、酒肆、咖啡廳、俱樂部等消費場所「車馬盈門」。官方推行「六盤一湯」並嚴禁飲酒。徐鑄成以《大公報》香港記者身份赴渝，一新聞官款待徐，聲稱「限於禁令，只能一切從簡」。徐看到每人面前放著兩碟，一盛醬油，一個空著。第一道菜的盤子之大，內容之豐富多樣，為徐生平所未見。主人吩咐「來點白醋」，跑堂上一大壺。主人即從徐起，一一將空碟斟滿，然後舉「碟」說「請」，「原來是香洌的老窖大麯」。冷盤之後的幾個菜全是大盤，都有不同的四菜。最後一湯令徐「咋舌」，係雞、鴨、蹄膀合成的「一品鍋」，而徐早已「酒醉菜飽」。旁桌的「節約」筵席亦「大同小異」。期間曾有憲兵隊巡查，但看到並無「違章」者，「也就心照不宣地走了」〔註245〕。

　　類似的投機主義行為，在抗戰勝利後的節約運動中屢見不鮮。譬如上海，「點一席菜，連裝著一碗一碗的搬出來，至再後一碗菜搬出來的時候，其中總有二三碗菜已吃光了的，那麼把空碗收排再行遞新菜，這樣的循環換菜，只有

〔註243〕趙凱華、趙匡華編：《趙迺摶文集》（紀念先父誕辰 110 週年），2007 年，第223 頁。

〔註244〕陳方正編輯、校訂：《陳克文日記（1937～1952）》（上），北京：社會科學文獻出版社，2014 年，第 291 頁。

〔註245〕徐鑄成：《杜月笙正傳》，杭州：浙江人民出版社，1982 年，第 124～125 頁。

主客知道吃幾隻菜了」〔註246〕，要麼聲稱還有客人要就餐，「自然名正言順地可以多要一樣菜」〔註247〕，「各大菜館酒肆，吃節約菜者絕跡」〔註248〕。杭州情況如出一轍。市長周象賢接受《申報》特派員採訪，認為上一年經濟狀況頗佳，各地遊客願意花錢，「並不在乎什麼」。杭州酒肆飯店可以滿足顧客菜肴「豐盛」的需求，比上海「自由得多」。周坦言，遊客消費若受限制，「必定掃興」，而且「節約餐」規定太嚴，飲食店亦無法維持。他直言不諱：節約初衷不容否定，但其執行則「在於良心」，否則「吃完一道菜，把盆子拿走，再上一道菜」，「只落得徒勞無功」〔註249〕。

筵席節約有悖於社會性消費的炫耀性特徵，因而攀比效應層出不窮。「婚喪喜慶原取個熱鬧，炫耀筵席，現命名為節約，便不炫耀，六菜一湯，也欠熱鬧。高貴的轉移陣地到教堂，到雞尾酒會。」上海社會「東西越貴越吃香，省錢的事沒人幹」，「節約果然肅清了外表的太多奢風氣。」〔註250〕婚喪慶弔「競尚奢靡」，否則「面子上有點不光彩」，〔註251〕「不夠場面」，〔註252〕甚至認為「節約便是吝嗇，是矯情」〔註253〕。聖誕夜的上海仍然供應每人 50 萬元的「大菜」，而某局成立十週年紀念，仍然舉辦雞尾酒會才「賓主盡歡」。〔註254〕1948 年的副總統競選，孫科和李宗仁大宴群賓，「一時名賢畢至，冠蓋如雲」〔註255〕。社會輿論則質疑政府機關頻繁的盛大宴會是否必要，認為只要通過各大餐館的定座客牌和停車場所的汽車號碼，即能查知筵宴主人。〔註256〕

價格的傳統角色被視為依賴於成本的「抑製劑」，消費者可以接受的價

〔註246〕《請帖亂飛，白相人打秋風，節約不成反被奸商逃稅》，《中華時報》，1947年 11 月 12 日第 4 版。

〔註247〕《打破節約筵席妙法》，《鐵報》，1947 年 11 月 28 日第 3 版。

〔註248〕《所謂節約筵席》，《力報》，1948 年 3 月 7 日第 2 版。

〔註249〕儲裕生：《西子湖畔周象賢市長一席談》，《申報》，1948 年 2 月 23 日第 5 版。

〔註250〕鮑瞰埠編：《十里洋場眾生相》，北京：書目文獻出版社，1993 年，第 84 頁。

〔註251〕《社論：奢風不可長》，《一四七畫報》，1946 年第 8 卷第 11 期。

〔註252〕《提倡社會節約》，《益世報》（上海），1947 年 6 月 27 日第 4 版。

〔註253〕《我們要為建國而節約》，《新運導報》，1946 年第 13 卷第 2 期。

〔註254〕若庵：《論節約筵席》，本社編：《百味人生》，上海：上海書店出版社，1997年，第 277 頁。

〔註255〕冰心：《選舉於節約》，《力報》，1948 年 4 月 8 日。

〔註256〕《厲行節約》（1947 年 7 月 19 日），桐鄉市政協文教衛體與文史委員會編著：《嚴獨鶴雜感錄》，上海：上海遠東出版社，2009 年，第 232 頁。

格區間，是對過去被索價格、支付價格、公允價格的態度，以及允許賣方包含成本和賺取合理利潤的價格的認識的結果。但是，「聲望」或「地位」商品的研究表明，價格往往是質量的「代理標記」，消費者願意為功能相等的物品支付更高價格。」〔註257〕近人趙超構稱「凡勃倫效應」為「奢侈律」。他在解釋重慶各餐館「百元一菜」現象時，闡明了社會上、下階層消費決策的差異，後者秉持「經濟律」，「看貨色，比價錢，處處打算」，「以最少支出獲最大效用」。前者奉行「奢侈律」，「所考慮者是舒適生活之外，還要加上『面子』，『面子』之外，還要加上『自負』心理的滿足。」因此「才有聲色犬馬娛樂之好，才有珍稀寶物古董之癖，才有買物惟恐不貴，浪費惟恐不多之習。」「凡足以增長奢侈，助成浪費，表示其有錢的身份者，他們無不樂為。自己奢侈得不夠，便委託他太太兒女做浪費代理人，太太還浪費不了，便委託他的僕人、他的狗、他的貓來浪費，你別以為他傻，他的浪費並非是無結果的，因為浪費換來了世俗的『榮譽』。」對於「百元一菜」，著眼於分析「維他命含量」者是「呆子」，其真正原因僅在於「百元」高價能夠滿足富豪的「浪費癮」。〔註258〕

根據當地物價而限制飲食價格，操作難度極大。飲食品類極其多樣，價格機制非常複雜，「姑不論過去的限價是否有成績，公文旅行是否費時間，單以小菜而論，就是平時，在餐館中價目即常有變更，很難規定。」春末夏初的茄子、青椒等價目，幾乎每天行情都不相同。成都茄子初上市時，小如嬰兒拳頭者，「高懸水果店中，索價 2 千元一枚」，但隨著供給增加，儘管「百物高漲數倍」，而茄子卻僅賣數百元一斤。因此，假如每樣菜品都限價，則必須分季成立各種委員會，如春天的「豌豆評價委員會」，夏天的「豬肉評價委員會」「死活魚評價委員會」，而秋天的「螃蟹委員」和冬天的「羊腎委員」亦必應時而生。「宮保雞丁」加花生米與不加花生米，「蒸肉餅子湯」加味精與不加味精，其價格均可成為節約委員會的爭執焦點，而當地政府的備查表報無

〔註257〕 Creedy, John; Slottje, D. J.. *Conspicuous Consumption in Australia*. Research Paper Number 307, University of Melbourne, 1991.

〔註258〕 《奢侈律》（1942 年 2 月 9 日），趙超構：《趙超構文集》（第 2 卷），上海：文匯出版社，1999 年，第 159 頁。雖然趙超構並未直接使用凡勃倫效應，但其分析則與凡勃倫《有閒階級論》的觀點如出一轍。1936 年中華書局出版了胡伊默《有閒階級論》，並且 1932 年第 47 期《中華週報（上海）》的「新詞詮」對「有閒階級」的解釋，亦採用凡勃倫的界定。由此大概可以窺知兩者之間的學術聯繫。

非浪費紙張而已〔註259〕。在惡性通脹的背景下，限價則更加困難，即使南京的顧客唯求「大快朵頤，雖然價昂，亦悶聲大嚼。」〔註260〕

三、私廚家宴、消費品類與精英炫耀

「專業化僕役」是有閒階級的「明顯有閒」的代理人，是有閒階級社會地位的象徵和博取榮譽的工具，其僕人應該「訓練有素」，「資質和技能」是「構成高薪僕役的功用的主要因素，是有教養的主婦的動人點綴之一」。〔註261〕1947年9月，人民解放軍發動秋季攻勢，蔣介石赴瀋陽督戰，中餐是六菜一湯，西餐為三菜一湯，食物均在南京備妥，兩名廚師亦先乘機抵達。〔註262〕如果蔣之御用廚師，係安全考慮，那麼財富精英的廚師配置，則暗含社會地位之競爭。

據作家樹棻回憶，在民國「社會頂級階層」中，雖有飯店請客者，但多係三五知友聚會，正式宴會主要在私宅舉行。家宴需要寬敞的餐廳和講究的餐具，而最重要者須有高端廚師，能讓來客品嘗到酒樓飯店中吃不到的精美菜肴。他指出，浙江興業銀行和浙江第一銀行創辦人李銘、上海商業銀行創辦人陳光甫、中國墾業銀行行長王伯元、大陸銀行行長談公遠等金融鉅子的家廚手藝，在上海政、商兩界頗負盛名。曾任華東商業儲蓄銀行總經理的樹棻父親，每次赴宴歸來，都盛讚菜品精細而味美。樹棻家的兩名廚師來自常熟兩家酒樓，但其父認為遠遜於李銘、談公遠的家廚，因為後者係蘇州世家子弟沈京似親自培養。〔註263〕樹棻所述清晰透露出金融精英之間對飲食服務的模仿與攀比，「鄰居效應」〔註264〕彰顯無遺。時人海戈認為，筵席節約條文僅針對承辦筵席之餐館業，而對「達官貴人之家庭宴客，則無明文，似嫌

〔註259〕 曾煜等編：《幽默人生語》，長春：吉林人民出版社，2009年，第154頁。

〔註260〕 《夫子廟之菜館》，《飛報》，1948年10月31日第2版。

〔註261〕 （美）凡勃倫：《有閒階級論——關於制度的經濟研究》，蔡受百譯，北京：商務印書館，2011年，第45、48頁。

〔註262〕 李中奇作為當時的勵志社瀋陽分社主任，參與接待過蔣介石。參見李中奇：《解放戰爭時期蔣介石來沈情況瑣記》，王洪整理，遼寧省政協學習宣傳和文史委員會編：《遼寧解放‧抗美援朝》，瀋陽：遼寧人民出版社，1999年，第302～305頁。

〔註263〕 《舊日「公館菜」》，樹棻：《最後的瑪祖卡：上海往事》，上海：上海文藝出版社，2005年，第228頁。

〔註264〕 McCormick, Ken. Duesenberry and Veblen: the Demonstration Effect Revisited. *Journal of Economic Issues,* Vol.17, No.4, 1983, pp.1125~1129.

不甚公允」。因為中國講究飲食者，「以用自己的廚子做菜請客為最高貴」，雅名「郇廚」。他指出，前行政院長便是極考究此道者，家中雇有廣東、江浙、平津以及四川等省和外國名廚，其家庭宴客菜單，每視客人省籍而定。酒宴之豐富，菜肴之精美，南京市面，無出其右〔註265〕。

社會中、下層將外出就餐視為改善生活品質，而社會頂層則恰恰相反，供養甚至調教私廚是生活品味的象徵，舉辦家宴成為上流社會的慣習。筵席節約「只禁菜館，家用則不在禁止之例」〔註266〕，導致「若干私設廚房遂應運而生，仍出售各種貴重菜肴，且價格大增」〔註267〕。1948年5月，上海地方當局認為此舉有違中央節約之本旨初衷，函請警察局「協助取締」。〔註268〕然而公館宴客，即使抽查也「無從查起」。〔註269〕

節約法令所禁奢侈品類較多，為了討論相對集中，此處僅聚焦於魚翅。魚翅係鯊魚之鰭，包括脊鰭、胸鰭、腹鰭、尾鰭，其中尾鰭壯大，最為貴重，被行家譽為「黃魚尾」，外國人視為「棄置不用的廢物」，而我國則視為「席上之珍」。〔註270〕明代以降，魚翅「始為珍品，宴客無之，則客以為慢」〔註271〕，其烹飪工藝複雜，耗時較長，尚需大量輔材，即使「庖人為此，未必盡得法。」〔註272〕據袁枚所記，我國古之八珍「並無海鮮之說」，但「世俗尚之」，「不得不從眾」而作海鮮食單，「魚翅難爛，須煮兩日才能摧剛為柔」，或用「好火腿、好雞湯，加鮮筍、冰糖錢許煨爛」；或「純用雞湯串細蘿蔔絲，拆碎鱗翅，

〔註265〕海戈：《節約三題》，《論語》，1947年第138期。
〔註266〕《舉世滔滔悲劇何止筱丹桂？魚翅海參家中盡吃不禁止！》，《和平日報》，1947年10月18日第7版。
〔註267〕《筵席節約菜館叫苦，中西酒樓營業銳減，私設廚房應運而生》，《申報》，1947年10月2日第4版。
〔註268〕《魚翅海參公館仍多宴客警局將予取締》，《前線日報》，1948年5月6日第3版。
〔註269〕《六菜一湯》，《鐵報》，1947年10月17日第2版。
〔註270〕梁實秋：《人間有味是清歡》，北京：北京時代華文書局，2014年，第113頁。
〔註271〕（清）汪康年：《汪穰卿筆記》，上海：上海書店出版社，1997年，第65頁。
〔註272〕清代閩籍京官四人舉行魚翅盛會，先以「一百六十金購上等魚翅，復別選再四，而平鋪於蒸籠，蒸之極爛。又以火腿四肘，雞鴨各四隻，亦精選。火腿去爪、去滴油、去骨，雞、鴨去腹中物、去爪翼，煮極融化，而漉取其汁。則又以火腿、雞、鴨各四，再以前汁煮之，並撇去其油，使極清腴乃以蒸爛之魚翅人之。味之鮮美，蓋平常所無。聞所費並各物，及賞犒庖丁，人計之約用三百餘金。是亦古今食譜中之豪舉矣。」汪康年：《汪穰卿筆記》，上海：上海書店出版社，1997年，第65頁。

攙和其中，瓢浮碗麵，令食者不能辨其為蘿蔔絲、為魚翅。」〔註273〕

民國以降，大量言論以科學主義為武器，試圖消解國人的魚翅崇拜。近人徐蓂成曾經對銀行員工進行生活教育，強調飲食之道在於「適中」，「不能縱慾」，「不可任性」，滿足營養需求即可。他特別強調，富貴之人嗜食魚翅、海參等珍貴之品，往往易生膽石症，「醫治極感棘手」。〔註274〕國民政府禁用魚翅，部分輿論亦「極贊成」，認為魚翅「食之無味，如同嚼蠟」〔註275〕，「實一無可取」，必須借助「薰製豬火腿之味」，否則難以下嚥。況且菜館魚翅價格太高，如果禁食魚翅，則筵席價格必定大幅度降低。〔註276〕但是，消費既有獲得物質滿足的「第一級效用」，亦有爭名顯富的「第二級效用」。〔註277〕謝覺哉深刻洞察到飲食的潮流效應：「吾人於味之美否，大抵阿世所尚，或欣其昂貴，以心理作用衝動生理作用，美之者未必真美，且或較不美於所不美者，而以世俗美之之故，不得不從而美之。」「吾人縛於環境，一食之微，尚不容我理性判斷，何況其他。」〔註278〕

有學者宣稱：「告訴我你吃的什麼菜，我就可以說出你是什麼樣的人。」〔註279〕這意味著飲食暗含著消費者的身份密碼。魚翅、燕窩湯和皮蛋曾被西方人視為中國飲食的符號〔註280〕，而前兩者也是高階地位的飲食表達。「節

〔註273〕（清）袁枚：《隨園食單》，西安：三秦出版社，2005年，第49、52頁。

〔註274〕徐蓂成：《銀行員嗜好的從違》，劉平編纂：《稀見民國銀行史料四編（下）：浙江興業銀行〈興業郵乘〉期刊分類輯錄（1932～1949）》，上海：上海書店出版社，2017年，第2518頁。

〔註275〕《沙魚翅》，《小日報》，1947年9月21日第3版。

〔註276〕《談魚翅》，《戲報》，1947年9月10日第2版。

〔註277〕王建國：《爭名的經濟學——位置消費理論》，湯敏、茅於軾主編：《現代經濟學前沿專題》（第3集），北京：商務印書館，1999年，第89頁。

〔註278〕謝覺哉：《謝覺哉日記》（上卷），北京：人民出版社，1984年，第1頁。

〔註279〕「布爾喬亞開始登上歷史舞臺，一種新的飲食方式也隨之誕生。吃飯不再只是為了填飽肚子，吃飯還應是享受，是品味。飯菜精美可口、簡單實惠，廚具餐具、桌用布品精緻高雅。這就是布爾喬亞飲食。布爾喬亞通過選擇、料理和展示自己的食物，證實了自己的社會地位。布爾喬亞飲食成為一種生活藝術，家常菜登堂入室，征服了貴族菜的地盤。貴族階級也裝模作樣地過起簡樸生活，吃起了布爾喬亞菜。」參見（法）圖珊·薩瑪：《布爾喬亞飲食史》，管筱明譯，廣州：花城出版社，2007年，封底。

〔註280〕「如果你對一個沒有在中國生活過的普通英國人提到中國食物，或者他對你所說的東西一無所知，或者即使他具有那麼一點少得令人不安的知識，他想到的也是魚翅、燕窩湯和皮蛋。這些東西沒有一種適合於刺激一個單純的盎格魯—薩克遜人流出口水。我吃過所有這些東西，當我下次赴宴時，只要有

儉當崇」是「榮氏家訓」之一〔註281〕，1934年，榮德生夫婦六旬壽辰「力持節儉，不欲過事鋪張」，但在他人看來，則「酒菜甚豐滿」，每席16元。前幾道菜系魚翅、燕窩等。〔註282〕1923年，楊希閔宴請孫中山，席有價值百元之魚翅，孫聲稱：「我為粵人，魚翅亦為粵之名饌，但吃此尚屬第一次。」並問「叨陪末座」的吳鐵城是否品嘗過如此「價昂之佳餚」。〔註283〕政治精英和經濟精英如此，知識精英亦不例外。以魚翅而獲盛名的「譚家菜」〔註284〕，諸多學界名流均有提及。時任輔仁大學校長的陳垣曾致信胡適：「豐盛胡同譚宅之菜在廣東人間頗負時名，久欲約先生一試。」〔註285〕而朱自清則盛讚「譚宅菜味厚重」〔註286〕。劉半農與錢玄同等人為馬敘倫慶祝50歲生日，其中廣東魚翅20元。雖然價昂，但劉並不認為魚翅味美。錢則揶揄廣東人「不知味，以銅味為味」。次日晚上，劉半農又在「譚家菜」宴請葉恭綽。〔註287〕魯迅在《祝福》中寫道：「明天進城去。福興樓的清燉魚翅，一元一大盤，價廉物美，現在不知增價了否？往日同遊的朋友，雖然已經雲散，然而魚翅是不

這些菜端上來，我會再次這麼做。這不是因為我特別在乎它們，而是因為我不在乎它們，而且，如果我不把筷子伸進桌上的所有碗中，這麼做將是引人注目的，也是對主人的冒犯。」（美）克勞：《四萬萬顧客》，夏伯銘譯，上海：復旦大學出版社，2011年，第162頁。

〔註281〕「人生福分，皆有限制，如飲食衣服、婚喪喜慶，盡可從儉，不必奢華。一喜奢華，便有許多不受用處，況多費多取。至於多取，不免錙銖必較，惹人憎怨；且不免奴顏僕膝，仰面求人。是節儉二字，非惟可以惜福，抑且可以養品也。昔人有詩云：常將有日思無日，莫到貧時憶富時。又俗語云：省吃省用省求人。言雖俚，可深思焉。」榮德生：《榮德生文集》，上海：上海古籍出版社，2002年，第562頁。

〔註282〕榮德生：《榮德生文集》，上海：上海古籍出版社，2002年，第518～519頁。

〔註283〕吳鐵城：《憶述總理言行二三事》，尚明軒：《孫中山生平事業追憶錄》，北京：人民出版社，1986年，第83頁。

〔註284〕「譚家菜實同於外間酒樓，但主人自高身份，只承認客人是借他宅宴客。席間設主人一座，宴會開始前，譚瑑青與客略事寒暄，即退席。譚家菜以魚翅最有名，須事先訂座。譚逝後，其妾繼業。20世紀二三十年代，每饌4元，其價甚昂。那時教授待遇甚優，月薪約300元至400元之間，大牌教授可得400元。陳寅恪是清華大學教授中薪酬最高者，1935年月薪460元。教授收入如此豐厚，故能享受一餐4元的美食。」齊世榮：《史料五講》（外一種），北京：人民出版社，2016年，第21頁。

〔註285〕齊世榮：《史料五講》（外一種），北京：人民出版社，2016年，第21頁。

〔註286〕朱自清：《朱自清全集》（第9卷），南京：江蘇教育出版社，1997年，第287頁。

〔註287〕朱洪：《劉半農傳》，北京：東方出版社，2007年，第256頁。

可不吃的，即使只有我一個。」〔註288〕清墩魚翅為紹興名菜之一，地方性知識嵌入文學敘事，是文學創作的常用策略。「物美」誠與飲食習俗有關，而「價廉」則視收入而定。

上海筵席節約初始，仍有餐館違規出售魚翅、海參而受懲處〔註289〕，但後來檢查則未發現銷售禁售品的餐館。〔註290〕不過，「扣黃肉魚翅」以「黑市菜」的名義出現於酒宴，且菜價奇高〔註291〕。有「女梅蘭芳」之稱的焦鴻英，曾在私宅舉辦誕辰宴席，上海諸多政要出席，菜單中竟有「蟹粉魚翅」。〔註292〕蔣介石夫婦於 1948 年 5 月視察無錫，地方當局的招待物品，計有「魚翅酒席 12 桌，三五牌香煙 60 聽」〔註293〕。雖然實行經濟管制，但魚翅需求不減，價格必定上漲。上海魚翅一菜原售 6 萬元，節約後竟達 12 萬元。〔註294〕漢口的烏勾翅在 1947 年 9 月每擔漲到 4 百萬元〔註295〕，10 月中旬售價已達 3200 萬元〔註296〕，12 月中旬再次加價 8 百萬元〔註297〕。同年 12 月中旬，上海魚翅銷路「奇暢」，市場做多，「市盤飛揚」，每擔狂漲至 1 億元左右。〔註298〕其中原因，除了普遍性的通脹因素之外，一是家庭私廚的需求旺盛，魚翅「出路尚多」，〔註299〕二是各地商人「見海味禁用，將來來源頗有問題，乃大事囤積」〔註300〕，而菜館「名義上不出售，暗底下貯藏，然後高價出售。」〔註301〕

〔註288〕 魯迅：《故鄉》，瀋陽：萬卷出版公司，2016 年，第 159 頁。

〔註289〕 《筵席節約組務會議，違章菜館警告處分》，《申報》，1947 年 11 月 27 日第 4 版。

〔註290〕 彭希祖：《半年來之筵席節約》，《社會月刊》，1948 年第 3 卷第 2 期。

〔註291〕 《朱門酒肉臭的上海，一桌較好的菜要一億元》，《大公晚報》，1948 年 6 月 16 日第 2 版。

〔註292〕 《節約魚翅》，《鐵報》，1947 年 11 月 15 日第 3 版。

〔註293〕 《蔣主席伉儷遊錫記》，《大公報》（上海版），1948 年 5 月 18 日第 6 版。

〔註294〕 《筵席節約菜館叫苦，中西酒樓營業銳減，私設廚房應運而生》，《申報》，1947 年 10 月 22 日第 4 版。

〔註295〕 《本日市場動態：海味再騰，海帶獨小》，《經濟通訊》，1947 年第 436 期。

〔註296〕 《本日市場動態：海味暴漲》，《經濟通訊》，1947 年第 457 期。

〔註297〕 《海味堅挺，毛菜獨落》，《經濟通訊》，1947 年第 507 期。

〔註298〕 《海味堅挺》，《申報》，1947 年 12 月 14 日第 7 版。

〔註299〕 《魚翅海參禁用，價格反呈飛漲》，《大眾夜報》，1947 年 10 月 29 日第 4 版。

〔註300〕 《筵席節約開始檢查，魚翅海參價格陡漲》，《鐵報》，1947 年 10 月 30 日第 1 版。

〔註301〕 《魚翅海參禁用，價格反呈飛漲》，《大眾夜報》，1947 年 10 月 29 第 4 版。

　　要而言之，南京國民政府一直執著於對消費行為進行政治規制，亦努力倡導精英階層以上示下，但其效果顯然乏善可陳。消費本質上是階級關係的反映，在社會分化和流動的背景下，精英悖論難以破解。各界精英一身二任，既是消費主義的先行者和代言人，又兼任批判者和改造者，既踐行炫耀性消費，又倡導黜奢崇儉，既膜拜進口商品，又鼓吹購買國貨。「實施以來，成效顯著」〔註302〕，這僅能視為政界的自我確認。新生活運動、國民經濟建設運動以及節約運動等相繼而起，雖然「適合國情、切中時弊」，理論上「頭頭是道、井井有條」，但是，如果切實執行，則「奢靡之風，不至於如此之甚」，如果「行之有效」，則無需勤儉建國運動了。〔註303〕節約運動不過是精英階層的擬劇表演，節約法令則成為民眾眼中的「節約專書」或「節約檔案」〔註304〕。或如孟德斯鳩所言，「法律只能也只適合改變法律之所確立，風尚也只能改革風尚之所確立，如果以法律改變風尚，無疑是一種很糟糕的策略」。〔註305〕

〔註302〕王懋功主編：《江蘇省政府政情述要》，臺北：文海出版社有限公司，1983年，第265頁。

〔註303〕止一：《勤儉運動須從上層做起》，《中國評論》，1948年第10期。

〔註304〕桐鄉市政協文教衛體與文史委員會編著：《嚴獨鶴雜感錄》上海：上海遠東出版社，2009年，第231頁。

〔註305〕（法）孟德斯鳩：《論法的精神》（上），許明龍譯，北京：商務印書館，2009年，第363頁。

結　論

　　在物質匱乏時代，生產論是經濟學研究的起點，隨著生產力的逐步發展尤其是豐裕社會的出現，消費論逐步轉變為經濟學的起點。但是，消費是「無數的和短暫的消費者行為」，因而消費行為研究極其不易。除了消費經濟學之外，消費社會學、消費人類學、消費心理學、消費文化學等，均試圖對人類的消費行為進行解釋，或者說試圖揭開「消費的秘密」，而揭示「消費秘密」的重要路徑之一，即是轉向消費的社會性這一命題，從而強調消費示範效應。

　　若從語用學角度進行審視，中國史的研究文本對精英概念的使用，或者存在分歧，或者視為不言自明的概念。而從語義學視角看，精英與大眾相比較而存在，比較流行的判斷依據是個體素質的高低或程度，而並非素質的不同性質。此種界定類似於韋伯意義上的「價值無涉」，即不進行價值判斷，亦即不論「好人還是壞人」。

　　在相當長的時間裏，少有經濟學家認為消費者需求取決於社會需求。20世紀中期以後，消費理論發展迅速，關於消費效用和消費需求之人際效應方面的學術文獻非常豐碩，其中人際效應，名稱不一，或相似，或相關，大致有「炫耀性消費」「消費外部性」「示範效應」「鑽石效應」「位置消費」「地位效應」等等不同名稱。細緻梳理此類文獻，可以析出三種示範效應，分別稱為「滴下效應」「滴上效應」和「環滴效應」。更加通俗一點說，也就是消費行為存在「從上到下」的模仿、「從下到上」的模仿以及「相互的模仿」。但是，在前現代社會和現代社會，「滴下效應」是最主要和最重要的消費模仿形式。同時，在階級社會中，學界比較普遍地將女性視為男性消費的代理人，也將女性看成是時尚的主體和載體。一些歷史學家強調婦女既是時尚主導的消費革

命的「同謀」，也是「不幸的犧牲品」。

國際示範效應是發展經濟學中頗有影響力的一種主張，以世界上存在收入分配不平等這一經驗性事實作為立論出發點，將消費示範理論擴展到國際經濟關係中。有人重點關注國際示範對後進國家的負面效應，亦有學者主張，基於二元制經濟的格局，國際示範具有正、負雙重效應，發達國家的消費主義在不發達國家可能扮演「英雄」和「惡棍」兩個角色，不可偏執一端。消費主義的全球傳播史，已經為國際示範效應提供了有力的歷史證據。在前現代社會，國際示範效應以互動模式為主，而近現代社會，明顯出現了一種「類階層」模式，亦即先發型現代化國家對後發型現代化國家的消費示範效應。總之，階層、性別和空間，成為研究民國時期精英階層消費示範問題的三重視角，或者說理論基點和理論統攝。

首先必須闡明的是，消費示範理論雖然在 20 世紀中後期方才蔚成大觀，但它在西方的思想基因則可前溯得更加久遠。同樣，中國古代「貧學富、富學娼」的說法，也與當代學術研究的結論有異曲同工之妙。從民國時期的消費話語看，精英階層多借用西學資源為新式精英的消費行為正名，或者說奠定消費的合法性。孫中山曾將人類生活程度分為「需要程度」「安適程度」「繁華程度」三級，將服裝的功能歸結「護體」「彰身」「等差」三種，由此而衍生出「必要的欲望」「應分的欲望」「奢侈的欲望」三種欲望類型，以及「必需品」「安適」「奢侈品」三種商品類型。滿足應分欲望，實際上就是消費社會學所謂的「位置消費」。尤其是近人對奢侈的批判性言論中，消費模仿、消費競賽、炫耀性消費等看法均有所體現。這些觀點已經非常接近當代消費社會學中的「地位跑步機」等概念。

再進一步審視民國時期知識精英的消費論。社會學家李劍華奢侈視為超過社會平均水平的享樂性消費，是私有制社會的特有產物，其內在動因包括追求美觀、社會聲望和炫耀財富。奢侈消費的傳播蔓延，既是自由競爭時代金錢競賽的結果，又是上層社會消費示範的產物。他將欲望視為人類進步之動力，既反對極端禁慾主義，也反對超越歷史階段的奢侈生活。基於消費示範效應的視角，他認為奢侈不僅增加犯罪行為，也扭曲人生觀和提高社會生活水準。基於李劍華有關奢侈文本的梳理，以及與李大釗風俗論的簡略對比，充分說明他們對馬克思關於消費具有歷史性、社會性、階級性等屬性的理解和運用。

　　李權時、馬寅初以及楊汝梅和張素民等經濟學家，亦不同程度地涉及消費示範問題。李權時強調生活程度或消費標準並非恒定而不變，在分析生活程度變遷方向之原因時，他區分了消費示範者與消費追隨者。馬寅初比較系統地闡述了「團體生活」對個體消費的影響，主要從「競勝」與「摹仿」兩個視角分析個體消費演變的動力，強調每個個體的消費都具有社會性、競爭性和文化差異性。楊汝梅將消費示範效應稱為「消費同化」，而張素民則從消費心理入手分析邊際消費中的「體面」與「模仿」，將「明顯消費」解釋為「出風頭的消費」，並強調富人消費對中下社會的示範作用。

　　歷史學家何炳松和呂思勉也對消費示範問題進行過闡述。前者主要是在研究社會史研究的方法時涉及消費示範問題，而後者則主要是在研究奢侈問題以及一部分時政文章中涉及消費示範問題。何炳松將消費史和物質生活史等同為一，認為社會風尚能夠創造或毀滅價值，實為所有奢侈工業及工業變遷最重要之原動力，而社會消費的方向可由消費領袖主導。呂思勉認為奢侈是私有制的產物，而消費自由、交易自由和生產自由是人類貪欲實現的經濟條件，建議禁止奢侈品的公開使用，從而使奢侈品失去炫耀性和示範性。

　　再從消費的空間輻射看，民國時期各種地方志的記載，充分證明城市消費風尚對鄉鎮的示範效應，無論是華東、華北還是西南，「城追西俗，鄉染市風」可以作為一般性的結論。按照馮友蘭的說法，「城裡人到鄉下，常覺得什麼都是不合適的；什麼都看著不順眼，聽著不入耳。而鄉下人到城裏，則常覺得什麼都是合適的；什麼都看著順眼，聽著入耳。」

　　近代中國市場的格局，大致形成歐美貨、東洋貨和中國貨由高到低的三個層級，並且與社會分層基本上形成對應關係。中上社會多購用歐美貨，而中下社會則購用日本貨或中國貨。不同的消費者對市場價格的感知和態度未必相同，甚至完全相反，貧、富兩個階層分別對應著「經濟律」與「奢侈律」，後者也就是經濟學界所謂的「炫耀性價格」。服飾、飲食、娛樂和教育的個案性考察，充分表明了價格具有的社會意義，亦即花錢闊綽與社會聲望相關。既然精英階層願意支付「炫耀性價格」，工商兩業必定運用差異性或歧視性定價策略，這在品牌塑造和大減價促銷中獲得驗證。

　　儘管單一商品與社會階層之間或許難以構成簡單的對應關係，但社會分層概念運用於消費者行為研究，促進了對消費模式進行社會學解釋的重要性。民國時期的汽車消費，無疑具有精英屬性。倘將消費視為一種社會關係，將

物視為一個符號系統，交通工具具有社會分層功能。而民國時期的汽車消費兼具工具性價值和象徵性價值。以汽車購置和使用的成本為基礎，可以充分揭示其財富展示的功能。尤其重要的是，精英階層對汽車品牌、特別是稀缺汽車牌號的爭奪，本質上是社會地位的競爭。與汽車消費相關的性別問題已經初露端倪，汽車成為男性的解放者，也是女性的宰制者，「女司機」的社會標籤亦因應而生。可以說，汽車與女性一同成為中國近代男性精英的人生追求和地位象徵，而女性則將汽車視為婚戀選擇的重要標準之一。

時尚不僅僅是一種暫時的社會風尚，也是一種經濟現象。研究時尚的視角必須在生產、銷售與消費之間不斷移動。而作為集體行為的時尚，總是存在時尚領引者與時尚追隨者。早期的消費示範理論大多堅持自上而下的模式，但社會底層人物也可能成為消費領袖，妓女的消費示範效應是自下而上傳播的重要例證之一。自清末至 20 世紀二十年代中前期，妓女在服飾創新、時髦裝扮甚至女性吸煙的流行等方面，無疑都堪稱消費領袖之一。但是隨著二十年代中期電影事業的逐步興起，妓女的時尚地位風光不再，而讓位於新興的娛樂精英，尤其是女明星。作為美國明星制度的習得者，中國電影公司的明星包裝和媒體的明星話語，極力凸顯女星身體的化妝和服飾。女明星的物化或商品化，經由媒體的物化話語、廣告代言以及電影角色扮裝等諸種途徑，對女性影迷的消費觀念和實踐產生了重大示範效應。在時尚消費的潮流中，明星和名媛彼此之間既競爭又合作，而妓女的時尚地位往往受到政治規制和道德批評。

在西歐消費主義誕生的過程中，工商業充分運用上層社會的示範效應，其舉措之一是以宮廷和貴族等名稱來命名商品，從而達到提高品牌地位之目的。此種策略也是民國時期工商業的經營策略之一，政治精英、知識精英和娛樂精英，成為商標名稱或產品名稱。作為一種意識形態，廣告營銷充分利用和操控消費的社會區分功能，利用「上等人」「中上社會」「上流社會」等訴求方式的廣告俯拾皆是。民國時期的煙草廣告，可以作為經濟精英利用消費示範效應的極佳個案。廣告主體往往根據其目標受眾的不同定位，而採用不盡一致的廣告策略。「勢力效應」和「從眾效應」是香煙廣告文本的兩種深層符碼，高端產品廣告大多運用勢力效應，低端產品廣告往往運用從眾效應，而中檔產品則上下兼顧，同時採用兩種策略。廣告賦予商品的符號意義與廣告受眾的消費實踐之間，的確存在一定程度的對應關係。

　　知識精英和娛樂精英的商業化運作，乃是工商業社會的普遍現象，很少遭到公權力干涉。但是，若將政治領袖商業化，則不僅受到輿論批評，亦勢必遭到政治干涉和管控。當然，政治管制與社會抵制之間，存在一種強─弱類型的互動關係。南京十年時期政治精英的公車問題尤其是公車私用問題，遭到社會輿論的激烈抨擊。南京國民政府以及南京、上海等地市政府雖然不願取締公車，但也試圖回應社會關切，出臺過一些整治措施，但收效甚微，政治回應與社會期待之間存在較大距離，其中的約束條件之一，無疑是汽車具有的符號價值。汽油節約運動和飲食節約運動兩個個案的討論，也充分揭示了精英消費示範對政治規制的歷史約束。

　　要而言之，當代的消費示範學說雖有強烈的西學色彩，但民國時期的知識精英多已觸及這一題旨。從思想觀念史看，它理應成為建構中國化消費學和消費史的重要學理資源。從民國時期的消費實踐看，「滴下效應」是消費示範效應的最主要類型，經濟精英已經比較嫻熟地操控著消費的社會性和階級性。而在階級社會中，自上而下的消費規制往往難見實效。

參考文獻

一、政務和黨務公報（按拼音字母排序）

1. 《國民政府公報》

2. 《工商公報》

3. 《廣東建設公報》

4. 《河南省政府公報》

5. 《湖北省政府公報》

6. 《內政公報》

7. 《南京市政府公報》

8. 《軍政公報》

9. 《教育部公報》

10. 《交通部公路總局第六區公路工程管理局月刊》

11. 《捲煙統稅公報》

12. 《江西省政府公報》

13. 《青島市政府市政公報》

14. 《審計院公報》

15. 《實業公報》

16. 《商標公報》

17. 《首都市政公報》

18. 《汕頭市市政公報》

19. 《山東民政公報》

20. 《上海市政府公報》

21. 《臺灣省行政長官公署公報》

22. 《行政院公報》

23. 《浙江省政府公報》

24. 《中央黨務月刊》

25. 《浙江黨務》

26. 《中國國民黨廣西省黨部黨務月報》

二、民國圖書（以出版時間為序）

1. 陳榮廣（伯熙）：《老上海》（中），上海：泰東圖書局，1919 年。

2. 劉秉麟：《經濟學原理》，上海：商務印書館，1919 年。

3. 陸放翁：《老學庵筆記》，上海：掃葉山房，1926 年。

4. 我佛山人：《滑稽談》，上海：掃葉山房，1926 年。

5. 徐恥痕：《中國影戲大觀》，上海：大東書局出版，1927 年。

6. 李權時：《消費論》，上海：東南書店，1928 年。

7. 王清彬等編：《中國勞動年鑒》（第一次），北京：北平社會調查部，1928
   年。

8. 吳景超：《都市社會學》，上海：世界書局，1929 年。

9. 吳景超：《社會的生物基礎》，上海：世界書局，1930 年。

10. 一蝶：《水泡》，上海：光華書局，1930 年。

11. 武堉幹：《中國國際貿易概論》，上海：商務印書館，1930 年。

12. 楊汝梅：《民生主義經濟學》，上海：中華書局，1930 年。

13. 交通銀行編：《交通銀行同人錄》，出版地不詳，1931 年。

14. 李劍華：《社會學史綱》，上海：世界書局，1931 年。

15. 杜庚堯：《家計簿記》，上海：商務印書館，1932 年。

16. 《惺公評論集》，上海：機杼出版社，1933 年。

17. 沈伯經、陳懷圃編：《上海市指南》，上海：中華書局，1933 年。

18. 沈鎔：《近世文選》第 4 集，上海：大東書局，1933 年。

19. 上海市國貨陳列館編：《上海市政府服用國貨委員會國貨調查錄》，上海：

文化印刷社，1934 年。

20. 洪深：《電影術語詞典》，上海：天馬書店，1935 年。

21. 武尚槿：《浪費、貧窮與救亡》，上海：大成書局，1936 年。

22. 萬定華編著：《國民經濟建設要論》，上海：正中書局，1937 年。

23. 許晚成編：《戰後上海暨全國各大工廠調查錄》，上海：龍文書店，1940年。

24. 雞籠生：《大上海》，上海：南方雜誌社，1942 年。

25. 蔣中正：《中國經濟學說》，上海：連鎖書店，1944 年。

26. 何乃民：《現代汽車業概況》，上海：商務印書館，1946 年。

27. 劉仁美：《海濱寄語》，上海：南極出版社，1948 年。

28. 徐仲年：《旋磨蟻》，南京：正中書局，1948 年。

29. 王少岑編：《日常生活手冊》，上海：群學書店，1948 年。

三、志書（按出版時間排序）

1. 鄭耀烈修，汪升遠、王桂馨纂：《六合縣續志稿》，1920 年石印本。

2. 陳訓正、馬瀛纂修：《定海縣志》，1924 年鉛印本。

3. 羅柏麓修、姚桓等纂：《遂安縣志》，1930 年鉛印本。

4. 張自清修，張樹梅、王貴笙纂：《臨清縣志》，1934 年鉛印本。

5. 景佐綱修、張鏡淵纂：《懷安縣志》，1934 年鉛印本。

6. 王汾纂修：《盱眙縣志略》，盱眙縣政府刊印，1936 年。

7. （清）錢肇然纂：《續外岡志》，上海：上海市文物保管委員會，1961 年。

8. 李芳等修、楊德馨等纂：《順義縣志》（民國二十二年鉛印本），臺北：成文出版社，1974 年。

9. 劉東藩修、王召棠編輯：《河北省晉縣志料》，1935 年鉛印本，臺北：成文出版社，1974 年。

10. （清）疏筤等纂修：浙江省《武康縣志》，清道光九年刊本，臺北：成文出版社，1983 年。

11. 《巴縣志》（1929 年刻本），向楚主編：《巴縣志選注》，巴縣縣志辦公室選注，重慶：重慶出版社，1989 年。

12. 方鴻鎧、陸炳麟修，黃炎培纂：《民國川沙縣志》（1937 年），上海：上

海書店出版社，1991 年。

13. 《直隸綿州志》（清同治十二年刻本），丁世良、趙放：《中國地方志民俗資料彙編‧西南卷》（上卷），北京：北京圖書館出版社，1991 年。

14. 煙臺市一輕局編志室編：《煙臺市一輕工業志（1892～1985）》，北京：中國輕工業出版社，1991 年。

15. 四川省地方志編纂委員會編纂：《四川省志‧交通志》（上冊），成都：四川科學技術出版社，1995 年。

16. 上海市造紙公司史志編纂委員會編：《上海造紙志》，上海：上海社會科學院出版社，1996 年。

17. 黃石市地方志編纂委員會編纂：《黃石市志》（上），上海：中華書局，2001 年。

18. 天津市地方志編修委員會辦公室、天津二商集團有限公司編：《天津通志（二）：商志》，天津：天津社會科學院出版社，2005 年。

19. 解幼瑩修、鍾景賢撰：（民國）《開陽縣志稿》，貴陽印刷廠鉛印本，1940 年，《中國地方志集成：貴州編》（第 38 冊），成都：巴蜀書社，2006 年。

20. 黃元操、任可澄等纂輯：（民國）《續修安順府志》，《中國地方志集成：貴州編》（第 42 冊），成都：巴蜀書社，2006 年。

21. 壽樂英主編：《近代中國工商人物志》（第 4 冊），北京：中國文史出版社，2006 年。

四、史料集（按出版時間排序）

1. 中國科學院上海經濟研究所、上海社會科學院經濟研究所：《上海資本主義典型企業史料：南洋兄弟煙草公司史料》，上海：上海人民出版社，1958 年。

2. 陳真等編：《中國近代工業史資料第 2 輯：帝國主義對中國工礦事業的侵略和壟斷》，北京：生活‧讀書‧新知三聯書店，1958 年。

3. 陳真：《中國近代工業史資料第 4 輯：中國工業的特點、資本、結構等和工業中各行業概況》，北京：生活‧讀書‧新知出版社，1961 年。

4. 人民出版社編：《中國現代革命史資料叢刊：一二九運動資料》（第 1 輯），北京：人民出版社，1981 年。

5. 上海社會科學院歷史研究所：《五卅運動史料》（第 1 卷），上海：上海人

民出版社，1981 年。

6. 上海社會科學院經濟研究所編：《英美煙公司在華企業資料彙編》（第 4 冊），北京：中華書局，1983 年。

7. 上海社會科學院經濟研究所編：《英美煙公司在華企業資料彙編》（第 2 冊），北京：中華書局，1983 年。

8. 《工商經濟史料叢刊》（第 2 輯），北京：文史資料出版社，1983 年。

9. 薛暮橋：《抗日戰爭時期和解放戰爭時期山東解放區的經濟工作》，濟南：山東人民出版社，1984 年。

10. 中國社會科學院現代史研究所：《「一大」前後——中國共產黨第一次代表大會前後資料選編》（一），北京：人民出版社，1985 年。

11. 中共海豐縣委黨史辦公室、中共陸豐縣委黨史辦公室編：《海陸豐革命史料（1920～1927）》（第 1 輯），廣州：廣東人民出版社，1986 年。

12. 劉長徽編：《四一二反革命政變資料選編》，北京：人民出版社，1987 年。

13. 黃秀華、高惠平等編：《廣東婦女運動歷史資料》（第 5 冊），廣州：廣東省婦女聯合會、廣東省檔案館，1991 年。

14. 新疆維吾爾自治區檔案館編：《民國時期新疆省組織、人事制度檔案史料選編》，烏魯木齊：新疆人民出版社，1997 年。

15. 羅檢秋：《近代中國社會文化變遷錄》（第 3 卷），杭州：浙江人民出版社，1998 年。

16. 南方都市報編：《廣州舊聞》，廣州：南方日報出版社，2007 年。

17. 中共中央文獻研究室、中央檔案館編：《建黨以來重要文獻選編》（1921～1949）（第 14 冊），北京：中央文獻出版社，2011 年。

18. 鄭曦原：《共和十年社會篇：〈紐約時報〉民初觀察記（1911～1921）》，北京：當代中國出版社，2011 年。

19. 李善根編著：《中國愛迪生：胡西園與中國亞浦燈泡（企業）史料》，北京：中國文史出版社，2011 年。

20. 張雲初編：《中國大實話：申報•自由談》（社會民生卷），西安：陝西師範大學出版社，2001 年。

21. 熊月之主編：《稀見上海史志資料叢書》（1），上海：上海書店出版社，2012 年。

22. 徐娣珍主編：《上海灘視野下的慈谿商人：〈申報〉三北商幫史料集成》，北京：當代中國出版社，2012 年。

23. 劉平編纂：《稀見民國銀行史料初編》，上海：上海書店出版社，2014 年。

24. 韓君玲點校：《中華民國法規大全 1912～1949》（10 卷，補編，上），北京：商務印書館，2016 年。

25. 劉平編纂：《稀見民國銀行史料四編（下）：浙江興業銀行〈興業郵乘〉期刊分類輯錄（1932～1949）》，上海：上海書店出版社，2017 年。

五、日記、回憶錄和文史資料（按出版時間排序）

1. 鄭逸梅：《上海舊話》（二），上海：上海文化出版社，1957 年。

2. 郭泉：《永安精神之發軔與長成》，著者印行，1961 年。

3. 平襟亞：《漫談黃楚九及其「事業」》，《文史資料選輯》，1963 年。

4. 包天笑：《衣食住行的百年變遷》，政協蘇州市委員會文史編輯室，1973 年。

5. 陶菊隱：《孤島見聞：抗戰時期的上海》，上海：上海人民出版社，1979 年。

6. 文史資料研究委員會編：《晚清宮廷生活見聞》，北京：文史資料出版社，1982 年。

7. 謝覺哉：《謝覺哉日記》（上卷），北京：人民出版社，1984 年。

8. 《竺可楨日記》（第 1 冊），北京：人民出版社，1984 年。

9. 中國人民政治協商會議上海市靜安區委員會文史資料工作組：《上海市靜安區文史資料選輯》（第 2 輯），1986 年。

10. 尚明軒等編：《孫中山生平事業追憶錄》，北京：人民出版社，1986 年。

11. 哈爾濱市政協文史資料研究委員會編：《哈爾濱文史資料：哈爾濱抗日保衛戰》（第 11 輯），1987 年。

12. 胡蝶口述：《胡蝶回憶錄》，劉慧琴整理，北京：文化藝術出版社，1988 年。

13. 黃蕙蘭：《沒有不散的筵席：外交家顧維鈞夫人自述》，天津編譯中心譯，北京：中國文史出版社，1988 年。

14. 中共高淳縣委黨史資料徵集小組辦公室、高淳縣志編纂委員會辦公室

等：《高淳史志資料》（第 8 輯），1988 年。

15. （印度）比・庫・巴蘇：《巴蘇日記》，顧子欣、王其良等譯，北京：商務印書館，1989 年。

16. 餘姚市政協文史資料委員會編：《近現代人物：餘姚文史資料》（第 13 輯），1995 年。

17. 曹聚仁：《上海春秋》，上海：上海人民出版社，1996 年。

18. 林太乙：《林家次女》，北京：西苑出版社，1997 年。

19. 松錦：《清末俄國人考察承德日記摘錄》，《承德文史文庫》編委會編：《承德文史文庫》（第 4 卷），北京：中國文史出版社，1998 年。

20. 溥儀：《我的前半生》，北京：東方出版社，1999 年。

21. 河北省唐山市政協文史資料委員會：《唐山文史資料：二十世紀三十年代的冀東陰雲——偽「冀東防共自治政府」史略》（第 21 輯），1999 年。

22. 遼寧省政協學習宣傳和文史委員會編：《遼寧解放・抗美援朝》，瀋陽：遼寧人民出版社，1999 年。

23. 陳存仁：《銀元時代生活史》，上海：上海人民出版社，2000 年。

24. 梅蘭芳：《移步不換形》，天津：百花文藝出版社，2000 年。

25. 沈寂：《影星悲歡錄》，上海：上海書店出版社，2001 年。

26. 中國人民政治協商會議貴陽市南明區委員會文史資料委員會編：《南明文史資料選輯》（第 20 輯），2002 年。

27. （美）伊・貝蒂・格列賓希科夫：《我曾經叫莎拉》，李康勤譯，上海：漢語大詞典出版社，2005 年。

28. 胡西園：《追憶商海往事前塵：中國電光源之父胡西園自述》，北京：中國文史出版社，2006 年。

29. 《顧頡剛日記》（第 2 卷）（1927～1932），臺北：聯經出版事業公司，2007 年。

30. （英）莊士敦：《紫禁城的黃昏》，富強譯，北京：中國市場出版社，2007 年。

31. 梁永金：《我與「柯土林」電池》，政協廣東省委員會辦公廳，廣東省政協文化和文史資料委員會編：《廣東文史資料精編》（下編，第 3 卷，清末民國時期經濟篇：下），北京：中國文史出版社，2008 年。

32. 張緒諤：《亂世風華：20 世紀 40 年代上海生活與娛樂的回憶》，上海：上海人民出版社，2009 年。

33. （美）克勞：《四萬萬顧客》，夏伯銘譯，上海：復旦大學出版社，2011 年。

34. 龔稼農：《龔稼農從影回憶錄》（上），北京：中國大百科全書出版社，2013 年。

35. 盛佩玉：《盛氏家族：邵洵美與我》，北京：人民文學出版社，2013 年。

36. 彭曉亮編注：《周作民日記書信集》，上海：上海遠東出版社，2014 年。

37. 陳方正編輯、校訂：《陳克文日記》（1937～1952）（上），北京：社會科學文獻出版社，2014 年。

38. 楊小佛口述、朱玖琳撰稿：《楊小佛口述歷史》，上海：上海書店出版社，2015 年。

39. 顧嚴幼韻口述：《一百零九個春天：我的故事》，楊蕾孟編著、魏平譯，北京：新世界出版社，2015 年。

40. （美）格蕾絲·湯普森·西登：《中國燈籠：一個美國記者眼中的民國名媛》，北京：中國言實出版社，2015 年。

41. 舒乙：《老舍先生》，北京：中國青年出版社，2016。

42. 竺劍、李堅、崔海霞：《海派生活小史》，上海：上海世界圖書出版公司，2017 年。

43. 張立茂編注：《胡適澄衷學堂日記》，上海：文匯出版社，2017 年。

44. 湯濤編：《人生事，總堪傷：海上名媛保志寧回憶錄》，上海：上海書店出版社，2018 年。

45. 陳布雷：《陳布雷回憶錄》，長沙：嶽麓書社，2018 年。

六、文（選）集（按出版時間排序）

1. 中國國民黨「中央委員會」黨史委員會：《胡漢民先生文集：第 3 冊：革命理論與革命工作（1）》，中國國民黨「中央委員會」黨史委員會，1978 年。

2. 聶元素編輯整理：《陳毅早年的回憶和文稿》，成都：四川人民出版社，1981 年。

3. 《郭沫若全集·文學編》（第 1 卷），北京：人民文學出版社，1982 年。

4. 緒恭、姚維斗編：《向警予文集》，長沙：湖南人民出版社，1985 年。

5. 《馮玉祥選集》（上冊），北京：人民出版社，1985 年。

6. 傅學文：《邵力子文集》，北京：中華書局，1985 年。

7. 上海社會科學院文學研究所：《上海「孤島」文學作品選》（下），上海：上海社會科學院出版社，1986 年。

8. 張愛玲：《半生緣》，廣州：花城出版社，1987 年。

9. 《馮友蘭學術論著自選集》，北京：北京師範學院出版社，1992 年。

10. 雷加主編：《中國解放區文學書系：散文雜文編》（二），重慶：重慶出版社，1992 年。

11. 沈善洪主編：《蔡元培選集》（上卷），杭州：浙江教育出版社，1993 年。

12. 矛盾：《矛盾選集》（第 1 卷），成都：四川文藝出版社，1994 年。

13. 《張恨水散文》（第 4 卷），合肥：安徽文藝出版社，1995 年。

14. 中共中央馬克思恩格斯列寧斯大林著作編譯局：《馬克思恩格斯全集》（第 30 卷），北京：人民出版社，1995 年。

15. 上海社會科學院社會學研究所編：《李劍華先生紀念集》，上海市新聞出版局內部資料準印證編號（95）123 號，1995 年。

16. 楊應彬、鄭黎亞：《金華集》，廣州：廣東人民出版社，1995 年。

17. 待徐生：《燕市積弊》，張榮起校注，北京：北京古籍出版社，1995 年。

18. 朱波編：《廢話連篇》，呼和浩特：遠方出版社，1996 年。

19. 胡愈之：《胡愈之文集》（1），北京：生活·讀書·新知三聯書店，1996 年。

20. 《朱自清全集》（第 9 卷），南京：江蘇教育出版社，1997 年。

21. 何剛德：《春明夢錄·客座偶談》，太原：山西古籍出版社，1997 年。

22. 本社編：《百味人生》，上海：上海書店出版社，1997 年。

23. 汪康年：《汪穰卿筆記》，上海：上海書店出版社，1997 年。

24. 本社編：《吾鄉風情》，上海：上海書店出版社，1997 年。

25. 余之、程新國主編：《舊上海風情錄》（下集），上海：文匯出版社，1998 年。

26. 王逸夫編選：《沈從文小說：邊城》，南寧：廣西民族出版社，1998 年。

27. 鄧雲鄉：《增補燕京鄉土記》（下冊），北京：中華書局，1998 年。

28. 王逸夫編選：《沈從文小說：邊城》，南寧：廣西民族出版社，1998 年。

29. 中國李大釗研究會：《李大釗全集》，北京：人民出版社，2013 年。

30. 馬寅初：《馬寅初全集》（第 11 卷），杭州：浙江人民出版社，1999 年。

31. 馬寅初：《馬寅初全集》（第 2 卷），杭州：浙江人民出版社，1999 年。

32. 趙超構：《趙超構文集》（第 2 卷），上海：文匯出版社，1999 年。

33. 姚穎：《京話》，上海：上海書店出版社，2000 年。

34. 李文瑞編：《劉國鈞文集》（講演卷），南京：南京師範大學出版社，2001 年。

35. 榮德生：《榮德生文集》，上海：上海古籍出版社，2002 年。

36. 陳子善編：《夜上海》，北京：經濟日報出版社，2003 年

37. 中共中央馬克思恩格斯列寧斯大林著作編譯局：《馬克思恩格斯全集》（第 47 卷），北京：人民出版社，2004 年。

38. 余定邦等：《陳序經文集》，廣州：中山大學出版社，2004 年。

39. 鄧雲鄉：《雲鄉話食》，石家莊：河北教育出版社，2004 年。

40. 中共中央文獻研究室編：《陳雲文集》（第 1 卷），北京：人民出版社，2005 年。

41. 樹棻：《最後的瑪祖卡：上海往事》，上海：上海文藝出版社，2005 年。

42. 袁枚：《隨園食單》，西安：三秦出版社，2005 年。

43. 黃子俊：《黃子俊詩文集》，上海：學林出版社，2005 年。

44. 吳健熙、田一平編：《上海生活（1934～1941）》，上海：上海社會科學院出版社，2006 年。

45. 趙凱華、趙匡華編：《趙迺摶文集》（紀念先父誕辰 110 週年），出版社無，2007 年。

46. 倫明等：《辛亥以來藏書紀事詩》，北京：燕山出版社，2008 年。

47. 王維江、呂澍：《另眼相看：晚清德語文獻中的上海》，上海：上海辭書出版社，2009 年。

48. 中共中央馬克思恩格斯列寧斯大林著作編譯局：《馬克思恩格斯文集》（第 5 卷），北京：人民出版社，2009 年。

49. 老舍：《我這一輩子》，天津：天津人民出版社，2009 年。

50. 桐鄉市政協文教衛體與文史委員會編著：《嚴獨鶴雜感錄》，上海：上海遠東出版社，2009 年

51. 《費孝通全集》（第 6 卷），呼和浩特：內蒙古人民出版社，2009 年。

52. 林文光選編：《許地山文選》，成都：四川文藝出版社，2010 年。

53. 陳子善編：《海上文學百家文庫，92，韓侍桁、章克標、楊邨人卷》，上海：上海文藝出版社，2010年。

54. 徐俊西、李楠楠編：《海上文學百家文庫55，劉吶鷗、穆時英卷》，上海：上海文藝出版社，2010年。

55. 蔡元培：《蔡子民先生言行錄》，長沙：嶽麓書社，2010年。

56. 陳益民編：《浮生百味》，天津：天津人民出版社，2011年。

57. 陳益民編：《民國名家隨筆叢書：國病》，天津：天津人民出版社，2011年。

58. 孫中山：《孫中山選集》（上），北京：人民出版社，2011年。

59. 李為、齊思編：《社會聚焦》，天津：天津人民出版社，2011年。

60. 陳布雷：《陳布雷集》，北京：東方出版社，2011年。

61. 林緒武編：《吳鼎昌文集》，天津：南開大學出版社，2012年。

62. 遼左散人：《濱江塵囂錄》，張頤青、楊鐮整理，北京：中國青年出版社，2012年。

63. 《鄧恩銘文集》，北京：人民出版社，2013年。

64. 老舍：《老舍散文經典》（下），瀋陽：春風文藝出社，2013年。

65. 穆時英等：《上海的狐步舞》，南昌：二十一世紀出版社，2013年。

66. 中共中央文獻研究室：《鄧小平文集》（1949～1974年）（上卷），北京：人民出版社，2014年。

67. 梁實秋：《人間有味是清歡》，北京：北京時代華文書局，2014年。

68. 孫中山：《三民主義》，北京：東方出版社，2014年。

69. 《惲代英全集》（第7卷），北京：人民出版社，2014年

70. 《崔敬伯財政文叢》（下），北京：中央編譯出版社，2015年。

71. 范伯群主編：《周瘦鵑文集》（上卷），上海：文匯出版社，2015年。

72. 魯迅：《故鄉》，瀋陽：萬卷出版公司，2016年。

73. 舒靜廬主編：《一個書生：傅斯年作品精選》，東營：中國石油大學出版社，2017年。

74. 朱自清等：《北大人生講座》，哈爾濱：哈爾濱出版社，2018年。

七、中文論著（按出版時間排序）

1. 徐鑄成：《杜月笙正傳》，杭州：浙江人民出版社，1982年。

2. 張德勝：《社會原理》，臺北：巨流圖書公司，1984 年。

3. 馮爾康：《清代社會史論綱》，上海：上海古籍出版社，1987 年。

4. 吳申元：《上海最早的種種》，上海：華東師範大學出版社，1989 年。

5. 《定西地區公路交通史志》編寫委員會編：《定西地區公路交通史》，蘭州：蘭州大學出版社，1989 年。

6. 樂正：《近代上海人社會心態（1860～1910）》，上海：上海人民出版社，1991 年。

7. 蘇智良、陳麗菲：《近代上海黑社會研究》，杭州：浙江人民出版社，1991 年。

8. 鮑瞰埠編：《十里洋場眾生相》，北京：書目文獻出版社，1993 年。

9. 姜昆、王希耕、張朝清編著：《民國軼聞》（第 5 冊），瀋陽：春風文藝出版社，1993 年。

10. 商務印書館編：《商務圖書館一百年（1897～1997）》，北京：商務印書館，1998 年。

11. 湯敏、茅於軾主編：《現代經濟學前沿專題》（第 3 集），北京：商務印書館，1999 年。

12. 陳伯熙編著：《上海軼事大觀》，上海：上海書店出版社，2000 年。

13. 秦永洲：《中國社會風俗史》，濟南：山東人民出版社，2000 年。

14. 左旭初：《中國商標史話》，天津：百花文藝出版社，2002 年。

15. 陳光中：《風景——京城名人故居與軼事》（3），北京：新世界出版社，2002 年。

16. 羅鋼、王中忱主編：《消費文化讀本》，北京：中國社會科學出版社，2003 年。

17. 汪仲賢：《上海俗語圖說》，上海：上海大學出版社，2004 年。

18. 楊聯芬：《中國現代小說導論》，成都：四川大學出版社，2004 年。

19. 厲以寧：《資本主義的起源——比較經濟史研究》，北京：商務印書館，2004 年。

20. 谷小水：《「少數人」的責任：丁文江的思想與實踐》，天津：天津古籍出版社，2005 年。

21. 蔣建國：《廣州消費文化與社會變遷（1800～1911）》，廣州：廣東人民出

版社，2006 年。

22. 孫大權：《中國經濟學的成長：中國經濟學社研究（1923～1953）》，上海：三聯書店，2006 年。

23. 楊遠嬰：《中國電影專業史研究》（電影文化卷），北京：中國電影出版社，2006 年。

24. 左旭初編著：《近代紡織品商標圖典》，上海：東華大學出版社，2007 年。

25. 朱洪：《劉半農傳》，北京：東方出版社，2007 年。

26. 馬學強：《江南席家：中國一個經商大族的變遷》，北京：商務印書館，2007 年。

27. 徐茂昌：《車輪上的上海》，上海：上海三聯書店，2007 年。

28. 王儒年：《欲望的想像：1920～1930 年代〈申報〉廣告的文化史研究》，上海：上海人民出版社，2007 年。

29. 婁承浩、薛順生：《上海老房子》，上海：上海辭書出版社，2008 年。

30. 唐豔香、褚曉琦：《近代上海飯店與菜場》，上海：上海辭書出版社，2008 年。

31. 何光渝、何昕：《貴州：衣食住行的變遷》，貴陽：貴州人民出版社，2008 年。

32. 巫仁恕：《品味奢華：晚明的消費社會與士大夫》，北京：中華書局，2008 年。

33. 李長莉：《中國人的生活方式：從傳統到近代》，成都：四川人民出版社，2008 年。

34. 邵雍編著：《中國近代社會史》，合肥：合肥工業大學出版社，2008 年。

35. 宋路霞：《上海灘名門閨秀》，上海：上海科學技術文獻出版社，2009 年。

36. 忻平：《全息史觀與近代城市社會生活》，上海：復旦大學出版社，2009 年。

37. 瞿駿：《辛亥前後上海城市公共空間研究》，上海：上海辭書出版社，2009 年。

38. 王奇生：《黨員、黨權與黨爭：1924～1949 年中國國民黨的組織形態》，北京：華文出版社，2010 年。

39. 王奇生：《革命與反革命：社會文化視野下的民國政治》，北京：社會科學文獻出版社，2010 年。

40. 葉文心:《上海繁華:都會經濟倫理與近代中國》,臺北:時報文化出版企業股份有限公司,2010 年。

41. 吳漢全:《中國馬克思主義學術史概論(1919~1949)》,吉林人民出版社,2010 年。

42. 李長莉:《晚清上海:風尚與觀念的變遷》,天津:天津人民出版社,2010 年。

43. 陳明遠編著:《百年生活巨變(1840~1949)》,上海:文匯出版社,2010 年。

44. 何炳松:《通史新義》,北京:商務印書館,2011 年。

45. 張彩虹:《身體政治:百年中國電影女明星研究》,北京:中國廣播電視出版社,2011 年。

46. 李楠:《現代女裝之源:1920 年代中西方女裝比較》,北京:中國紡織出版社,2012 年。

47. 李立夫主編:《溥儀研究》(下卷),天津:天津人民出版社,2012 年。

48. 李逢蕊:《李逢蕊集》(第五卷,胡文虎研究專輯),呼和浩特:內蒙古教育出版社,2012 年。

49. 上海市歷史博物館編:《都會遺蹤》(第 6 輯),上海:學林出版社,2012 年。

50. 陳曉雲編:《中國電影明星研究》,北京:中國電影出版社,2012 年。

51. 藍凡:《電影論:對電影學的總體思考》(上冊),上海:學林出版社,2013 年。

52. 朱曉蘭:《文化研究關鍵詞:凝視》,南京:南京大學出版社,2013 年。

53. 陳三井:《四分溪畔論史》,北京:九州出版社,2013 年。

54. 由國慶:《民國廣告與民國名人》,濟南:山東畫報出版社,2014 年。

55. 杜潔莉:《時尚的傳統:嶺南「香雲紗」的民俗志》,北京:民族出版社,2015 年。

56. 徐濤:《自行車與近代中國》,上海:上海人民出版社,2015 年。

57. 《交通銀行史》編委會編著:《交通銀行史》(第 2 卷),北京:商務印書館,2015 年。

58. 劉文楠:《近代中國的不吸紙煙運動研究》,北京:社會科學文獻出版社,

2015 年。

59. 上海市檔案館編:《上海檔案史料研究》(第 18 輯),上海:上海三聯書店,2015 年。

60. 曲彥斌:《中國乞丐史》,武漢:武漢大學出版社,2016 年。

61. 齊世榮:《史料五講》(外一種),北京:人民出版社,2016 年。

62. 巫仁恕:《奢侈的女人:明清時期江南婦女的消費文化》,北京:商務印書館,2016 年。

63. 左旭初:《民國食品包裝藝術設計研究》,上海:立信會計出版社,2016 年。

64. 劉昀:《孤帆遠影:陳岱孫與清華大學》,北京:商務印書館,2017 年。

65. 陸陽:《楊家舊事:楊絳記憶之外的故事》,南京:南京師範大學出版社,2017 年。

66. 仝群旺:《英美煙公司在華銷售研究(1902～1952)》,合肥:合肥工業大學出版社,2017 年。

67. 戶力平:《光陰裏的老北京》,北京:新華出版社,2017 年。

68. 王連捷:《英雄無名:閻寶航》,北京:中共黨史出版社,2018 年。

69. 劉禎編:《梅蘭芳與傳統文化》,北京:中國戲劇出版社,2018 年。

70. 沈福偉:《中國與歐洲文明》,太原:山西教育出版社,2018 年

71. 連玲玲:《打造消費天堂:百貨公司與近代上海城市文化》,北京:社會科學文獻出版社,2018 年。

八、中文論文(按發表時間排序)

1. 王亞南:《政治經濟學之歷史發展的踪象》,廈門大學經濟研究所編:《王亞南經濟思想史論文集》,上海:上海人民出版社,1981 年。

2. 孔慶泰:《國民黨政府時期的石油進口初探》,《歷史檔案》,1983 年第 1 期。

3. 關山:《社會精英理論的三位經典作家》,《國外社會科學》,1992 年第 3 期。

4. 許妙發:《「劍華書香覺後生」:追憶社會學家李劍華教授》,《社會學雜誌》,1995 年第 1 期。

5. 張東剛：《近代中國消費者行為的宏觀分析》，《南開學報》，1996 年第 3 期。

6. 王建國：《爭名的經濟學——位置消費理論》，湯敏、茅於軾主編：《現代經濟學前沿專題》（第 3 集），北京：商務印書館，1999 年。

7. 戴慈思、盧漢龍：《消費文化與中國的消費革命》，《社會學研究》，2001 年第 5 期。

8. 周慧玲：《投射好萊塢、想像熱女郎：1920～30 年代好萊塢與中國電影中「女明星論述」的跨文化交流》，「近代中國的婦女、國家與社會（1600～1950）國際學術研會」，2001 年 8 月。

9. 黃宗智，《發展還是內卷？十八世紀英國與中國——評彭慕蘭〈大分岔——歐洲，中國及現代世界經濟的發展〉》，《歷史研究》，2002 年第 4 期。

10. 彭慕蘭：《世界經濟史中的近世江南：比較與綜合觀察——回應黃宗智先生》，《歷史研究》，2003 年第 4 期。

11. 魏光奇：《國民政府時期新地方精英階層的形成》，《首都師範大學學報》（社會科學版），2003 年第 1 期。

12. 張衛良：《英國「工業革命問題」評述》：北京大學世界現代化進程研究中心主編：《現代化研究》（第 2 輯），北京：商務印書館，2003 年。

13. 吳志華：《抗戰時期國民政府汽油問題及其解決》，《甘肅社會科學》，2003 年第 3 期。

14. 黃宗智：《再論 18 世紀的英國與中國——答彭慕蘭之反駁》，《中國經濟史研究》，2004 年第 2 期。

15. 張衛良：《20 世紀西方社會關於「消費社會」的討論》，《國外社會科學》，2004 年第 5 期。

16. 巫仁恕：《婦女與奢侈——一個明清婦女消費研究史的初步檢討》，復旦大學歷史系編：《古代中國：傳統與變革》，上海：復旦大學出版社，2005 年。

17. 袁海燕：《士紳、鄉紳與地方精英——關於精英群體研究的回顧》，《華南農業大學學報》（社會科學版），2005 年第 2 期。

18. 鄧曉輝、戴俐秋：《炫耀性消費理論及其最新進展》，《外國經濟與管理》，2005 年第 4 期。

19. 孫燕京：《略論晚清社會風尚的地域差異》，王俊義主編：《炎黃文化研究》
    （第 2 輯），鄭州：大象出版社，2006 年。

20. 巫仁恕：《明清消費文化研究的新取徑與新問題》，《新史學》，2006 年第
    4 期。

21. 汪榮祖：《晚明消費革命之迷》，《臺灣「中研院」近代史研究所集刊》，
    2007 年第 58 期。

22. 萬笑男：《上升的明星？墮落的女性？——1920 年代上海的電影女明
    星》，《華東師範大學學報》（哲學社會科學版），2008 年第 2 期。

23. 盧漢超：《從精英到大眾：近年美國中國城市史研究的「從上到下」取
    向》，《史學月刊》，2008 年第 5 期。

24. 邱仲麟：《保暖、炫耀與權勢：明代珍貴毛皮的文化史》，《臺灣「中研院」
    歷史語言研究所集刊》，2009 年 12 月。

25. 趙炎才：《民初新式文化群體消費思想述論》，章開沅、嚴昌洪主編：《近
    代史學刊》（第 5 輯），武漢：華中師範大學出版社，2009 年。

26. 宋佩玉、張向東：《宋子文與戰後「開放外匯市場」政策》，《史學月刊》，
    2009 年第 7 期。

27. 黃興濤、陳鵬：《近代中國「黃色」詞義變異考析》，《歷史研究》，2010
    年第 6 期。

28. 張靜如：《精英史觀和民眾史觀兩個都講全》，《黨史研究與教學》，2010
    年第 4 期。

29. 周石峰：《孰為本末：20 世紀 30 年代前期的城鄉關係之爭》，《貴州財經
    學院學報》，2010 年第 5 期。

30. 徐茂明、陳媛媛：《清末民初上海地方精英內部的權勢轉移——以上海拆
    城案為中心》，《史學月刊》，2010 年第 5 期。

31. 周建新：《近代客家鄉村地方精英的結構與素質探析——以毛澤東「贛南
    農村調查」為中心的討論》，《中國農業大學學報》（社會科學版），2012
    年第 4 期。

32. 許紀霖：《近代上海城市「權力的文化網絡」中的文化精英（1900～1937
    年）》，《復旦學報》（社會科學版），2012 年第 6 期。

33. 忻平、豐簫：《20 世紀 30 年代上海人的消費觀——以〈申報〉檢討為中

心》,《上海大學學報》(社會科學版),2012 年第 3 期。

34. 袁少鋒:《炫耀性消費研究綜述與展望》,《經濟問題探索》,2012 年第 6 期。

35. 李培德:《月份牌廣告畫與近代中國的煙草業競爭(1920s～1930s)》,《新史學》,2012 年第 3 期。

36. 曾瑪莉:《節約、消費和新生活:蔣介石的社會經濟思想》,陳紅民主編:《中外學者論蔣介石:蔣介石與近代中國國際學術研討會論文集》,杭州:浙江大學出版社,2013 年。

37. 李長莉:《晚清「洋貨」消費形象及符號意義的演變》,《城市史研究》,2013 年(第 29 輯)。

38. 許紀霖、王儒年:《近代上海消費主義意識形態之建構》,蘇智良主編:《都市史學》,上海:上海人民出版社,2014 年。

39. 王曾瑜:《宋朝的貢士——兼評士大夫群體精英論》,《首都師範大學學報》(社會科學版),2014 年第 1 期。

40. 盧漢超:《中國文化中的小城鎮情結及其現代意義》,蘇智良主編:《都市史學》,上海:上海人民出版社,2014 年。

41. 馮客:《近代中國的物質文化》,潘瑋琳、章可譯,復旦大學歷史學系、復旦大學中外現代化進程研究中心編:《近代中國的物質文化》,上海:上海古籍出版社,2015 年。

42. 孫欽梅:《國民政府時期的節約運動與國家構建》,《江西社會科學》,2016 年第 10 期。

43. 伊維德:《「玩膩了的文人」:呂天成與萬曆晚期江南精英的生活方式》,楊權譯,《文化遺產》,2016 年第 6 期。

44. 曹瑞臣:《18 世紀英國消費社會的興起》,《中國社會科學報》,中國社會科學網,2017 年 10 月 16 日。

45. 王曉德:《十九世紀歐洲知識精英的美國觀》,《中國社會科學》,2017 年第 4 期。

46. 鄧麗蘭:《飲食政治:抗戰勝利後的上海酒菜業治理》,《南開學報》(哲學社會科學版),2019 年第 4 期。

47. 王萌萌:《20 世紀二三十年代天津女性的時尚消費》,《城市史研究》,2019 年第 2 期。

九、外文譯著（按國別排序）

1. （英）凱特・莫微、梅麗薩・理查德德斯：《流行——活色生香的百年時尚生活》，俞蘅譯，北京：中國友誼出版公司，2007 年。

2. （英）喬安妮・恩特維斯特爾：《時髦的身體：時尚、衣著和現代社會理論》，郜元寶等譯，桂林：廣西師範大學出版社，2005 年。

3. （英）阿弗里德・馬歇爾：《經濟學原理》，廉運傑譯，北京：華夏出版社，2005 年。

4. （英）雷蒙・威廉斯：《關鍵詞：文化與社會的詞彙》，劉建基譯，北京：生活・讀書・新知三聯書店，2005 年。

5. （英）費瑟斯通：《消費文化與後現代主義》，劉精明譯，上海：譯林出版社，2000 年。

6. （英）威廉・葛德文：《政治正義論》，何慕李譯，北京：商務印書館，1980 年。

7. （英）約翰・穆勒：《政治經濟學原理及其在社會哲學上的若干應用》（上），趙榮潛等譯，北京：商務印書館，1991 年。

8. （英）道布：《政治經濟學與資本主義》，松園、高行譯，北京：生活・讀書・新知三聯書店，1962 年。

9. （英）肯尼思・麥克利什主編：《人類思想的主要觀點：形成世界的觀念》（上卷），查常平等譯，北京：新華出版社，2004 年。

10. （法）波德里亞：《消費社會》，劉成富、全志鋼譯，南京：南京大學出版社，2000 年。

11. （法）尚・布希亞：《物體系》，林誌明譯，上海：上海人民出版社，2001 年。

12. （法）尼古拉・埃爾潘：《消費社會學》，孫沛東譯，北京：社會科學文獻出版社，2005 年。

13. （法）孟德斯鳩：《波斯人信札》，上海：譯林出版社，2000 年。

14. （法）居伊・德波：《景觀社會》，張新木譯，南京：南京大學出版社，2006 年。

15. （法）迪迪埃・努里松：《煙火撩人：香煙的歷史》，陳睿、李敏譯，北京：三聯書店，2013 年。

16. （法）皮埃爾・布爾迪厄：《國家精英：名牌大學與群體精神》，楊亞平

譯，北京：商務印書館，2004 年。

17. （法）皮埃爾·布爾迪厄：《區分：判斷力的社會批判》（上、下），劉暉
    譯，北京：商務印書館，2015 年。

18. （法）孟德斯鳩：《論法的精神》（上），許明龍譯，北京：商務印書館，
    2009 年，第 363 頁。

19. （法）安克強：《上海妓女：19～20 世紀中國的賣淫與性》，袁燮銘、夏
    俊霞譯，上海：上海古籍出版社，2004 年。

20. （法）圖珊·薩瑪：《布爾喬亞飲食史》，管筱明譯，廣州：花城出版社，
    2007 年。

21. （法）蒂埃里·布魯克文：《精英的特權》，趙鳴譯，海口：海南出版社，
    2016 年。

22. （法）加布里埃爾·塔爾德：《傳播與社會影響》，何道寬譯，北京：中國
    人民大學出版社，2005 年。

23. （法）加布里埃爾·塔爾德：《模仿律》，何道寬譯，北京：中國人民大學
    出版社，2008 年。

24. （法）雷蒙·阿隆：《社會學主要思潮》，北京：華夏出版社，2000 年。

25. （法）白吉爾：《中國資產階級的黃金時代（1911～1937)》，張富強、許
    世芬譯，上海：上海人民出版社，1994 年。

26. （法）白吉爾：《上海史：走向現代之路》，王菊、趙念國譯，上海：上海
    社會科學院出版社，2014 年。

27. （美）克里斯托弗·貝里：《奢侈的概念：概念及歷史的探究》，江紅譯，
    上海：上海世紀出版集團，2005 年。

28. （美）訥克斯：《不發達國家的資本形成問題》，謹齋譯，北京：商務印書
    館，1966 年。

29. （美）詹姆斯·A.道、（美）史迪夫·H·漢科、（英）阿蘭·A·瓦爾特
    斯編著：《發展經濟學的革命》，黃祖輝，蔣文華主譯，上海：上海人民
    出版社，2014 年。

30. （美）喬治·里茨爾：《社會的麥當勞化：對變化中的當代社會生活特徵
    的研究》，顧建光譯，上海：上海譯文出版社，1999 年。

31. （美）朱麗葉·斯格爾：《過度消費的美國人》，尹雪姣等譯，重慶：重慶

大學出版社，2010 年。

32. （美）韓格理、張維安：《中國社會與經濟》，陳介玄、翟本瑞譯，臺北：臺灣聯經出版事業公司，1990 年。

33. （美）福塞爾：《格調：社會等級與生活品位》，南寧：廣西人民出版社，2002 年。

34. （美）撒迪厄斯·拉賽爾：《叛逆者：塑造美國自由制度的小人物們》，杜然譯，太原：山西人民出版社，2013 年。

35. （美）曼素恩：《綴珍錄：十八世紀及其前後的中國婦女》，定宜莊、顏宜葳譯，南京：江蘇人民出版社，2004 年。

36. （美）約瑟夫·熊彼特：《經濟分析史》（第 3 卷），朱泱等譯，北京：商務印書館，1994 年。

37. （美）羅伯特·弗蘭克：《奢侈病》，蔡曙光、張傑譯，北京：中國友誼出版公司，2002 年。

38. （美）查爾斯·賴特·米爾斯：《權力精英》，王昆、許榮譯，南京：南京大學出版社，2004 年。

39. （美）哈羅德·D·拉斯韋爾：《政治學》，上海：商務印書館，1992 年。

40. （美）羅威廉：《漢口：一個中國城市的衝突和社區（1796～1895）》，魯西奇等譯，北京：中國人民大學出版社，2008 年。

41. （美）杜贊奇：《文化、權力與國家——1900～1942 年的華北農村》，王福明譯，南京：江蘇人民出版社，1994 年。

42. （美）戴慧思、盧漢龍譯著：《中國城市的消費革命》，上海：上海社會科學院出版社，2003 年。

43. （美）高家龍：《中華藥商：中國和東南亞的消費文化》，褚豔紅等譯，上海：上海辭書出版社，2013 年。

44. （美）高家龍：《中國的大企業：煙草工業中的中外競爭（1890～1930）》，樊書華、程麟蓀譯，北京：商務印書館，2001 年。

45. （美）丹尼爾·貝爾：《資本主義文化矛盾》，趙一凡等譯，北京：生活·讀書·新知三聯書店，1989 年。

46. （美）格林菲爾德：《資本主義精神——民族主義與經濟增長》，張京生、劉新義譯，上海：上海人民出版社，2009 年。

47. （美）彼得‧N‧斯特恩斯：《世界歷史上的消費主義》，北京：商務印書館，2015年。

48. （美）葛凱：《製造中國：消費文化與民族國家的創建》，黃振萍譯，北京：北京大學出版社，2008年。

49. （美）李歐梵：《上海摩登：一種新都市文化在中國》，毛尖譯，北京：人民文學出版社，2010年。

50. （美）羅斯托：《經濟成長的階段》，國際關係研究所編輯室譯，北京：商務印書館，1962年。

51. （美）加耳佈雷斯：《豐裕社會》，徐世平譯，上海：上海人民出版社，1965年。

52. （美）凡勃倫：《有閒階級論——關於制度的經濟研究》，蔡受百譯，北京：商務印書館，2011年。

53. （美）彭慕蘭：《大分流：歐洲，中國及現代世界經濟的發展》，史建雲譯，南京：江蘇人民出版社，2008年。

54. （美）傑弗里‧米勒：《超市裏的原始人：什麼是人類最根本的消費動機》，蘇健譯，杭州：浙江人民出版社，2017年。

55. （美）奧尼爾：《身體形態：現代社會的五種身體》，張旭春譯，瀋陽：春風文藝出版社，1999年。

56. （美）威廉‧A‧哈維蘭：《文化人類學》，上海：上海社會科學院出版社，2006年。

57. （美）霍華德‧蘇伯：《電影的力量》，李迅譯，北京：中國人民大學出版社，2008年。

58. （美）托馬斯‧沙茨：《好萊塢類型電影》，馮欣譯，上海：上海人民出版社，2009年。

59. （德）史通文：《在娛樂與革命之間——留聲機、唱片和上海音樂工業的初期（1878～1937）》，王維江、呂澍譯，上海：上海辭書出版社，2015年。

60. （德）桑巴特：《奢侈與資本主義》，王燕平，侯小河譯，上海：上海人民出版社，2000年。

61. （德）安娜‧朔貝爾：《牛仔褲》，陳素幸譯，哈爾濱：哈爾濱出版社，2003年。

62. （德）西美爾：《金錢、性別、現代生活風格》，顧仁明譯，上海：學林出版社，2000年。

63. （德）西美爾：《時尚的哲學》，費勇等譯，北京：文化藝術出版社，2001年。

64. （德）馬克斯·韋伯：《經濟通史》，姚曾廙譯，上海：上海三聯書店，2006年。

65. （德）馬克斯·韋伯：《學術與政治：韋伯的兩篇演說》，馮克利譯，北京：生活·讀書·新知三聯書店，2013年。

66. （日）鷲田清一：《古怪的身體：時尚是什麼》，吳俊伸譯，重慶：重慶大學出版社，2015年。

67. （日）佐藤仁史：《近代中國的鄉土意識：清末民初江南的地方精英與地域社會》，北京：北京師範大學出版社，2017年。

68. （日）岩間一弘：《上海大眾的誕生與變貌：近代新興中產階級的消費、動員和活動》，葛濤、甘慧傑譯，上海：上海辭書出版社，2016年。

69. （日）深町英夫：《教養身體的政治：中國國民黨的新生活運動》，深町英夫譯，北京：生活·讀書·新知三聯書店，2017年。

70. （日）菊池敏夫編：《近代上海的百貨公司與都市文化》，陳祖恩譯，上海：上海人民出版社，2012年。

71. （意）帕累托：《精英的興衰》，劉北成譯，上海：上海人民出版社，2003年。

72. （意）帕累托：《普通社會學綱要》，田時綱等譯，北京：生活·讀書·新知三聯書店，2001年。

73. （意）莫斯卡：《統治階級》，賈鶴鵬譯，上海：譯林出版社，2002年。

74. （加）卜正民：《縱樂的困惑：明代的商業與文化》，方駿等譯，北京：生活·讀書·新知三聯書店，2004年。

75. （加）卜正民、格力高利·布魯布魯主編：《中國與歷史資本主義》，古偉瀛等譯，北京：新星出版社，2005年。

76. （西班牙）奧爾特加·加塞特：《大眾的反叛》，劉訓練、佟德志譯，長春：吉林人民出版社，2010年。

77. （荷蘭）B·曼德維爾：《蜜蜂的寓言》（第1卷），肖聿譯，北京：商務印書館，2016年。

十、英文著作（按字母排序）

1. Adam C. Stanley. *Modernizing Tradition: Gender and Consumerism* in *Interwar France and Germany.* Baton Rouge, LA: Louisiana State University Press, 2010.

2. Burke, Peter. *The Historical Anthropology of Early Modern Italy*. Cambridge: Cambridge University Press, 1987.

3. Basil Blackwell; Paul Glennie. *Consumption Within Historical Studies*, In Daniel Miller（eds.）. Acknowledging Consumption: A Review of New Studies, London: Routledge, 1987.

4. Canterbery, E. R. The Theory of the Leisure Class and the Theory of Demand, In W. J. Samuels（eds.）. The *Founding of Institutional Economics*. London: Routledge, 1998.

5. Clunas, C. *Superfluous Things: Material Culture and Social Status in Early Modern China*. Oxford: Polity Press, 1991.

6. Colin Campbell. *The Romantic Ethic and the Spirit of Modern Consumerism*. Oxford: Basil Blackwell, 1987.

7. Coleman, Richard P.. T*he Significance of Social Stratification in Selling*, in Mrtin L. Bell（eds.）*Proceedings of the American Marketing Association*. Chicago: American Marketing Association, 1961.

8. Creedy, John; Slottje, D. J.. *Conspicuous Consumption in Australia*. Research Paper Number 307, University of Melbourne, 1991.

9. Cross, Gary S. *An All-Comsuming Century: Why Commercialism Won in Modern*. New York: Columbia University Press, 2000.

10. Daniel Miller. Acknowledging Consumption: A Review of New Studies. London: Routledge, 1987.

11. David Embrey Fraser. Smoking Out the Enemy: The National Goods Movement and the Adertising of Nationalism in China, 1880~1937. University of California, Berkeley, Ph. D, Fall 1999.

12. Dittmar, H.. T*he Social Psychology of Material Possessions: To Have is to Be*. New York: St. Martin's Press, 1992.

13. Donald Finley Davis. *Conspicuous Production: Automobiles and Elites in Detroit, 1899~1933*. Philadelphia: Temple University Press, 1988.

14. Fine, B.; E. Leopold. *The World of Consumption*. London: Routledge, 1993.

15. Frank Dikötter. *Exotic Commodities: Modern Objects and Everyday Life in China*. New York: Columbia University Press, 2006.

16. Frank, H. D.. *Choosing the Right Pond: Human Behavior and the Quest for Status*. Oxford: Oxford University Press, 1985.

17. Gillian Dyer. *Advertising as Communication*. Taylor&Francis, e-Library, 2009.

18 Henri Lefebvre. *Everyday Life in the Modern World*. London: Allen Lane, 1971.

19. Hilary J.. Beattie. *Land and Lineage In China, A study of T'ung-Cheng County, AnHwei, in the Ming and Ch'ing Dynasties*. Cambridge: Cambridge University Press, 1979.

20. Hirsch, F.. *Social Limits to Growth*. Mass: Harvard University Press, 1976.

21. Hui-lan Koo〔Madame Wellington Koo〕. *An Autobiography as Told to Mary van Rensselaer Thayer*. New York: Dial Press, 1943.

22. James, S. Duesenberry. *Income, Saving and the Theory of Consumer Behavior*. Cambridge, Massachusetts: Harvard University Press, 1949.

23. John Brewer; Roy Porter（eds.）. *Consumption and the World of Goods*. London & New York: Routledge, 1993.

24. John Rae. *The Sociological Theory of Capital*. London: The Macmillan Co., 1905.

25. Joseph W. Esherick; Mary Backus Rankin. *Chinese Local Elite and Patterns of Dominance*. California: University of California Press, 1990.

26. Joy Parr. *Domestic Goods: The Material, the Moral, and the Economic in the Postwar Years*. Toronto: University of Toronto Press, 1999.

27. Judith Williamson. *Decoding Advertisements, Ideology and Meaning in Advertising*. London: Marion Boyar, 1978.

28. Keith Schoppa. *Chinese Elite and Political Change: Zhejiang Province in the*

Early Twentieth Century. Mass: Harvard University Press, 1982.

29. Lears, T. J. Beyond Veblen: Remapping Consumer Culture in Twentieth Century America, In *Marketing* Volume II, S. C. Hollander and K. M. Russell（eds.）. Aldershot: Edward Elgar, 1993.

30. Lynne Z. Bassett. The Sober People of Hadley: Sumptuary Legislation and Clothing in Hadley Men's Probate Inventories, 1663~1731. In Marla R. Miller（eds.）. *Cultivating a Past: Essays on the History of Hadley, Massachusetts*, Amherst: University of Massachusetts Press, 2009.

31. Mason, R.. *The Economics of Conspicuous Consumption: Theory and Thought since 1700*. Aldershot: Edward Elgar, 1998.

32. Mary Douglas; Baron Isherwood. *The World of Goods, Towards an Thropology of Consumption*. London: Routledge, 1996.

33. McCann, Charles B. *Women and Department Store Advertising*. Chicago: Social Research, 1957.

34. McKendrick, N.; Brewer, J.; Plumb, J. H.. *The Birth of a Consumer Society: The Commercialization of Eighteenth-century England*. Bloomington, IN: Indiana University Press, 1982.

35. McShane, C.. *The Automobile: A Chronology of its Antecedents Developments, and Tmpact*. London: Fitzroy Dearborn, 1997.

36. Mom, G.. *The Electric Vehicle: Technology and Expectations in the Automobile Age*. Baltimore, MD: John Hopkins University Press, 2004.

37. Mukerji, C.. From Graven Images: Patterns of Modern Materialism. New York: Columbia University Press, 1983.

38. Pagano, Ugo.. Is Power an Economic Good? Notes on Social Scarcity and the Economics of Positional Goods, in *The Politics and Economics of Power*, Samuel Bowles, Maurizio Franzini and Ugo Pagano（eds.）. London: Routledge, 1999.

39. Patten, Simon N.. *The Consumption of Wealth*. Philadelphia: University of Pennsylvania Press, 1889.

40. Parkin, Harold. T*he Origins of Modern English Society*. London: Routledge

and Kegan Paul, 1990.

41. Plowden, W.. *The Motor Car in Politics*, 1896~1970. London: Bodley Head, 1971.

42. Ramstad, Y.. Veblen's Propensity for Emulation, is it Passe? In *Thorstein Veblen in the Twenty-First Century,* D. Brown（eds）. Aldershot: Edward Elgar, 1998.

43. Rachel Wilson. *Elite Women in Ascendancy Ireland, 1690~1745: Imitation and Innovation*. Rochester, NY: Boydell Press, 2015.

44. Rainwater, Lee; Richard P. Coleman; Gerald Handell. *Workingman's Wife*. New York: Oceana, 1959.

45. Rae, J.. *Statement of Some New Principles on the Subject of Political Economy*. Toronto: University of Toronto Press, 1834.

46. Robert Hymes. *Statesmen and Gentlemen, The Elite of Fu-Chen, Chiang-Hsi, in Northern and Southern Sung*, Cambridge: Cambridge University Press, 1986.

47. Roland Barthes, Annette Lavers. *Mythologies*. New York: The NoonDay Press, 1972.

48. S. A. M. Adshead. *Material Culture in Europe and China, 1400~1800, The Rise of Consumerism*. Houndmills, Basingstoke: Macmillan Press, 1997.

49. Slater, D. *Consumer Culture and Modernity*. Cambridge: Polity Press, 1997.

50. Scharff, V.. *Taking the Wheel: Women and the Coming of the Motor Age*. New York: Free Press, 1991.

51. Vance Packard. *The Status Seekers*. New York: McKay, 1959.

52. Wen-hsin Yeh. *Shanghai Splendor: Economic Sentiments and the Making of Modern China, 1843~1949*. Berkeley, Calif.: University of California Press, 2007.

53. Weatherill, Lorn. *Consumer Behaviour and Material Culture in Britain 1660~1760*. London: Routledge, 1996.

54. Williams, R.. *Dream worlds: Mass consumption in late nineteenth century France*. Berkeley, CA: University of California Press, 1982.

十一、英文論文（按字母順序排序）

1. A. C. Pigou. Professor Duesenberry on Income and Savings. *The Economic*

Journal, Vol.61, No.244, 1951, pp.883~885.

2. Alpha C. Chiang. The "Demonstration Effect" in a Dual Economy. *The American Journal of Economics and Sociology*, Vol.18, No.3, 1959, pp.249~258.

3. Alpizar, F.; Carlsson, F.; Johansson-Stenman, O. J.. How Much do We Care about Absolute Versus Relative Income and Consumption. *Journal of Economic Behaviour and Organization*, No.56, 2005, pp.405~421.

4. Ancil, Ralph E.; David R.. Antecedents and Implications of Hirsch's Positional Goods. *History of Political Economy*, Vol.23, Iss. 2, 1991, pp.263~278.

5. Anco Hoen; Karst T. Geurs. The Influence of Positionality in Car-Purchasing Behaviour on the Downsizing of New Cars. *Transportation Research : Part D*, Vol.16, Iss. 5, 2011, pp.402~408.

6. Andrew B. Trigg. Veblen, Bourdieu, and Conspicuous Consumption. *Journal of Economic Issues,* Vol.35, Iss. 1, 2001, pp.99~116.

7. Arrow, Kenneth J. Income, Saving and the Theory of Consumer Behavior（Book Review）. *American Economic Review*, Vol.40, No.5, 1950, p906.

8. Arwen Palmer Mohun. Laundrymen Construct their World : Gender and the Transformation of a Domestic Task to an Industrial Process. *Technology and Culture*, No.1, 1997, pp.97~120.

9. Bagwell, L. S.; B. D. Bernheim. Veblen Effects in a Theory of Conspicuous Consumption. *American Economic Review*, Vol.86, Iss. 3, 1996, pp.349~373.

10. Ben Fine; Ellen Leopold. Consumerism and the Industrial Revolution. *Social History*, Vol.15, No.2, 1990, pp.151~179.

11. Blaine A. Brownell. A Symbol of Modernity: Attitudes Toward the Automobile in Southern Cities in the 1920s. *American Quarterly*, Vol.24, No.1, 1972, pp.20~44.

12. Christopher W. Wells. The Road to the Model T : Culture, Road Conditions, and Innovation at the Dawn of the American Motor Age. *Technology and Culture*, Vol.48, Issue 3, 2007, pp.497~523.

13. Christopher M. Moore. Shopping, Place and Identity. European Journal of Marketing, Vol.34, Iss. 8, 2000, pp.1003~1006.

14. Chris Ivory; Audley Genus. Symbolic Consumption, Signification and the 'Lockout' of Electric Cars, 1885~1914. *Business History*, Vol.52, No.7, 2010, pp.1107~1122.

15. Clay McShane. *Conspicuous Production：Automobiles and Elites in Detroit, 1899~1933（Book Reviews）*. Journal of social history, Vol.23, No.4, 1990, pp.869~870.

16. Daniel Krähmer. Advertising and Conspicuous Consumption. *Journal of Institutional and Theoretical Economics*, Vol.162, No.4, 2006, pp.661~682.

17. Deborah Clarke. Women on Wheels: a Threat at Yesterday's Order of Things. *Arizona Quarterly: Journal of American Literature, Culture and Theory*, Vol.59, No.4, 2003, pp.103~133.

18. Erving Goffman. Symbols of Class Status. *The British Journal of Sociology*, Vol.2, No.4, 1951, pp.294~304.

19. Fredrik Carlsson; Olof Johansson-Stenman; Peter Martinsson. Do You Enjoy Having More Than Others? Survey Evidence of Positional Goods. *Economica,* No.74, 2007, pp.586~598.

20. Gary Cross. Toys and Time: Playthings and Parents'attitudes toward Change in Early 20th-century America. *Time and Society*, Vol.7, No.1, 1998, pp.5~24.

21. Georg Simmel. Fashion. The International Quarterly, No.10, 1904, pp.130~155.

22. George A. Field. The Status Float Phenomenon, the Upward Diffusion of Innovation. *Business Horizons*, Vol.13, No.4, 1970, pp.45~52.

23. George Lipsitz. *Conspicuous Production: Automobiles and Elites in Detroit, 1899~1933（Book Reviews）*. Labor History Vol.35, No.1, 1994, p. 137.

24. Glenn O. Carey. William Faulkner On the Automobile as Socio-Sexual Symbol. *Cea Critic（Special Issue, Fitzgerald Hemingway Faulkner）*, Vol.36, No.2, 1974, pp.15~17.

25. Grant McCracken. The History of Consumption: a Literature Review and Consumer Guide. *Journal of Consumer Policy*, Vol.10, Iss. 2, 1987,

pp.139~166.

26. Grant McCracken. Who Is the Celebrity Endorser? Cultural Foundations of the Endorsement Process. *Journal of Consumer Research*, Vol.16, No.3, 1989, pp.310~321.

27. Grant McCracken. Culture and Consumption: a Theoretical Account of the Structure and Movement of the Cultural Meaning of Consumer Goods. *Journal of Consumer Research*, Vol.13, Iss. 1, 1986, pp.71~84.

28. Grant McCracken. Rank and Two Aspects of Dress in Elizabethan England, *Culture-Canadian Ethnology Society*, Vol.2, No.2, 1982, pp.53~62.

29. Harold J. Leavitt. A Note on Some Experimental Findings about the Meanings of Price. *Journal of Business*, No.27, 1954, pp.205~218.

30. Howard L. Preston. The Automobile Business in Atlanta, 1909~1920: a Symbol of "New South" Prosperity. *The Georgia Historical Quarterly*, Vol.58, No.2, 1974, pp.262~277.

31. H. J. Perkin. The Social Causes of the British Industrial Revolution. *Transactions of the Royal Historical Society*, Vol.18, No.18, 1968, pp.123~143.

32. Jeffrey James. Positional Goods, Conspicuous Consumption and the International Demonstration Effect Reconsidered. *World Development*, Vol.15, NO.4, 1987, pp.449~462.

33. Jon Stobart. Status, Gender and Life Cycle in the Consumption Practices of the English Elite: The case of Mary Leigh, 1736~1806. *Social History*, Vol.40, Iss. 1, 2015, pp.82~103.

34. Judith S. Lewis. When a House Is Not a Home: Elite English Women and the Eighteenth-Century Country House. *Journal of British Studies*, Vol.48, No.2, 2009, pp.336~363.

35. Kelvin J. Lancaster. A New Approach to Consumer Theory. *Journal of Political Economy*, Vol.74, No.2, 1966, pp.132~157.

36. Kenneth Bo Nielsena; Harold Wilhiteb. The Rise and Fall of the 'People's Car: Middle-Class Aspirations, Status and Mobile Symbolism in 'New India'. *Contemporary South Asia*, Vol.23, No.4, 2015, pp.371~387.

37. Laurie Simon Bagwell; B. Douglas Bernheim. Veblen Effects in a Theory of Conspicuous Consumption. *American Economic Review*, Vol.86, Iss. 3, 1996, pp.349~373.

38. Leibenstein H.. Bandwagon, Snob, and Veblen effects in the Theory of Consumers' Demand. *Quarterly Journal of Economics*, Vol.64, No.2, 1950, pp.183~207.

39. Linda Steg. Car Use: Lust and Must, Instrumental, Symbolic and Affective Motives for Car Use. *Transportation Research Part A: Policy and Practice*, Vol.39, Iss. 2~3, 2005, pp.147~162.

40. Llord A. Fallers. A Note on the "Trickle Effect". *Public Opinion Quarterly*, Vol.18, No.3, 1954, pp.314~321.

41. Louis V. Dominquez, Albert L. Page. Stratification in Consumer Behavior Research: A Re-Examination. *Journal of the Academy of Marketing Science*, Vol.9, No.3, 1981, pp.250~271.

42. Maksym Iaremenko. Pleasures of the Learned in Eighteenth-Century Ukraine: The Culture of Tea, Coffee, and Wine Consumption of the Church Elite. *Journal of Ukrainian Studies*, Vol.4, No.2, 2017, pp.211~220.

43. Martineau, Pierre. Social Class and Spending Behavior. *Journal of Marketing*, No, 23, 1958, pp.121~130.

44. McCormick, Ken. Duesenberry and Veblen: the Demonstration Effect Revisited. *Journal of Economic Issues*, Vol.17, No. 4, 1983, pp.1125~1129.

45. McIntyre, Richard. Consumption in Contemporary Capitalism: Beyond Marx and Veblen. *Review of Social Economy*, Vol.50, No.1, 1992, pp.40~60.

46. Michael Schneider. The Nature, History and Significance of the Concept of Positional Goods. *History of Economics Review*, Iss. 45, 2007, pp.60~81.

47. Neil McKendrick. Josiah Wedgwood: an Eighteenth-Century Entrepreneur in Salesmanship and Marketing Techniques. *Economic History Review*, Vol.12, No.3, 1960, pp.408~433.

48. Noah Askin; Matthew S. Bothner. Status-Aspirational Pricing The "Chivas Regal" Strategy in U. S. Higher Education, 2006~2012. *Administrative Science Quarterly*, Vol.61, Iss. 2, 2016, pp.217~253.

49. Paul Milgrom; John Roberts. Price and Advertising Signals of Product Quality. *Journal of Political Economy*, Vol.94, No.4, 1986, pp.796~821.

50. Phillip Nelson. Advertising as Information, Journal of Political Economy, Vol.82, No.4, 1974, pp.729~754.

51. Rachel Shulman. Sumptuary Legislation and the Fabric Construction of National Identity in Early Modern England. *Constructing the Past*, Vol.8, Iss. 1, 2007, pp.73~86.

52. Richard P. Coleman. The Continuing Significance of Social Class to Marketing. *Journalof Consumer Research*, Vol.10, No.3, 1983, pp.265~280.

53. Robert H. Frank. The Demand for Unobservable and Other Nonpositional Goods. *American Economic Review*, Vol.75, No. 1, 1985, pp.101~116.

54. Roger Mason. The Social Significance of Consumption: James Duesenberry's Contribution to Consumer Theory. *Journal of Economic Issues*（Association for Evolutionary Economics）, Vol.34, No.3, 2000, pp.553~572.

55. Rolf Meyersohn; Elihu Katz. Notes on a Natural History of Fads. *American Journal of Sociology,* Vol.62, No.6, 1957, pp.594~601.

56. Rosemary Polegato; Marjorie Wall. Information Seeking by Fashion Opinion Leaders and Followers. *Home Economics Research Journal*, Vol.8, No.5, 1980, pp.327~338.

57. Shackle, G. L. S. Income, Saving and the Theory of Consumer Behavior （Book Review）. *Economic Journal*, No.61, Iss. 241, 1951, pp.131~134.

58. Shinobu Majima; Alan Warde. Elite Consumption in Britain, 1961~2004: Results of a Preliminary Investigation. *Sociological Review*, No.56, Iss. 1, 2008, pp.210~239.

59. Thorstein Veblen. The Limitations of Marginal Utility. *Journal of Institutional Economy*, Vol.5, Iss. 3, 2009, pp.379~397.

60. Verity Wilson. Dressing for Leadership in China: Wives and Husbands in an Age of Revolutions, 1911~1976. *Gender & History*, Vol.14, Iss. 3, 2002, pp.608~628.

61. Wendy M. Morgan. Gender On Wheels Cars as Symbols of American Masculinity. *Semiotics*, 2009, pp.513~520.

62. Wolfgang Sachs. Are Energy-Intensive Life-Images Fading? the Cultural Meaning of the Automobile in Transition. *Journal of Economic Psychology*, Vol.3, Iss. 3~4, 1983, pp.347~365.

十二、民國期刊、報紙

（一）期刊

《銀行週報》《天津市》《湖北學生界》《吉林通俗教育講演稿範本》《社會教育星期報》《河南大學學報》《北大經濟學會半月刊》《農桑學雜誌》《痛言》《學藝》《禮拜六》《生活》《民鳴週刊》《圖畫京報》《國際每日文選》《中國新論》《社會新聞》《月刊》《燕大旬刊》《現實》《人間世》《太平洋》《小鐸》《講演彙編》《商兌》《文化建設》《青年半月刊》《光華大學半月刊》《宇宙風》《現實新聞》《機聯會刊》《青島社會》《公安月刊》《國聞週報》《上海警察》《蒙藏月報》《財政評論》《中國評論》《公教週刊》《論語》《新上海》《開麥拉》《婦嬰衛生》《建國》《紅雜誌》《東南風》《婦女雜誌》《全民抗戰》《獨立評論》《現實新聞》《公用月刊》《寰球》《財政評論》《婦女界》《上海電影》《新聲》《平民教育》《新生週刊》《重慶工商》《月宮》《文藝春秋副刊》《晨報副刊》《現代婦女》《生活在香港》《文學旬刊》《商業雜誌》《英美煙公司月報》《四川經濟季刊》《個人雜誌》《實用英文半月刊》《上海影壇》《電聲》《青青電影》《影戲生活》《寶隆月刊》《國論》《家庭》《綢繆月刊》《古今》《海星》

（二）報紙

《北華捷報》《字林西報》《申報》《大公報》《民國日報》《中央日報》《時報》《新聞報》《上海週報》《上海報》《上海夜報》《民眾週報》《小日報》《飛報》《讜報》《蜀風報》《晶報》《大晶報》《東方日報》《幻報》《新運導報》《立報》《和平日報》《金融週報》《大眾夜報》《時事新報晚刊》《戲報》《力報》《中華時報》《鐵報》《益世報》《前線日報》《和平日報》《小日報》《小說新報》《上海評報》《斗報》《真報》《盛京時報》《誠報》《金融週報》《和平日報》《光化日報》《曉報》《三六九畫報》《上海畫報》《一四七畫報》《解放畫報》《福爾摩斯》《羅賓漢》《金鋼鑽》《越國春秋》《東南風》《文飯》